건강한 일터 조성을 위한

직장 내 괴롭힘 사고처리와 예방 실무

| 손 혁 |

중앙경제

건강한 일터 조성을 위한

직장 내 괴롭힘 사고처리와 예방 실무

초판인쇄 2023년 2월 7일
초판발행 2023년 2월 22일

지 은 이 손 혁
펴 낸 이 김 남 진
펴 낸 곳 중앙경제

주 소 서울시 중구 다산로 11길 19(신당2동 355-8)
백석빌딩 신관 4층
전 화 (02) 2231-7293
팩 스 (02) 2235-5344
홈페이지 www.elabor.co.kr
출판등록 80.6.21 제2-66호

ISBN 978-89-7017-534-8 (93330)
정 가 30,000원

직장 내 괴롭힘
사고처리와 예방 실무

머 리 말

최근에 언론에서는 공공조직 또는 일반기업에서 발생된 직장 내 괴롭힘 사건에 대한 보도가 자주 등장하고 있다. 직장 내 폭력 및 괴롭힘의 문제는 스웨덴, 프랑스, 영국 등과 같은 북유럽에서는 이미 1990년대부터 사회적으로 매우 심각한 문제로 인식하고 다양한 연구가 진행되어 왔다. 국내에서는 2010년도 들어 여의도에서 퇴직한 30대 남성이 왕따를 당하여 퇴직하게 되었다며 전 직장동료를 향하여 칼부림을 행한 사건 등 직장 내 괴롭힘과 관련된 여러 사건들이 언론에 자주 보도되면서 직장 내 괴롭힘의 문제가 사회적 문제로 인식되기 시작하였다. 이후 2010년부터 직장 내 괴롭힘 금지에 대한 입법안들이 국회에 계속적으로 발의되었고 여러 진통 끝에 결국 2019.1.15.에서야 근로기준법에 도입되기에 이르렀다.

그러나 직장 내 괴롭힘 금지법이 도입된 지 3년이 지났음에도 불구하고, 산업현장에서는 직장 내 괴롭힘이라는 정의부터 정확히 이해하기 어려워할 뿐만 아니라 직장 내 괴롭힘 사고가 발생하였을 때 어떻게 조사를 실시하고, 어떻게 사후처리를 하여야 하는지, 또한 유사한 사고가 다시 발생되지 않기 위해서 어떠한 예방노력을 하여야 하는지 등에 대해 상당히 애로를 겪고 있는 실정이다. 본서 「직장 내 괴롭힘 사고처리와 예방 실무」는 저자가 공인노무사로서 다년간 직장 내 괴롭힘에 대한 조사 및 판단 업무를 직접 수행한 경험자로서 기업체의 이와 같은 애로사항을 해결하는데 도움을 주기 위해 집필되었다. 따라서 본서는 직장 내 괴롭힘에 대한 연구서라기보다는 기존의 학계 또는 전문가들의 의해 연구된 내용을 바탕으로 직장 내 괴롭힘 금지법이 실제 산업현장에서 어떻게 적용되고 사후처리 및 예방활동을 어떻게 하여야 하는지에 대한 방법을 안내해주는 실무서를 지향하고 있다.

국내의 직장 내 괴롭힘 금지법은 다른 국가들과는 달리 직장 내 괴롭힘 금지체계에 대한 논의가 매우 부족한 상황에서 갑자기 도입된 측면이 있다. 그렇다

보니 국내에는 직장 내 괴롭힘에 대한 기존 연구물이 부족하고, 또한 현행 직장 내 괴롭힘 금지법에 대해서도 미비점에 대한 지적들이 존재한다. 예컨대, 직장 내 괴롭힘에 대한 법적정의가 구체적이지 않다는 점, 사용자를 포함한 근로자에 대한 예방교육의 의무화가 없다는 점, 5인 미만 사업장에는 직장 내 괴롭힘 금지제도가 적용되지 않는다는 점 등이 지적되고, 직장 내 괴롭힘의 문제를 사용자에게 일임하여 자율적으로 규제하도록 하는 것은 그 실효성에 한계가 있어 노동위원회에 의한 구제제도가 도입되어야 한다는 개선방안이 제기되기도 한다. 그러나 고용노동부가 직장 내 괴롭힘 금지법에 대한 실효성 확보를 위해 2019.2.에 「직장 내 괴롭힘 판단과 예방·대응 매뉴얼」을 마련하여 사업장 일선에 배포하고, 이어서 2019.10.에 「직장 내 괴롭힘 신고사건 처리지침」을 마련하여 신속하게 대응한 것은 산업현장의 혼란을 다소나마 감소시켰다는 점에서는 무척 다행이라고 생각한다. 본서에서도 고용노동부의 매뉴얼과 행정지도 지침들의 내용이 많이 반영되었다. 또한 본서에서는 직장 내 괴롭힘과 관련된 법원의 판결사례와 그 내용을 가능한 많이 소개하였고 산업현장에서 실제 발생된 사례들도 많이 제시함으로써 실무적으로 직장 내 괴롭힘의 판단, 조사와 예방업무를 이해하는데 도움을 주고자 노력하였다.

본서의 내용은 총 3부와 부록으로 구성되어 있다.

첫째, 제1부에서는 직장 내 괴롭힘의 판단기준에 대해서 설명하였다. 제1장에서는 현재 시행되고 있는 직장 내 괴롭힘 금지법의 전체 체계를 살펴보았고, 제2장에서는 직장 내 괴롭힘의 법적정의에 따른 판단기준과 행위유형별 구체적인 판단기준을 고찰하였다. 또한 제3장에서는 직장 내 성희롱 문제의 중요성을 고려하여 별도의 장에서 그 판단기준과 인정사례에 대해서 자세히 살펴보았고, 직장 내 괴롭힘과의 관계에 대해서도 살펴보았다.

둘째, 제2부에서는 직장 내 괴롭힘 발생 시 조사방법과 조치사항에 대하여 설명하였다. 제1장에는 근로기준법에 규정된 의무사항을 중심으로 사용자의 조사 및 조치방법을 설명하였고, 이어서 조사보고서의 작성방법과 실제 작성사례를 소개하였다. 제2장에서는 피해근로자등의 신고가 사용자와 국가기관에 동시에 접수되었을 때 조사와 판단의 중복 문제에 대하여 고찰하였고, 제3장에서는 피해근로자에 대한 지원책과 금전적 보상문제에 대하여 언급하였다.

셋째, 제3부에서는 직장 내 괴롭힘 예방대책에 대하여 소개하였다. 제1장에서는 직장 내 괴롭힘 예방활동의 전체적인 방향을 살펴보았고, 제2장부터 제4장까지는 사용자, 관리자·근로자, 고객 등 각각의 주체에 의한 직장 내 괴롭힘 행위에 대한 예방활동의 내용에 대하여 살펴보았다. 직장 내 괴롭힘 예방대책은 반드시 정해진 규칙이 있는 것은 아니어서 사용자가 각 사업장의 특성에 맞게 효과적인 방법을 찾아 시행하면 될 것이나, 본서에서는 국제노동기구(ILO), 고용노동부, 학계에서 공통적으로 권고하는 예방방법들을 기준으로 설명하였다.

한편 직장 내 괴롭힘에 대한 문제는 그 심각성에 비해 아직까지도 국가적 차원의 체계적인 예방모델이 제시되지 못하고 있는 실정이다. 앞으로 국가, 학계, 산업계 등 각 분야에서 직장 내 괴롭힘의 문제 해결을 위해 법적, 경영학적, 노동정책적 측면에서의 깊은 연구와 다양한 노력이 필요하고 효과적인 예방정책과 제도가 조속히 마련되어 시행될 필요가 있다. 아무쪼록 본서가 산업현장의 실무자들에게 사업장 내 직장 내 괴롭힘 문제를 사전에 예방하고, 사고발생 시 적절한 조치를 취하는데 있어 작은 도움을 되기를 희망한다. 그리고 앞으로 발견되는 부족함은 연구를 통하여 계속하여 보완하고자 한다.

끝으로 이 책이 나오기까지 책의 내용에 대하여 많은 조언을 주신 광장노무법인 소속 동료 노무사인 현창종, 조화식, 윤찬성님과 원고정리를 도와준 김수진 선생님께도 감사의 뜻을 전하며, 또한 이 책의 출판에 수고를 아끼지 않는 (주)중앙경제 관계자 여러분께도 깊은 감사의 말씀을 드립니다.

2023년 1월 30일

손 혁

목 차

제1부 직장 내 괴롭힘의 판단

▶ 제1장 직장 내 괴롭힘 금지법의 이해

▶ 제2장 직장 내 괴롭힘의 판단

제2부 직장 내 괴롭힘 발생 시 처리

▶ 제1장 사용자에 의한 조사 및 조치

▶ 제2장 국가기관에 의한 조사 및 조치

▶ 제3장 피해근로자에 대한 지원과 보상

제3부 직장 내 괴롭힘 예방대책

▶ 제2장 사용자에 의한 직장 내 괴롭힘의 예방

▶ 제4장 고객 등에 의한 폭언 및 괴롭힘 예방

부 록

제1부

직장 내 괴롭힘의 판단

제1장

직장 내 괴롭힘 금지법의 이해

제1절 직장 내 괴롭힘의 사회적 문제

1. 해외에서의 직장 내 괴롭힘 논의

직장 내 괴롭힘이란 직장 내에서 업무와 관련하여 근로자의 인간의 존엄성을 훼손하는 행위를 함으로서 근로자의 신체적 · 정신적 건강을 침해하는 것을 말한다. 2022년도에 국제노동기구(ILO), 로이드재단, 갤럽이 공동으로 전 세계적으로 직장 내 괴롭힘과 성희롱이 얼마나 만연해 있는지를 파악하기 위해 총 121개국 근로자 7만 5,000명을 대상으로 조사한 결과에 따르면, 전체근로자의 23%가 직장에서 신체적·정신적 성적 폭력이나 괴롭힘 가운데 적어도 한가지 이상의 폭력과 괴롭힘을 경험하였다고 대답한 바 있어, 최근까지도 직장내 괴롭힘과 성희롱이 세계적으로 확산되어 있다는 사실이 확인되었다.[1] 직장 내 괴롭힘의 문제는 이미 1990년대부터 근로자의 인권이 발달한 스웨덴, 프랑스, 영국 등 북유럽을 중심으로 심각한 사회적 문제로 인식되어 연구되어 왔다. 이는 직장 내 괴롭힘을 조직 내에서 자연스럽게 발생되는 갈등현상 정도가 아닌 근로자의 인격권을 침해하는 중대한 문제로 인식된 것이다. 이에 따라 학계에서는 직장 내 괴롭힘에 대한 발생원인, 영향, 예방 등에 대한 연구들이 이루어졌고. 정부차원에서도 사업장 내 직장 내 괴롭힘을 예방하기 위해 금지법을 제정하는 등 다양한 노력을 하여왔다.

호주에서는 2006년 7월에 카페 종업원이 직장에서 “뚱뚱하다”, “못생겼다” 등의 학대와 괴롭힘을 당하다가 자살한 사건이 발생되었는데, 해당 가해자와 사용자에게 벌금형만 선고되자 강력한 처벌을 해야 한다며 시민들의 입법운동이 일어났다. 이후 직장 내 괴롭힘 금지법이 2011년에 제정되어 직장 내 괴롭힘 가해자는 최대 징역 10년형까지 받게 되었다. 이와 같은 호주의 직장 내 괴롭힘

1) 국제노동기구 · 로이드재단 · 갤럽 공동조사결과 보도자료(2022.12.5. 발표) 「직장에서의 폭력과 괴롭힘 경험 : 첫 번째 세계적 조사」 보고서.

이슈는 세계적으로 많은 관심과 영향을 주었다. 그러나 직장 내 괴롭힘을 금지하는 법은 이에 앞선 1990년대 초반에 스웨덴을 시작으로 도입되기 시작하였고, 2010년도 들어서는 호주, 캐나다 등 비유럽권에서도 법제화가 추진되었다. 이와 같은 여러 국가들의 관심 속에서 국제노동기구(ILO)는 2019.6.21.에 제190호 협약 「일의 세계에서 폭력 및 괴롭힘 협약」을 채택하여, 각 회원국들로 하여금 사업장에서의 폭력과 괴롭힘의 예방과 근절을 위한 실질적인 조치를 취할 것을 권고하였다. 아시아권에서는 일본이 2000년 초반부터 직장 내 괴롭힘이 사회문제화 되었고 정부차원의 예방활동이 먼저 시행되어 오다가 2020.1.1.에서야 직장 내 괴롭힘 금지법이 도입되었다. 우리나라의 경우는 일본보다 늦은 2010년 초부터 직장 내 괴롭힘이 사회적 문제로 등장하였고, 이후 2019.1.15.에 직장 내 괴롭힘 금지법이 도입되었는데 시기적으로는 아시아권에서는 가장 빠르다.

이와 같이 많은 국가에서 직장 내 괴롭힘 문제의 심각성을 인식하고 이를 금지하는 법을 도입하거나 예방활동에 적극적으로 나서고 있다. 1994년 직장 내 괴롭힘 금지법을 최초로 도입한 스웨덴은 처벌규정이나 사용자 의무는 비교적 약한 편에 속하나 프랑스와 노르웨이, 호주 등에서는 처벌규정이 강하다. 프랑스는 '정신적 괴롭힘을 당하지 않을 권리'를 노동법에 규정하고, 반복하여 다른 사람을 괴롭히는 행위자는 징역 2년 및 3만유로(약 4천만원)의 벌금에 처하도록 하고 있고, 노르웨이는 개인 간의 괴롭힘 뿐만 아니라 과로를 방치하는 것도 위법으로 보며 괴롭힘 사실이 인정되면 가해자뿐만 아니라 사용자도 최대 2년형에 처할 수 있도록 하고 있다. 앞서 언급한 호주의 경우에는 최대 10년형에 처하도록 하고 있어 직장 내 괴롭힘 금지법 도입 국가 중에서는 가장 강력한 처벌규정을 두고 있다.

2. 국내의 직장 내 괴롭힘 발생현황

국내에서는 2007년에 전남의 모병원에서 병원 측과 상급자와의 갈등으로 10개월간 4명의 직원이 자살하는 사건이 있었고, 본격적으로는 2010년도부터 직장 내 괴롭힘과 관련된 사건들이 반복적으로 언론에 보도되기 시작하였다. 2012년

8월에는 여의도에서 30대 남성이 왕따를 당하여 퇴직하게 되었다며 퇴근 중이던 전 직장동료 2명에게 칼부림을 행한 사건이 발생하였고, 같은 해 10월에는 출산휴가와 육아휴직 후 복귀한 여사원을 왕따시킨 금융기관 S금고에 2천만원의 위자료를 지급하라는 법원의 판결이 선고된 사건이 있었다. 2013년 창원의 한 작업장에서 직속상사인 과장으로부터 끊임없이 괴롭힘을 당한 근로자가 회사 기숙사에서 자살한 사건이 발생되었고, 2014년에는 명예퇴직을 거부한 근로자들을 집단따돌림 한 K통신업체 사건, 같은 해 12월 D항공 부사장이 땅콩을 접시에 담지 않고 봉지째 고객에게 제공한 것을 두고 승무원에게 폭언을 하고 사무장에게 무릎을 꿇려 빌도록 하고 비행기마저 회항시켜 사무장을 내려놓고 다시 출발한 이른바 땅콩회항사건 등이 언론에 소개되면서 해당 기업은 국민적 질타를 받게 되었다. 이후 직장 내 괴롭힘에 대한 정부와 민간연구단체들의 본격적인 연구와 실태조사가 실시되었는데, 2017년도에 국가인권위원회가 1,560명의 근로자를 대상으로 한 직장 내 괴롭힘 조사결과 73.3%가, 같은 해 한국노동연구원이 2,500명의 근로자를 대상으로 한 직장 내 괴롭힘 조사결과 66.3%가 그렇다고 대답할 만큼 사회 전체적으로 만연되고 있다는 사실이 확인되었다.[2] 국회에서는 직장 내 괴롭힘에 대한 입법안이 이미 2010년부터 발의되기 시작하였고, 2013년~2017년 동안 총 8건이 추가 발의되었으나 직장 내 괴롭힘의 범위와 제재방식 등에 여러 이견이 있어 입법화가 진전을 이루지 못하였다.[3]

그러던 중 2018년 2월에 서울 소재 A대형병원에서 신입 간호사가 수련과정에서 폭언과 폭행을 겪다가 스스로 목숨을 끊는 사건이 발생하였고, 같은 해 10월에는 IT업체의 Y회장이 업무지시 과정에서 골프채와 쇠파이프로 사원을 폭행하는 사건이 언론에 보도되면서 국민의 공분을 크게 사게 되었다. 결국 2018.12.27.에 여야합의로 작성된 직장 내 괴롭힘 금지 통합 법안이 2019.1.15.에 본

---

2) 홍성수 외, 「직장 내 괴롭힘 실태조사」, 국가인권위원회 연구용역보고서, 2017.11, 102면. ; 김근주 외, 「직장 내 괴롭힘 실태와 제도적 규율방안」, 한국노동연구원 정책연구 보고서, 2017.12, 161면.

3) 국내 직장 내 괴롭힘 금지법 발의안은 2010년부터 2019.1.15. 제정 이전까지 총 11건이 국회에 제출되었다.

회의를 통과하여 공포되었으며, 6개월 후인 2019.7.16.부터 직장 내 괴롭힘 금지법이 시행되기에 이르렀다. 이로써 직장 내 괴롭힘이라는 용어를 근거로 근로자의 인격권 침해행위를 직접 규율할 수 있게 되었고 그 인정범위도 넓어졌다. 또한 사용자는 취업규칙 내 규정 설정을 통해 예방활동을 하여야 하고, 직장 내 괴롭힘 사고 발생 시에는 조사와 적절한 조치를 취하도록 의무화 되었다. 이후 고용노동부는 직장 내 괴롭힘 금지법 도입 후속조치로서 2019.2.에 '직장 내 괴롭힘 판단 및 예방·대응 매뉴얼'을 제작하여 일선 사업장에 배포하였고, 같은 해

〈금지법 시행 이후 최근 3년 동안 직장 내 괴롭힘 주요 자살사건〉

발생시기	괴롭힘 유형	사 건 내 용
2020년 3월	험담·따돌림	전북 익산의 국내 A제과기업 공장에서 일하던 여직원 A가 업무시간 이후 상급자의 호출, 퇴근시간마다 시말서 작성 강요, "남자에게 꼬리친다, 남자를 꼬신다"는 등의 동료들의 험담 등으로 괴로워 하다가 아파트 15층에서 투신자살한 사건
2020년 5월	성추행 성희롱	선임 부사관에게 강제추행을 당한 공군 여성 부사관이 상관들로부터 사건을 덮으라는 회유를 받다가 끝내 극단적 선택을 한 사건
2020년 10월	업무압박 폭언·모욕	평택소재 A경찰서 소속 경감 B가 평소 상관으로부터 폭언, 모욕, 업무 관련 강한 질책을 받고 휴가 때도 업무지시를 받는 등 상당한 스트레스에 시달리다 아파트에서 투신자살 한 사건
2021년 5월	업무압박 폭언·모욕	국내 IT업계 N사 소속 직원이 장기간 직속상사 임원으로부터 "너는 패착이다. 너는 이 일을 하는데 전혀 중요하지 않다" 등 모욕적인 언행과 해결할 수 없는 무리한 업무지시 등으로 괴롭힘을 당하다가 자살한 사건
2021년 6월	부당한 업무지시 성희롱	경북 포항 배관공사 현장에서 화재감시를 하던 여성 일용 근로자가 현장관리자로부터 파이프 100개를 옮기도록 하는 등 부당한 업무지시와 성희롱을 당하여 괴로워하다가 스스로 목숨을 끊는 사건
2021년 8월	성추행 성희롱	해군에서 여성 부사관 A가 상관에 의해 성추행 당했다고 신고하였으나, 군은 2개월 동안 안이한 조사와 함께 가해자를 불러 경고조치만 하는데 그쳤다. 이후 부사관 A는 가해자로부터 업무배제 등 2차 가해를 입다가 극단적 선택을 한 사건

7월에는 '직장 내 괴롭힘 금지법 현장 안착추진 계획'을 발표하여 전담 근로감독관 지정, 직장 내 괴롭힘 판단 전문위원회 운영, 취업규칙 심사 시 사전 점검지도, 문제 사업장 특별근로감독 실시 등의 구체적인 예방정책을 추진하였다.[4]

그러나 이와 같이 직장 내 괴롭힘 금지법 도입과 고용노동부의 예방정책에도 불구하고 관련 사고는 아직도 끊이질 않고 발생되고 있는 실정이다. 직장 내 괴롭힘 금지법이 시행된 2019년 7월 16일부터 2022년 6월 30일까지 약 3년 동안 고용노동부에 접수된 직장 내 괴롭힘 신고는 무려 18,906건에 달하였다.[5] 이와 같은 현상은 아직까지도 산업현장에서는 직장 내 괴롭힘에 대한 문제인식이 낮고, 실질적인 예방활동도 이루어지지 않고 있기 때문인 것으로 해석된다.

3. 직장 내 괴롭힘의 개념, 유형과 영향

(1) 직장 내 괴롭힘의 개념

직장 내 괴롭힘은 Workplace harassment, Workplace bullying 등의 용어가 사용되고 있으며, Workplace bullying 이란 직장에서 반복적인 부정적인 행동(예컨대, 폭력, 따돌림, 성희롱 등)에 장기간 노출되고, 그러한 행동에 대해 스스로를 방어할 수 없다고 느끼게 되는 상태를 말한다(Einarsen, 2000). Workplace bullying이 직장에서의 일반적인 부정적 행동과 다른 점은 부정적인 행동의 잦은 빈도성(예컨대, 매주 또는 매일 발생, Einarsen, 1999, 2000)와 장기성(예컨대, 6개월간 또는 그 이상 발생, Einarsen & Skogstad, 1996)에 있다고 할 수 있다. Workplace bullying은 여러 형태의 행위들로 나타나는데(Einarsen, Hoel, Zapf and Cooper, 2011), 이를 크게 분류하면, 첫째, 사람 관련 행위(Person-related acts, 예컨대, 험담, 왕따), 둘째, 일 관련 행위(Work-related acts, 예컨대, 정보차단, 불합리적 작업부여), 셋째, 정신적 위협(Physically intimidating, 예

4) 고용노동부 "직장 내 괴롭힘 금지법" 현장 안착추진. 2019.7.18. 보도자료.

5) 고용노동부가 2022년도에 발표한 통계자료.

컨대, 고함, 압박) 등이 있다. 일반적으로 Workplace bullying은 감독자나 같은 동료들에 의하여 발생되며(Salin, 2003), 위계상 위치를 떠나 가해자와 피해자간의 힘의 불균형에 의해 발생된다. 일반적으로 가해자의 가해의도는 Workplace bullying의 개념에 포함되어 있다지만 이를 실증적으로 측정하기는 어렵다. 이와 같은 이유 때문에 연구자들은 가해자의 가해의도를 Workplace bullying의 필수적인 구성요소로 고려하지 않고 있다(Einarsen et al., 2011).

한편 직장 내 괴롭힘의 법적 정의는 각 국가마다 달리하는데, 유럽의 경우에는 괴롭힘의 정의에 반복성을 포함하여 그 범위를 일정 이내로 제한하면서 국가의 처벌도 함께 부과하는 경우가 많고, 반면 우리나라와 일본의 경우에는 괴롭힘의 정의에 반복성을 포함하지 않아 그 범위를 넓게 확장될 수 있도록 하는 대신 국가의 처벌은 도입하지 않는 구조를 취하고 있다.

한편 성희롱 등 성차별적 괴롭힘에 대해서는 대부분의 국가가 별도의 차별금지법을 통해 규율하는 경우가 많고, 가해 의도나 반복성을 필수요건으로 포함하지 않고 있다.

〈각 국가별 직장 내 괴롭힘의 법적 정의〉

구 분	정 의
국제 노동기구	"일의 세계에서 '폭력과 괴롭힘'이라는 용어는 일회적인 것인지 또는 반복하여 발생한 것인지에 관계없이, 신체적 · 심리적 · 성적 또는 경제적 위해를 초래하는 것을 목적으로 하거나 또는 초래할 가능성이 있는 일련의 허용할 수 없는 행동과 관행, 또는 그러한 행동과 관행을 하겠다는 위협, 젠더에 기반한 폭력과 괴롭힘을 포함한다(제1조ⓐ)." "젠더에 기반한 폭력과 괴롭힘이란 성별 또는 젠더를 이유로 하여 직접적으로 개인에게 행해지거나 또는 특정한 성 또는 젠더에 편향하여 영향을 미치는 폭력 및 괴롭힘을 말하고, 성적 괴롭힘을 포함한다(제1조ⓑ)."(국제노동기구 제190호 협약 제1조)
프랑스	"모든 근로자는 자신의 권리 및 존엄성을 훼손당하고 육체 또는 정신적 건강을 해치거나, 자신의 직업적 장래를 위태롭게 하는, 근로조건의 악화를 목적으로 하거나, 그러한 결과를 초래하는 반복적인 정신적 괴롭힘 행위를 겪어서는 안 된다."(프랑스 노동법 L.1152-1조)

구 분	정 의
스웨덴	"개인 근로자에 대한 공격적인 방식으로 반복되어 행해지는, 비난받을 만하거나 명백하게 부정적인 행동으로서 해당 근로자가 직장 공동체에서 배제되는 결과를 초래하는 행동"(스웨덴 직장 괴롭힘 조례 AFS 1993 : 17)
독 일	"당사자의 명예 내지 건강과 같은 일반적 인격권 또는 다른 유사하게 보호받을 권리를 지속적, 체계적, 반복적으로 침해하는 행위"(독일 튀링엔 주노동법원 판결)
호 주	"근무 중인 근로자 또는 근로자 집단에 대하여 개인 또는 집단에서 반복하여 불합리한 행위를 하고, 해당 행위가 건강 또는 안전상의 위험을 발생하고 있는 것"(공정노동법 제789FD(1조)
한 국	"사용자 또는 근로자가 직장에서의 지위 또는 관계 등의 우위를 이용하여 업무상 적정범위를 넘어 다른 근로자에게 신체적·정신적 고통을 주거나 근무환경을 악화시키는 행위"(근로기준법 제76조의2)
일 본	"사업주는 직장에서 행해지는 우월적인 관계를 배경으로 한 언동으로, 업무상 필요하고 상당한 범위를 초월한 것으로 인하여 그 고용하는 근로자의 취업환경이 저해되는 일이 없도록, 당해 근로자로부터의 상담에 응하고, 적절하게 대응하기 위하여 필요한 체제의 정비, 기타 고용관리상 필요한 조치를 강구해야 한다."(일본 노동시책종합추진법 제30조의2제1항)

(2) 직장 내 괴롭힘의 유형

직장 내 괴롭힘의 유형은 매우 다양하여 일률적인 기준에 의해 분류하기가 어렵다. 이에 대해 2015년도에 여성정책연구원이 판례 및 인권위 결정례 검색, 언론보도, 실태조사보고서 등의 직장 내 괴롭힘 분쟁사례를 분석하여 분류한 6가지 괴롭힘 유형이 가장 체계적인 분류로 평가된다. 구체적으로 직장 내 괴롭힘 6가지 유형은 조직적·경영방침 여부에 따라 구조적 괴롭힘과 개인적 괴롭힘, 가해자의 조직 내부구성원 여부에 따라 고객에 의한 괴롭힘과 조직 내부적인 괴롭힘, 차별적 성격 여부에 따라 차별적인 괴롭힘과 차별과 무관한 괴롭힘 등이 있다.[6]

6) 구미영 외, 「여성근로자에 대한 직장 내 괴롭힘의 실태와 보호방안」, 여성정책연구원 연구보고서-28, 2015.10.30, 19면.

〈직장 내 괴롭힘의 유형분류〉

분류기준	괴롭힘의 유형	구체적인 유형
조직적 · 경영방침에 의한 괴롭힘	구조적 괴롭힘	정리해고 추진용 괴롭힘, 노조와해용 괴롭힘, 성과압박형 괴롭힘 등
	개인적 괴롭힘	관리자 등에 의한 권력남용형 괴롭힘
가해자가 조직 내부 구성원인 괴롭힘	고객에 의한 괴롭힘	동료 간 괴롭힘
	조직 내부적인 괴롭힘	감정노동 등
차별적 성격의 괴롭힘	차별적인 괴롭힘	젠더 · 인종 · 장애 괴롭힘 등
	차별과 무관한 괴롭힘	

(3) 직장 내 괴롭힘의 영향

1) 직장 내 괴롭힘의 선행요인

Heinz Leymann이 1990년초에 조직 내에서의 직장 내 따돌림 문제를 최초로 연구한 후 지난 30년간 직장 내 괴롭힘의 연구가 많이 이루어졌고, 주로 직장 내 괴롭힘의 결과와 선행요인에 대한 연구가 중심을 이루었다. 직장 내 괴롭힘 발생에 영향을 미치는 선행요인은 다양하나, 일반적으로 개인적 요인과 조직적 요인으로 구분할 수 있다. 국제노동기구(ILO)가 공식적으로 채택하고 있는 Chappell & di Martino (2000)의 '직장 내 괴롭힘의 영향요인 및 상호작용 모델'에서는 개인적 요인으로는 연령, 외형, 경험, 건강, 기술, 성별, 성격, 태도 등 기질적 특성과 폭력, 알코올 · 약물 남용, 어려운 아동기 등 과거 경험을 통해 형성된 인지적, 정서적, 가치관적 특성 등이 제시되고 있다. 다음으로 조직적 요인으로는 사업장 환경과 업무상황이 있는데, 사업장 환경은 물리적 환경, 조직적 특성, 경영형태, 직장문화, 외부환경에 대한 개방성 등이 있고, 업무상황은 단독수행, 공공대상, 스트레스, 특별한 취약성 등이 제시되고 있다. 기존연구에서 나타난 조직적 요인은 대체로 역할 모호성과 역할 갈등 등의 작업환경(Einarsen, S.,

Raknes, B. R. I., & Matthiesen, S. B., 1994), 학대적인 감독자(Tepper, B. J., 2000), 경쟁적이고 갈등관리가 부재한 조직문화(Hauge et al.,2007 ; Aquino, K. & Lamertz, K., 2004 ; Zapf, D., 1999 ; Vartia, 1996) 등이 있다.

2) 직장 내 괴롭힘의 결과

직장 내 괴롭힘은 피해근로자나 조직에 부정적인 영향을 미치는 것으로 나타나고 있다.

첫째, 직장 내 괴롭힘은 피해근로자에게는 스트레스 등 정신적인 고통을 주어 건강을 악화시키고(Khubchandani, J., & Price, J. H., 2015; Vartia, M. A., 2001), 생산성 감소, 직무 만족, 정서적 헌신, 이직 의도 등에 부정적인 영향을 미치는 것으로 나타나고 있다(Hershcovis, M. S., & Barling, J., 2010 ; Duffy, M. 2009). 특히 가장 큰 문제는 가해자・피해자의 경우 자살 의도나 자살행위가 증가한다는 점이다(Wolke & Lereya, 2015). 우리나라의 경우에도 직장 내 괴롭힘으로 인한 산업재해는 2009년도 8명에서 2018년도 61명으로 대폭 증가하였고,[7] 정신질환 산재로 승인된 건 중에 자살을 한 사례가 33.7%에 달하였다.

둘째, 직장 내 괴롭힘은 조직에도 생산성 저하(Hoel H, 2003 ; Hoel & Cooper, 2000). 금전적 비용 발생(Von Bergen et al., 2006 ; 서유정・이지은, 2013), 기업 이미지 감소(Bartlett & Bartlett, 2011) 등의 부정적인 영향을 미친다.

7) 백은미 외, 「직장 내 괴롭힘으로 인한 건강영향 예방대책 개발」, 산업안전보건연구원 위탁연구보고서, 2019.10.31, 17면.

〈Chappell & di Martino의 직장 내 괴롭힘의 영향요인 및 상호작용 모델〉

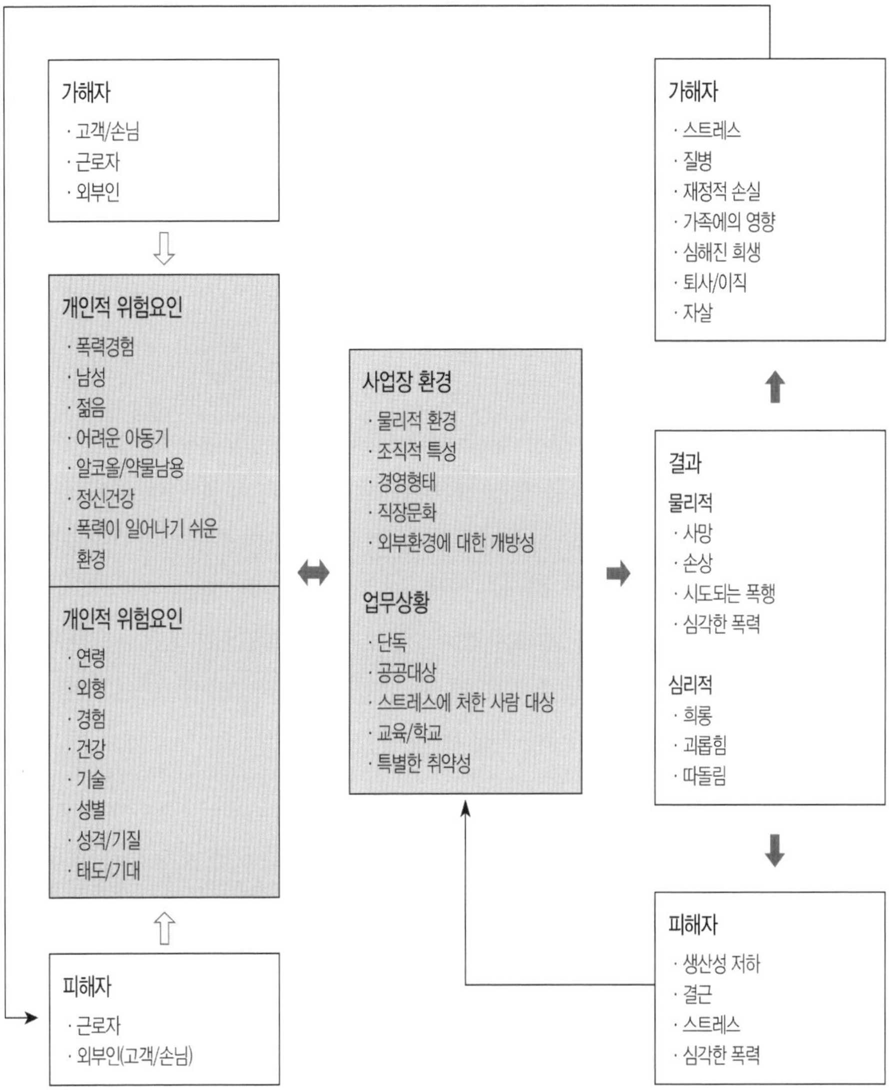

제2절 직장 내 괴롭힘 금지법 내용

1. 직장 내 괴롭힘 금지법 도입경과

우리나라의 직장 내 괴롭힘 금지법은 별도의 단일법령으로 제정되지 않고, 그 관련 내용을 근로기준법, 산업안전보건법, 산업재해보상보험법 등에 각각 편입시켜 2019.1.15.에 도입되었다. 근로기준법에는 직장 내 괴롭힘 금지 규정, 직장 내 괴롭힘 발생 시 사용자의 조사 및 적절한 조치의무, 취업규칙 내 직장 내 괴롭힘의 예방 및 발생 시 조치 등에 관한 사항 기재 의무 등을 포함하였다. 또한 산업재해보상보험법에는 직장 내 괴롭힘을 업무상 질병에 포함시켰고, 산업안전보건법에는 직장 내 괴롭힘 예방을 위한 조치기준 마련, 지도 및 지원에 관한 사항을 정부의 책무 사항에 포함시켰다. 근로기준법과 산업재해보상보험법은 개정일로부터 6개월 후인 2019.7.16.부터 시행되었으며, 산업안전보건법은 개정일로부터 1년 후인 2020.1.16.부터 시행되었다.

이후 산업현장에서는 최초의 직장 내 괴롭힘 금지법으로는 사용자 또는 사용자의 친인척인 근로자가 직장 내 괴롭힘의 가해자인 경우에는 사용자의 조치의무를 기대하기 어렵고, 사용자가 조치의무를 이행하지 않는 경우 제재규정이 없어 직장 내 괴롭힘 금지제도의 실효성을 담보하지 못하고 있다는 지적이 꾸준히 제기되었다. 이에 2020.5.21.에 국가인권위원회는 이와 같은 지적을 포함한 총 5가지 직장 내 괴롭힘 제도개선 사항을 고용노동부에 권고를 하였고,[8] 2021.4.13.에 그 권고사항 중 일부가 반영된 근로기준법이 다시 개정되어 2021.10.14.부터

8) 2020.5.21. 국가인권위원회가 고용노동부장관에게 권고한 총 5가지 사항은 ① 사업장 외부의 제3자 괴롭힘 사각지대 예방 규정 마련, ② 4명 이하 사업장 적용 확대, ③ 실효성 확보를 위한 처벌 및 제재규정 마련, ④ 직장 내 괴롭힘 예방교육의 명문화, ⑤ 사업장 내 최고권한자의 괴롭힘에 대한 외부기관 구제절차 마련 등이다.

시행되었다. 주요 개정내용은 사용자 범위에 친족일부를 포함시키고 사용자가 직장 내 괴롭힘 행위를 한 경우에 1천만원 이하의 과태료를 부과하는 규정이 도입되었고(제116조제1항), 사용자가 객관적 조사의무, 피해근로자 보호조치의무, 행위자 징계 등 조치의무, 비밀유지의무 등을 위반하는 경우에는 각각 5백만원 이하의 과태료를 부과하는 규정이 도입되었다(제116조제2항).

2. 직장 내 괴롭힘 금지법 내용

(1) 근로기준법

근로기준법에는 직장 내 괴롭힘 금지 원칙(근로기준법 제76조의2), 직장 내 괴롭힘 사고발생 시 조치(근로기준법 제76조의3), 취업규칙 내 예방 및 조치사항 기재(근로기준법 제93조제11호) 등을 규정하고 있다.

[근로기준법]

제76조의2 【직장 내 괴롭힘의 금지】 사용자 또는 근로자는 직장에서의 지위 또는 관계 등의 우위를 이용하여 업무상 적정범위를 넘어 다른 근로자에게 신체적 · 정신적 고통을 주거나 근무환경을 악화시키는 행위(이하 "직장 내 괴롭힘"이라 한다)를 하여서는 아니 된다.

제76조의3 【직장 내 괴롭힘 발생 시 조치】 ① 누구든지 직장 내 괴롭힘 발생 사실을 알게 된 경우 그 사실을 사용자에게 신고할 수 있다.
② 사용자는 제1항에 따른 신고를 접수하거나 직장 내 괴롭힘 발생 사실을 인지한 경우에는 지체없이 당사자 등을 대상으로 그 사실 확인을 위하여 객관적으로 조사를 실시하여야 한다.
③ 사용자는 제2항에 따른 조사기간 동안 직장 내 괴롭힘과 관련하여 피해를 입은 근로자 또는 피해를 입었다고 주장하는 근로자(이하 "피해근로자등"이라 한다)를 보호하기 위하여 필요한 경우 해당 피해근로자등에 대하여 근무장소의 변경, 유급휴가 명령 등 적절한 조치를 하여야 한다. 이 경우 사용자는 피해근로자등의 의사에 반하는 조치를 하여서는 아니 된다.

④ 사용자는 제2항에 따른 조사결과 직장 내 괴롭힘 발생 사실이 확인된 때에는 피해근로자가 요청하면 근무장소의 변경, 배치전환, 유급휴가 명령 등 적절한 조치를 하여야 한다.
⑤ 사용자는 제2항에 따른 조사 결과 직장 내 괴롭힘 발생 사실이 확인된 때에는 지체 없이 행위자에 대하여 징계, 근무장소의 변경 등 필요한 조치를 하여야 한다. 이 경우 사용자는 징계 등의 조치를 하기 전에 그 조치에 대하여 피해근로자의 의견을 들어야 한다.
⑥ 사용자는 직장 내 괴롭힘 발생 사실을 신고한 근로자 및 피해근로자등에게 해고나 그 밖의 불리한 처우를 하여서는 아니 된다.
⑦ 제2항에 따라 직장 내 괴롭힘 발생 사실을 조사한 사람, 조사 내용을 보고받은 사람 및 그 밖에 조사과정에 참여한 사람은 해당 조사과정에서 알게 된 비밀을 피해근로자등의 의사에 반하여 다른 사람에게 누설하여서는 아니 된다. 다만, 조사와 관련된 내용을 사용자에게 보고하거나 관계 기관의 요청에 따라 필요한 정보를 제공하는 경우는 제외한다.

제93조【취업규칙의 작성 · 신고】 상시 10명 이상의 근로자를 사용하는 사용자는 다음 각 호의 사항에 관한 취업규칙을 작성하여 고용노동부장관에게 신고하여야 한다. 이를 변경하는 경우에도 또한 같다.
1.~10. (생략)
11. 직장 내 괴롭힘의 예방 및 발생 시 조치 등에 관한 사항
12.~13. (생략)

제109조【벌칙】 ① 제36조, 제43조, 제44조, 제44조의2, 제46조, 제51조의3, 제52조제2항제2호, 제56조, 제65조, 제72조 또는 제76조의3제6항을 위반한 자는 3년 이하의 징역 또는 3천만원 이하의 벌금에 처한다.

제116조【과태료】 ① 사용자(사용자의 「민법」 제7조에 따른 친족 중 대통령령으로 정하는 사람이 해당 사업 또는 사업장의 근로자인 경우를 포함한다)가 제76조의2를 위반하여 직장 내 괴롭힘을 한 경우에는 1천만원 이하의 과태료를 부과한다.
② 다음 각 호의 어느 하나에 해당하는 자에게는 500만원 이하의 과태료를 부과한다.
1. (생략)
2. 제14조, 제39조, 제41조, 제42조, 제48조, 제66조, 제74조제7항 · 제9항,

제76조의3제2항 · 제4항 · 제5항 · 제7항, 제91조, 제93조, 제98조제2항 및 제99조를 위반한 자
3.~4.(생략)

[근로기준법시행령]

제59조의3 【사용자의 친족인 근로자의 범위】 법 제116조제1항에서 "대통령령으로 정하는 사람"이란 다음 각 호의 사람을 말한다.
1. 사용자의 배우자
2. 사용자의 4촌 이내의 혈족
3. 사용자의 4촌 이내의 인척

(2) 산업재해보상보험법

산업재해보상보험법에는 제37조제1항제2호다목에 직장 내 괴롭힘으로 인한 업무상 정신적 스트레스가 원인이 되어 발생한 질병을 업무상 질병에 포함시켰다.

[산업재해보상보험법]

제37조 【업무상의 재해의 인정기준】 ① 근로자가 다음 각 호의 어느 하나에 해당하는 사유로 부상 · 질병 또는 장해가 발생하거나 사망하면 업무상의 재해로 본다. 다만, 업무와 재해 사이에 상당인과관계(相當因果關係)가 없는 경우에는 그러하지 아니하다.
1. (생략)
2. 업무상 질병
가.~나. (생략)
다. 「근로기준법」 제76조의2에 따른 직장 내 괴롭힘, 고객의 폭언 등으로 인한 업무상 정신적 스트레스가 원인이 되어 발생한 질병
라. (생략)
3. (생략)

(3) 산업안전보건법

산업안전보건법에는 제4조제1항제3호에 정부의 책무 규정에 직장 내 괴롭힘 예방을 위한 조치기준 마련, 지도 및 지원에 관한 사항을 포함시켰다.

[산업안전보건법]

제4조 【정부의 책무】 ① 정부는 이 법의 목적을 달성하기 위하여 다음 각 호의 사항을 성실히 이행할 책무를 진다.

1.~2. (생략)

3. 「근로기준법」 제76조의2에 따른 직장 내 괴롭힘 예방을 위한 조치기준 마련, 지도 및 지원

4.~9. (생략)

3. 직장 내 괴롭힘 금지법 적용범위

근로기준법에 규정된 직장 내 괴롭힘 금지제도는 상시근로자 5인 이상인 사업 또는 사업장에 적용된다. 근로기준법상 사용자 또는 근로자가 아닌 자에 의한 직장 내 괴롭힘 행위에 대해서는 적용되지 아니한다. 다만 직접 근로계약관계가 없을지라도 사용자의 보호의무가 적용되는 파견근로자에 대해서는 적용된다. 한편 근로기준법에 따른 직장 내 괴롭힘 금지 제도는 공무원에게는 직접 적용되지 않고, 공무원은 「국가공무원법」 및 「공무원행동강령」, 「공무원고충처리규정」, 「공무원징계령」 등이 우선 적용된다.[9]

9) 근로기준정책과-122, 2020.1.6.

제3절 직장 내 괴롭힘 금지법 규율체계

1. 개 요

사용자 또는 근로자가 행한 직장 내 괴롭힘 행위가 폭력, 폭언, 모욕, 명예훼손 등 형법을 위반한 경우에는 피해근로자는 직접 검찰 또는 고용노동부에 고소를 통하여 행위자를 형사처벌 할 수 있다. 그러나 형법이 적용되는 위법 행위에까지 이르지 않는 직장 내 괴롭힘 행위도 다수 존재하므로 모든 직장 내 괴롭힘 행위자를 형사처벌로 규율할 수는 없다. 직장 내 괴롭힘 행위를 형사처벌로 다루게 되면 규율의 실효성은 높일 수 있으나 고의·과실 또는 반복성 등 엄격한 성립요건이 필요하게 되므로 그 규율대상이 되는 행위가 좁아지게 된다는 단점이 있다. 우리나라 근로기준법 제76조의3에서는 직장 내 괴롭힘의 접수, 조사 및 조치 주체를 사용자로 규정하고 있고, 행위자에 대해서는 국가가 나서서 형사처벌을 하기 보다는 사용자가 징계 등 적절한 조치를 하도록 하고 있다. 이와 같이 직장 내 괴롭힘을 국가의 형벌이 아닌 사용자의 자율적 규제에 맡기는 것은 그러한 방식이 조직 내에서 발생하는 다양한 수준의 괴롭힘 행위를 폭넓게 포섭하여 조치 및 예방을 할 수가 있고, 무엇보다도 조직 내부사정에 맞는 적절한 해결책을 찾아 당사자들이 다시 원만하게 근무할 수 있도록 만들 수 있는 자가 사용자이기 때문이다.[10)]

10) 그러나 직장 내 괴롭힘에 대한 사용자의 자율적 대응·예방방식은 사용자에게 적극적 해결의지가 없는 경우에는 그러한 문제가 묵살되거나 은폐될 수 있어 그 규율의 실효성이 의심된다는 의견이 있다. 이에 대한 대안으로 일본과 호주에서 시행하고 있는 노동위원회를 통한 구제절차 도입 등이 제안되고 있다(권혁, 윤우일, 박수경 등).

2. 사용자의 조사 및 예방의무

(1) 사용자의 의무 내용

근로기준법에 도입된 직장 내 괴롭힘 규율체계는 사용자의 자율적 대응·예방체계를 도입하고 있는 바, 사용자에게 직장 내 괴롭힘 발생 시 객관적 조사, 피해근로자등 보호조치, 행위자 징계 등 조치, 비밀누설 금지, 피해신고자 불리한 처우 금지 등 조치의무를 부과하고 있고, 취업규칙 내 예방활동 및 조치내용을 규정하도록 의무화하고 있다. 이를 위반 시에는 과태료가 부과된다.

〈직장 내 괴롭힘 금지관련 사용자의 의무〉

의 무 사 항	위반 시 제재
1. 사용자의 직장 내 괴롭힘 금지 의무(2019.7.16.시행)	1000만원 이하 과태료 (2021.10.14.시행)
2. 직장 내 괴롭힘 예방활동 의무(2019.7.16.시행)	
① 취업규칙에 직장 내 괴롭힘의 예방 및 발생 시 조치 등에 관한 사항을 규정하여 신고 또는 변경 신고하여야 함	500만원 이하 과태료 (2019.7.16.시행)
3. 직장 내 괴롭힘 발생 시 조치 의무(2019.7.16.시행)	
① 직장 내 괴롭힘 사건 신고 접수 의무	
② 직장 내 괴롭힘 사건 신고접수 또는 인지 시 지체없이 객관적인 조사 실시	500만원 이하 과태료 (2021.10.14.시행)
③ 조사기간 중 피해근로자등 보호를 위해 근무장소 변경, 유급휴가 명령 등 적절한 조치, 피해자의 의사에 반할 수 없음.	없 음
④ 직장 내 괴롭힘이 확인된 경우 피해근로자 요청시 근무장소의 변경, 배치전환, 유급휴가 명령 등 적절한 조치	500만원 이하 과태료 (2021.10.14.시행)
⑤ 직장 내 괴롭힘이 확인된 경우 피해근로자의 의견을 청취하여 행위자에 대하여 징계, 근무장소 변경 등 필요한 조치	500만원 이하 과태료 (2021.10.14.시행)
⑥ 직장 내 괴롭힘 피해자 불리한 처우 금지	3년이하 징역 또는 3,000만원 이하 벌금 (2019.7.16.시행)
⑦ 직장 내 괴롭힘 사건 조사자, 보고받은 자, 조사과정에 참여한 자 등의 비밀누설 금지	500만원 이하 과태료 (2021.10.14.시행)

(2) 위반 시 과태료 부과기준

고용노동부 장관은 2021.10.14.에 근로기준법시행령 제60조(과태료부과 기준) 별표7을 개정하여 직장 내 괴롭힘 사후조치 위반 시 구체적인 과태료 부과기준을 정하였다. 부과되는 과태료는 위반횟수에 따라 금액을 나누어 정하고 있다(근로기준법시행령 별표7, 시행령 제60조 관련).

〈직장 내 괴롭힘 금지법 위반 시 과태료 부과기준〉

위반행위	근거 법조문	과태료 금액 (단위 : 만원)		
		1차 위반	2차 위반	3차 이상 위반
1. 사용자 또는 사용자의 친족인 근로자가 법 제76조의2를 위반하여 직장 내 괴롭힘을 한 경우	법 제116조 제1항			
① 사용자가 한 사람에게 수차례 직장 내 괴롭힘을 하거나 2명 이상에게 직장 내 괴롭힘을 한 경우		500	1,000	1,000
② 사용자가 그 밖의 직장 내 괴롭힘을 한 경우		300	1,000	1,000
③ 사용자의 친족인 근로자가 직장 내 괴롭힘을 한 경우		200	500	1,000
2. 사용자가 법 제76조의3제2항을 위반하여 직장 내 괴롭힘 발생 사실 확인을 위한 조사를 실시하지 않은 경우	법 제116조 제2항제2호	300	500	500
3. 사용자가 법 제76조의3제4항을 위반하여 근무장소의 변경 등 적절한 조치를 하지 않은 경우	법 제116조 제2항제2호	200	300	500
4. 사용자가 법 제76조의3제5항을 위반하여 징계, 근무장소의 변경 등 필요한 조치를 하지 않은 경우	법 제116조 제2항제2호	200	300	500
5. 법 제76조의3제7항을 위반하여 직장 내 괴롭힘 발생 사실 조사과정에서 알게 된 비밀을 다른 사람에게 누설한 경우	법 제116조 제2항제2호	300	500	500

3. 직장 내 괴롭힘 행위 시 제재

(1) 행위자가 사용자인 경우

사용자가 직장 내 괴롭힘을 한 경우에는 1천만원 이하의 과태료가 부과된다(근로기준법 제116조). 이 경우 사용자라 함은 근로기준법 제2조제1항제2호에서 규정하는 사업주 또는 사업경영담당자, 그 밖에 근로자에 관한 사항에 대하여 사업주를 위하여 행위하는 자를 말한다. 따라서 개인기업의 사업주, 법인기업의 대표이사와 업무집행권을 가진 등기이사, 근로자에 대한 근로조건 결정 및 지휘감독을 행사하는 인사담당자 등은 모두 사용자로서 직장 내 괴롭힘 행위를 하는 경우 제재를 받게 된다. 또한 근로기준법 제116조에는 수범자로서 사용자의 범위에 사용자의 친족까지 포함시키고 있고, 구체적으로 민법 제769조에 따른 친족 중 사용자의 배우자, 사용자의 4촌 이내의 혈족, 사용자의 4촌 이내의 인척 등이 사업 또는 사업장의 근로자인 경우 사용자 범위에 포함된다(근로기준법시행령 제59조의3).

(2) 행위자가 근로자인 경우

근로자가 직장 내 괴롭힘을 한 경우에는 별도의 처벌규정이 없다. 이 경우 사용자가 행위자에 대해서는 조사를 실시하고 조사결과 직장 내 괴롭힘이 확인된 경우에는 행위자에 대하여는 징계 등 적절한 조치를 하여야 한다. 이때 근로자라 함은 근로기준법 제2조제1항제1호에서 규정하는 사용자와 근로계약을 맺고 임금을 목적으로 근로를 제공하는 자를 말한다. 따라서 근로관계를 맺고 있지 않는 고객 등 제3자, 협력업체 직원에 대해서는 사용자가 직접적으로 제재를 부과할 근거가 없다. 이 경우에는 직장 내 괴롭힘 피해를 입은 근로자는 행위자를 상대로 형사고소 또는 민사상 손해배상을 청구하여 구제를 받아야 한다.

(3) 행위자가 공무원인 경우

공무원은 원칙적으로 「근로기준법」 상 근로자에 해당하지만, 구체적인 근로조건 등에 대해서는 「국가공무원법」 및 「공무원행동강령」 등이 특별법으로서 우선 적용된다(대법원 86다카1355, 선고 95다446 판결). 공무원 특별법에 따르면 공무원이 직장 내 괴롭힘을 한 경우에 대한 직접적인 제재 규정은 없다. 다만 소속 기관의 장이 국가공무원법 제78조(징계사유)의 해당여부를 따져 징계 등의 조치를 할 수 있다.[11] 또한 공무원이 괴롭힘 피해를 받았거나, 혹은 그 사실을 알게 된 경우에는 「국가공무원법」 제76조의2에 따라 인사혁신처 및 각 기관에 설치된 고충처리심사위원회 등을 통해 괴롭힘, 갑질 등에 대한 구제를 받을 수 있다.

---

11) 국가공무원법 제78조(징계사유) ① 공무원이 다음 각 호의 어느 하나에 해당하면 징계 의결을 요구하여야 하고 그 징계 의결의 결과에 따라 징계처분을 하여야 한다.
1. 이 법 및 이 법에 따른 명령을 위반한 경우
2. 직무상의 의무(다른 법령에서 공무원의 신분으로 인하여 부과된 의무를 포함한다)를 위반하거나 직무를 태만히 한 때
3. 직무의 내외를 불문하고 그 체면 또는 위신을 손상하는 행위를 한 때

제2장

직장 내 괴롭힘의 판단

제1절 직장 내 괴롭힘의 판단기준

제2절 고용노동부의 행위예시와 법원의 판결사례

제3절 행위유형별 직장 내 괴롭힘 해당 여부 판단

제1절 직장 내 괴롭힘의 판단기준

1. 직장 내 괴롭힘의 법적정의

근로기준법 제76조의2에서 직장 내 괴롭힘은 “사용자 또는 근로자가 직장에서의 지위 또는 관계 등의 우위를 이용하여 업무상 적정범위를 넘어 다른 근로자에게 신체적·정신적 고통을 주거나 근무환경을 악화시키는 행위”라고 규정하고 있다.

2. 직장 내 괴롭힘의 성립요건

직장 내 괴롭힘에 해당되기 위해서는 첫째, 행위자가 사용자 또는 근로자 일 것, 둘째, 지위 또는 관계 등의 우위를 이용할 것, 셋째, 업무상 적정범위를 넘어설 것, 넷째, 신체적·정신적 고통을 주거나 근무환경을 악화시켰을 것 등 4가지 요건이 구성되어야 한다. 이와 같은 4가지 요건이 모두 충족되어야 근로기준법상 직장 내 괴롭힘에 해당된다.

(1) 행위자 요건

1) 사용자

행위자로서 사용자라 함은 사업주 또는 사업경영담당자, 그 밖에 근로자에 관한 사항에 대하여 사업주를 위하여 행위하는 자를 말한다(근로기준법 제2조제1항제2호). ‘사업주’는 법인인 경우에는 법인자체, 개인기업인 경우에는 기업주를 말한다. ‘사업경영담당자’란 사업경영 일반부분에 관하여 권한과 책임을 부담하는 자로서 주식회사의 대표이사, 등기이사, 지배인 등이 이에 해당된다. '근로자에 관한 사항에 대하여 사업주를 위하여 행위하는 자'란 근로자의 근로조건의 결정, 업무상 명령이나 지휘감독을 하는 등의 사항에 대하여 사업주로부터 일정한 책임과 권한을 부여받은 자로서 인사노무 담당이사, 공장장 등을 말한다. 또한 사용자 범위에는 사용자의 배우자, 사용자의 4촌 이내의 혈족, 사용자의 4촌 이내의 인척 등도 포함된다(근로기준법 제116조제1항, 근로기준법시행령 제59조의3).

파견근로자를 사용하는 사용사업주도 직장 내 괴롭힘 행위자가 될 수 있다. 근로자파견법에 의해 파견근로자를 사용하는 사용사업주는 직접 근로계약을 맺은 자는 아닐지라도 근로기준법상 사용자로 볼 수 있기 때문이다.[12] 그리고 사용사업주는 파견근로자에 대한 보호의무가 있는 바, 만약 사용사업주 소속 근로자가 파견근로자를 대상으로 직장 내 괴롭힘 행위를 하는 경우에는 파견근로자에 대한 근로기준법상 피해근로자 보호조치 의무를 부담한다.[13] 그러나 원하청 노동관계에서 원청업체의 사용자는 하청업체 소속 근로자에 대한 직장 내 괴롭힘의 행위자가 될 수 없다.[14] 근로기준법상 직장 내 괴롭힘은 사용종속관계를 전제로 하고 있어 근로관계가 없는 제3자에 대해서는 직장 내 괴롭힘 행위자가 될 수 없기 때문이다. 다만 사내하청과 같이 사실상 원청의 지시·감독에 따라 하청근로자가 노무를 제공하는 경우에는 근로기준법상 직장 내 괴롭힘 관계가 성립될 수 있다는 의견이 있다.[15]

---

12) 파견근로자보호등에관한법률 제34조제1항에서는 근로시간, 휴가, 산업안전관리 등 파견근로자 지휘명령에 따른 근로자보호 조항에 대해서는 사용사업주를 근로기준법상 사용자로 보고 있다.

13) 대법원 2013.11.28. 선고 2011다60247 판결.

14) 고용노동부는 사업장에서의 직장 내 괴롭힘 근절 목적 등을 고려하면 원청사업주는 취업규칙에 직장 내 괴롭힘에 관하여 규정할 때 소속 근로자가 누구를 상대로 행위를 하였는지를 불문하고 적용되도록 하는 것이 바람직하다는 의견을 제시하고 있으나, 원칙적으로는 원하청 관계에서는 근로기준법상 직장 내 괴롭힘을 인정하지 않고 있다. 고용노동부, 앞의 매뉴얼, 10면.

15) 신권철, "직장 내 괴롭힘의 법적개념과 요건", 한국노동법학회 노동법학 제69호, 2019.

2) 근로자

행위자로서 근로자라 함은 직업의 종류와 관계없이 임금을 목적으로 사업이나 사업장에 근로를 제공하는 자를 말한다(근로기준법 제2조제1항제1호). 이 경우 근로자는 해당 사업장에 근로계약을 맺고 소속된 자로서 고용형태나 근로계약기간을 불문한다. 따라서 정규직 근로자뿐만 아니라 계약직, 아르바이트, 일용직 등도 모두 포함된다.

한편 동일한 사업장에서 근무를 하고 있더라도 근로관계가 없는 도급사원, 하청근로자, 외부고객 등에 의한 직장 내 괴롭힘 행위는 근로기준법상 직장 내 괴롭힘 행위자에 속하지 않는다. 고용노동부도 "원-하청 근로자 간에 직장 내 괴롭힘이 문제되는 경우에는 원청 소속 근로자는 하청 소속 근로자에 대하여 법상의 직장 내 괴롭힘 행위자로 인정하기 어렵다."라고 하고 있다.[16]

(2) 행위장소

직장 내 괴롭힘에서 '직장 내'가 의미하는 것은 사업 또는 사업장 뿐만 아니라 업무와 관련된 모든 공간이 포함되는 것으로 본다. 따라서 사업장을 벗어난 출장지, 회식장소, 사적 공간, 온라인 공간(사내 메신저・SNS 등) 등에서도 직장 내 괴롭힘 행위가 발생될 수 있다. 다만 고용노동부는 "익명성이 보장되는 게시판・SNS 등에 특정 인물에 대한 폭언을 하는 등의 행위는 행위자 특정도 어렵고 '우위성'을 이용한 행위라고 보기에 어려운 측면이 있어 법상 직장 내 괴롭힘에 해당된다고 보기는 곤란하다."라는 의견을 밝히고 있다.[17] 그러나 익명성이 보장된 온라인 공간이라 할지라도 비난 또는 허위 소문 등의 내용을 게재하는 행위에 있어 그 행위자와 피해자가 누구인지를 쉽게 특정할 수 있는 상황이라면 직장 내 괴롭힘에 속한다고 볼 수 있다.

3.10, 233면.

16) 고용노동부, 앞의 매뉴얼, 10면.

17) 고용노동부, 앞의 매뉴얼, 10면.

(3) 행위요건

1) 직장에서의 지위 또는 관계 등의 우위를 이용할 것

직장 내 괴롭힘이 성립하려면 행위주체가 직장에서의 지위 또는 관계 등에 있어 우위에 있는 자이어야 한다.

첫째, 지위에서 우위라 함은 일반적으로 직급체계상 상위에 있는 경우를 말한다. 이 경우 직접적인 지위명령관계가 아닌 다른 부서의 상급자도 우위성이 인정되며, 동급자라 하더라도 경력연수 등에서 높은 자가 우위성이 인정된다.

둘째, 관계에서의 우위라 함은 지위의 우위성은 없더라도 상호간 관계에 있어 우월적인 위치에 있는 것을 말한다. 예컨대 수적측면에서 개인보다 집단이, 인적속성(연령·학력·성별·출신지역·인종 등)에서 높은 위치에 있는 자가, 업무역량(근속연수, 전문지식 등)이 높은 자가, 직장 내 영향력이 있는 부서(감사·인사부서 등)에 속한 자가, 근로자 조직(노동조합, 직장협의회 등)의 구성원으로 속한 자가, 계약직 종사자보다 정규직 종사자가 관계에서 더 우위에 있다고 볼 수 있다.[18]

지위 또는 관계 등에서 우위에 있는지 여부는 해당 사업장 내에 존재하는 조직특성 및 문화를 살펴볼 때 그 피해자가 상대적으로 저항하기 어렵다거나 약자의 위치에서 놓여진 상황이었는지를 종합적으로 판단하여야 한다. 일본에서는 하급자가 상급자에 대한 괴롭힘을 인정한 바 있다.[19]

2) 업무상 적정범위를 넘어설 것

직장 내 괴롭힘은 업무와 관련하여 업무의 적정범위를 넘어서는 행위이어야 한다. 이를 다시 구체적으로 살펴보면,

---

18) 고용노동부, 앞의 매뉴얼, 11면.

19) 東京地判 平成 21·5·20 勞判 990号119頁. 하급자의 괴롭힘에 의해 상급자가 자살한 사건.

첫째, 직장 내 괴롭힘은 업무관련성이 있는 상황에서 발생되는 행위를 말한다. 예컨대 업무관련성이 전혀 없는 개인 간 갈등사항이나 개인적인 청원은 사용자에게 법률상 조치의무가 없는 사항이므로 직장 내 괴롭힘에 해당되지 않고 회사와 무관한 사인 간의 다툼에 불과하다.[20] 다만 이 경우 업무관련성은 직접적인 업무수행 중에 발생한 경우가 아니더라도 업무수행에 편승하여 이루어졌거나 업무수행을 빙자하여 발생한 경우까지 매우 포괄적으로 인정된다.[21] 대법원은 직장 내 성희롱과 관련된 업무관련성에 대해 "어떠한 성적언동이 업무관련성이 인정되는지 여부는 쌍방 당사자의 관계, 행위가 행해진 장소 및 상황, 행위의 내용 및 정도 등의 구체적인 사정을 참작하여 판단하여야 한다."라고 판단기준을 제시하고 있다.[22]

둘째, 직장 내 괴롭힘은 업무관련성이 있는 상황에서 문제된 행위가 업무상 적정범위를 넘어서는 행위이어야 한다. 업무상 적정범위를 넘었는지는 그 행위가 사회통념에 비추어 볼 때 업무상 필요성이 인정되지 않거나, 업무상 필요성은 인정되더라도 그 행위 양태가 사회통념에 비추어 볼 때 상당하지 않다고 인정되는 경우를 말한다.[23] 먼저 업무상 필요성이 없는 행위는 폭행·성희롱 등과 같이 업무를 아예 일탈한 위법행위와 개인 심부름을 지시하는 행위 등과 같이 업무적으로 전혀 필요 없는 행위가 이에 속한다. 다음으로 업무상 적정범위를 넘어서는 행위는 업무의 필요성은 있다 하더라도 그 행태가 사회통념상 수인할 수 없는 정도의 행위를 의미한다. 고용노동부가 매뉴얼을 통해 제시한 업무상 적정범위를 초과하는 행위 예시는 다음과 같다.[24]

20) 고용노동부, 앞의 매뉴얼, 12면. 개인적인 용무 중에 발생한 갈등상황은 직장 내 괴롭힘으로 보기 어렵다.

21) 고용노동부, 앞의 매뉴얼, 12면.

22) 대법원 2006.12.21. 선고 2005두13414 판결.

23) 고용노동부, 앞의 매뉴얼, 12면.

24) 고용노동부, 앞의 매뉴얼, 13면.

〈업무상 적정범위를 초과하는 상황별 행위 예시〉

- 신체에 유형력을 행사하는 폭행행위나 협박하는 행위는 사실관계만 인정되면 업무상 적정범위를 넘어선 행위로 인정 가능
- 폭언, 욕설, 험담 등 언어적 행위는 공개된 장소에서 이루어지는 등 제3자에게 전파되어 피해자의 명예를 훼손할 정도라고 판단되면 업무상 적정범위를 넘어선 행위로 인정 가능하며, 그렇지 않더라도 지속·반복적인 폭언·욕설은 피해자의 인격권을 심각하게 해치며 정신적 고통을 유발할 수 있으므로 업무상 적정범위를 넘어선 행위로 인정 가능
- 반복적으로 개인적인 심부름을 시키는 등 인간관계에서 용인될 수 있는 부탁의 수준을 넘어 행해지는 사적 용무 지시는 업무상 필요성이 없는 행위이므로 업무상 적정범위를 넘어선 행위로 인정 가능
- 집단 따돌림, 업무수행과정에서의 의도적 무시·배제 등의 행위는 사회통념상 상당하지 않은 행위로서 업무상 적정범위를 넘어선 행위로 인정 가능
- 근로계약 체결 시 명시했던 업무와 무관한 일을 근로자의 의사에 반하여 지시하는 행위가 상당기간 반복되고 그 지시에 정당한 이유가 인정되지 않는다면 업무상 필요성이 없는 행위로서 업무상 적정범위를 넘어선 행위로 인정 가능
- 업무를 과도하게 부여하는 행위는 그렇게 하도록 지시하지 않으면 안 되는 업무상 불가피한 사정이 없음에도 불구하고 해당 업무에 대하여 물리적으로 필요한 최소한의 시간마저도 허락하지 않는 등 상당성이 없다고 인정되면 업무상 적정범위를 넘어선 행위로 인정 가능
- 업무에 필요한 주요 비품(컴퓨터, 전화 등)을 제공하지 않거나, 인터넷·사내 인트라넷 접속을 차단하는 등 원활한 업무수행을 방해하는 행위는 사회통념상 상당성이 없는 행위로서 업무상 적정범위를 넘어선 행위로 인정 가능
  - 그러나 모든 근로자에게 비품 제공을 하지 못하고 있는 사정이 있거나 일시적인 경영악화 등으로 인하여 발생한 상황이라면 업무상 적정범위를 넘어선 행위로 보기 어려움.

3) 신체적 · 정신적 고통을 주거나 근무환경을 악화시켰을 것

직장 내 괴롭힘은 그 행위의 결과로서 신체적 · 정신적 고통을 주거나 근무환경이 악화되었을 것을 요구한다. 그런데 신체적 · 정신적 고통을 받았는지에 대해 어떻게 확인하고 인정할 수 있는지가 문제이다. 이에 대해 고용노동부는 "신체적 · 정신적 고통이 있었는지의 여부는 반드시 진단서 등의 의학적 입증이 있어야 하는 것이 아니라, 피해근로자의 피해호소가 있고 그것이 일반인의 입장에서 수긍 가능하다면 인정되어야 한다."라고 하고 있다.[25] 또한 법원은 "피해자와 비슷한 처지에 있는 보통의 사람 입장에서 보아 신체적 · 정신적 고통 또는 근무환경 악화가 발생할 수 있는 행위가 있고, 그로 인하여 피해자에게 신체적 · 정신적 고통 또는 근무환경 악화라는 실제 결과가 발생하였음이 인정되어야 한다."라고 하고 있다.[26] 다만 피해근로자가 주장하는 신체적 · 정신적 고통 또는 근무환경 악화는 같은 처지에 있는 일반적이고도 평균적인 사람이라면 느낄 수 있는 고통이여야 하며, 단지 개인의 민감한 성격으로 인한 것이거나 행위자의 행위보다는 다른 원인으로 인한 스트레스일 가능성이 높은 경우에는 인정되지 아니한다.

[판례] 광주지방법원 2021.2.5. 선고 2020가합52585 판결
A가 발표도중 가까이 앉아 있던 B에게 나이를 물어보았으나 대답하지 않자 "How old are you?"라고 영어로 나이를 물어 보았고, 이에 대해 B는 해당 발언에 대해 심한 불쾌감과 모욕감을 느꼈다는 주장을 하자 회사는 이를 받아들여 조사 후 직장 내 괴롭힘으로 인정하고 견책처분을 한 사건에서, 광주지방법원은 "직장 내 괴롭힘의 결과라고 할 수 있는 정신적 고통은 주관적인 것이 아니라 객관적인 것으로서 피해자와 같은 처지에 있는 일반적이고도 평균적인 사람이라면 그 행위로 인해 고통을 느낄 수 있음이 인정되어야 한다. 참고인 19명은 전반적으로 A의 발언이 행사 분위기와 맞지 않는다는 점에는 동의를 하면서도 그것이 상대방을 비하하는 발언이었는지 여부에 관하

25) 고용노동부, 앞의 매뉴얼, 14면.
26) 서울남부지방법원 2021.6.17. 선고 2020가단239162 판결.

여는 5명이 비하발언에 해당한다고, 5명은 비하발언에 해당하지 않는다고 대답하였고, 나머지 9명은 듣는 사람에 따라 기분이 나쁠 수도 아닐 수도 있다고 판단을 유보하는 답변을 한 사실을 알 수 있다. 여기에다가 공식적인 행사에서 진행자(내지 사회자)로부터 갑작스럽게 질문을 받을 때 이에 대하여 어떻게 반응할 것인지는 질문을 받는 사람에 따라서 다양할 수 있다는 점 등을 더하여 보면, 이 사건 비위행위로 인하여 B와 같은 처지에 있는 일반적이고도 평균적인 사람이라면 고통을 느낄 수 있다는 사실이 인정된다고 보기 어렵고 달리 이를 인정할 증거가 없다."라고 판시하였다.

한편 근무환경이 악화된 상태란 피해근로자가 정상적인 근무를 할 수 없는 상태로 근무환경이 나빠진 상태를 의미한다. 이와 관련하여 고용노동부는 '근무환경을 악화시키는 것이란 그 행위로 인하여 피해자가 능력을 발휘하는데 간과할 수 없을 정도의 지장이 발생한 것을 의미한다.'라고 하고 있다.[27]

3. 종합적인 판단기준

(1) 개 요

직장 내 괴롭힘과 관련된 행위는 직접적 또는 간접적으로, 공개적 또는 은밀하게, 고의로 또는 고의 없이, 지속적 또는 일회성으로 등 그 행태가 매우 다양하여 구체적인 사안에 들어가서는 그 해당 여부를 판단하기가 매우 어려운 경우가 있다. 일반적으로 직장 내 괴롭힘 여부를 판단할 때는 근로기준법 제76조의2의 정의규정에 따라 ① 행위자가 피해근로자에 비해 직장에서의 지위 또는 관계 등의 우위성이 있는지, ② 행위자의 행위가 업무상 적정범위를 넘었는지, ③ 그로 인해 피해근로자에게 신체적·정신적 고통을 주거나 근무환경을 악화시키는 결과를 초래하였는지 등 각각의 요소별로 사회 규범적 평가를 하여야 한다. 이와 관련하여 법원은 "직장 내 괴롭힘은 당사자들의 관계, 행위가 행해진

27) 고용노동부, 앞의 매뉴얼, 14면.

장소 및 상황, 행위에 대한 피해자의 반응, 행위의 내용 및 정도, 행위가 지속된 기간 등과 같은 사정을 종합적으로 살펴 판단하되, 피해자와 비슷한 처지에 있는 보통 사람의 입장에서 보아 신체적·정신적 고통 또는 근무환경 악화가 발생할 수 있는 행위가 있고, 그로 인하여 피해자에게 신체적·정신적 고통 또는 근무환경의 악화가 발생하였음이 인정되어야 한다."라고 판단기준을 제시하고 있다.[28] 또한 고용노동부는 "직장 내 괴롭힘이 성립되는지에 대하여는 당사자의 관계, 행위가 행해진 장소 및 상황, 행위에 대한 피해자의 명시적 또는 추정적인 반응의 내용, 행위의 내용 및 정도, 행위가 일회적 또는 단기간의 것인지 또는 계속적인 것인지 여부 등의 구체적인 사정을 참작하여 종합적으로 판단하되, 객관적으로 피해자와 같은 처지에 있는 일반적이고도 평균적인 사람의 입장에서 신체적·정신적 고통 또는 근무환경 악화가 발생할 수 있는 행위가 있고, 그로 인하여 피해자에게 신체적·정신적 고통 또는 근무환경의 악화의 결과가 발생하였음이 인정되어야 한다."라고 하여 법원과 유사한 판단기준을 제시하고 있다.[29]

(2) 고의성과 반복성의 필요 여부

근로기준법 제76조의2에서의 직장 내 괴롭힘 정의규정에는 행위자의 고의성과 반복성을 반드시 요구하고 있지는 않고 있다. 그러나 직장 내 괴롭힘 행위라는 것은 그 속성이 행위자의 고의성과 행위의 반복성을 많이 포함하고 있다. 따라서 직장 내 괴롭힘의 성립요건으로서 행위자의 괴롭힘에 대한 고의성과 반복성이 필요한가에 대한 해석상 논의가 있다.

첫째, 직장 내 괴롭힘의 성립요건으로서 행위자가 피해근로자를 괴롭히겠다는 가해의사가 필요한가에 대해서는 이를 부정하는 의견이 다수이다. 현행 법률에서도 성립요건으로 규정하고 있지 않을 뿐만 아니라, 고의성이 요구된다면 입

28) 수원지방법원 2021.1.29. 선고 2020가단68472 판결 ; 서울남부지방법원 2021.6.17. 선고 2020가239162 판결 ; 대전지방법원 2021.11.9. 선고 2020구합105691 판결.

29) 고용노동부, 앞의 매뉴얼, 12면.

증의 어려움으로 가해자가 법제도를 쉽게 빠져나갈 수 있어 규범적 목적을 달성할 수 없다는 점에서 이는 부정되어야 한다.[30] 직장 내 괴롭힘 유형중 하나인 직장 내 성희롱의 경우에는 가해자의 성적의도나 동기는 직장 내 성희롱 성립에 불요하다는 것이 법원의 일관된 입장이다.[31] 그러나 직장 내 징계를 포함한 제반 제재는 비난 가능성이 존재하여야 하므로 직장 내 괴롭힘 규정을 통해 이를 적용하기 위해서는 고의나 과실 또는 해당 행위를 저지르는 데 대한 괴롭힘 의사가 필요하다는 의견도 있다.[32]

둘째, 직장 내 괴롭힘의 성립요건으로서 행위자의 괴롭힘 행위가 반복적이어야 하는가에 대해서는 의견이 분분하다. 일단 현행 법률에서는 성립요건으로 규정하고 있지 않아 단발성 혹은 일회적인 행위라도 직장 내 괴롭힘에 해당될 수 있도록 규정하고 있다. 예컨대 업무수행과정에서 폭행, 협박, 강요, 성폭력, 명예훼손, 모욕 등의 형법상 위법행위에 이르는 정도라면 그것이 일회에 그치더라도 직장 내 괴롭힘에 포섭될 수 있다. 이와 같은 경우에는 직장 내 괴롭힘의 반복성은 불법성의 가중요건이 될 뿐 성립요건으로서 반드시 요구된다고 볼 수는 없다는 의견이 있다.[33]

반면 괴롭힘의 속성이 '지속성'과 '반복성'에 있으므로 어느 정도의 지속·반복성이 있어야 직장 내 괴롭힘이 있었다고 평가될 수 있다는 의견이 있으며, 외국의 입법례에서는 지속·반복성을 괴롭힘의 성립요건으로 많이 규정하고 있다.[34] 예컨대 납기마감일에 임박하여 일시적으로 과도하게 재촉하거나 많은 업

30) 홍성수 외, 앞의 논문, 34면. ; 신권철, 앞의 논문, 241.면. ; 양승엽·박수경, "직장괴롭힘과 경영·인사관리의 한계", 한국노사관계학술대회자료집, 78면. ; 프랑스는 2009년 대법원의 판결을 통해 직장 내 괴롭힘은 행위자의 의도와 상관없이 성립한다는 기준을 제시하고 있다.

31) 대법원 2008.7.10. 선고 2007두22498 판결.

32) 권 혁, "직장 내 괴롭힘 관련 규율체계에 관한 노동법적 검토", 2020.7.15, 17면. ; 영국의 1997년 제정 「괴롭힘금지법」에서 고의성을 괴롭힘의 성립요건으로 규정하고 있다.

33) 홍성수 외, 앞의 논문, 34면. ; 국제노동기구(ILO) 협약 제190호에서는 폭력 및 괴롭힘에는 행위의 반복 여부와 관계없이 인정할 것을 규정하고 있다.

무를 부여한 경우, 또한 담당자의 부재로 인해 일시적으로 근로계약과 다른 일을 부여하였다고 하여 이를 두고 곧바로 직장 내 괴롭힘이라고 할 수는 없다. 대전지방법원은 직장 내 괴롭힘 신고자에 대해 "니들 대학 나왔잖어, 근데 이것도 못하냐", "대학 나온 사람이 이 정도는 해야지" 등의 모욕적인 발언을 한 사건에 대해, 그것이 일회적 발언이었다는 점 등을 제시하면서 직장 내 괴롭힘으로 인정하지 않는 바 있다.[35] 고용노동부도 매뉴얼에서 "신체에 유형력을 행사하는 폭행행위나 협박하는 행위"와 "공개된 장소에서 이루어지는 명예를 훼손할 정도의 폭언, 욕설, 험담 등 언어적 행위" 등에 대해서는 사실관계만 확인되면 업무상 적정범위를 넘어선 행위로 인정 가능하다고 하면서도, "(명예훼손 수준은 아닐지라도) 폭언・욕설로 피해자의 인격권을 해치는 행위"와 "근로계약 체결 시 명시했던 업무와 무관한 일을 지시하는 행위"에 대해서는 지속・반복성이 있는 경우에 업무상 적정범위를 넘어선 행위로 인정가능하다고 하고 있다.[36] 결국 직장 내 괴롭힘 성립요건으로서의 반복성의 필요성은 일률적으로 판단될 것이 아니라 구체적인 사건에 따라 개별적으로 판단될 수밖에 없다.

---

34) 권 혁, "앞의 논문", 17면. ; 스웨덴의 1993년 제정 「직장 내 괴롭힘 조례」, 프랑스의 2002년 개정 「노동법전」, 영국의 1997년 제정 「괴롭힘금지법」, 호주의 2014년 개정 「공정노동법」 등은 법규정을 통해 반복성을 괴롭힘의 성립요건으로 하고 있다. 독일은 2001년 튀링엔 주노동법원의 판결을 통해 반복성을 괴롭힘의 성립요건으로 하고 있다.

35) 대전지방법원 2022.4.29. 선고 2021고단2845 판결.

36) 고용노동부, 앞의 매뉴얼, 13면.

제2절 고용노동부의 행위예시와 법원의 판결사례

1. 고용노동부의 행위예시

(1) 고용노동부 매뉴얼상 행위예시

고용노동부는 2019.2.에 「직장 내 괴롭힘 판단과 예방・대응 매뉴얼」을 사업장에 배포하였고, 해당 매뉴얼에서 직장 내 괴롭힘 행위예시를 다음과 같이 소개하고 있다.[37)]

〈고용노동부 매뉴얼상 직장 내 괴롭힘 행위 예시〉

- 정당한 이유 없이 업무 능력이나 성과를 인정하지 않거나 조롱함
- 정당한 이유 없이 훈련, 승진, 보상, 일상적인 대우 등에서 차별함
- 다른 근로자들과는 달리 특정 근로자에 대하여만 근로계약서 등에 명시되어 있지 않은 모두가 꺼리는 힘든 업무를 반복적으로 부여함
- 근로계약서 등에 명시되어 있지 않은 허드렛일만 시키거나 일을 거의 주지 않음
- 정당한 이유 없이 업무와 관련된 중요한 정보제공이나 의사결정 과정에서 배제시킴
- 정당한 이유 없이 휴가나 병가, 각종 복지혜택 등을 쓰지 못하도록 압력 행사
- 다른 근로자들과는 달리 특정 근로자의 일하거나 휴식하는 모습만을 지나치게 감시
- 사적 심부름 등 개인적인 일상생활과 관련된 일을 하도록 지속적, 반복적으로 지시

37) 고용노동부, 앞의 매뉴얼, 16면.

- 정당한 이유 없이 부서이동 또는 퇴사를 강요함
- 개인사에 대한 뒷담화나 소문을 퍼뜨림
- 신체적인 위협이나 폭력을 가함
- 욕설이나 위협적인 말을 함
- 다른 사람들 앞이나 온라인상에서 나에게 모욕감을 주는 언행을 함
- 의사와 상관없이 음주/흡연/회식 참여를 강요함
- 집단 따돌림
- 업무에 필요한 주요 비품(컴퓨터, 전화 등)을 주지 않거나, 인터넷·사내 네트워크 접속을 차단함

(2) 한국산업안전보건공단 매뉴얼상 행위유형

한국산업안전보건공단은 2020.12.24.에 「직장 내 괴롭힘으로 인한 건강장해 예방 매뉴얼」을 사업장에 배포하였고, 해당 매뉴얼에서 직장 내 괴롭힘 유형을 다음과 같이 제시하고 있다.[38)]

〈한국산업안전보건공단 매뉴얼상 직장 내 괴롭힘 행위유형〉

행위유형	행위내용
신체 괴롭힘 (폭행·상해)	직접적 폭행/ 물건을 던지는 등의 공격/ 붙잡음/ 감금/ 신체에 위해를 가하는 행위/ 위압적 태도 등
정신 괴롭힘 (협박, 명예훼손, 모욕, 심한 폭언)	부적절한 질책·문구·주의/ 퇴직을 권고하는 발언/ 누명·트집/ 지나친 간섭·관리/ 불평등한 취급/ 재촉/ 폭언/ 협박적인 발언/ 불쾌한 언행/ 예의가 없는 발언/ 일방적 비난/ 고성/ 부적절한 호칭 등
성적 괴롭힘	성적 혐오감을 느끼게 하는 말이나 행동을 하는 것
경제적 괴롭힘 (경제불이익·제재)	경제 불이익·제재/ 부당한 평가/ 성과에 대한 언급/ 사실상의 해고와 같은 고용종료/ 권고사직/ 강제 희망퇴직 등 근로일이나 근로시간을 단축하거나 금지/ 정당한 권리박탈/ 정당한 권리 요구 무시

38) 한국산업안전보건공단, 「직장 내 괴롭힘으로 인한 건강장해 예방 매뉴얼」, 2020.12.24, 24~28면.

행위유형	행위내용
인간관계에서 괴롭힘 (격리·동료분리·무시)	낮은 업무평가 내용 유포/ 다른 사람들과의 소통저지/ 불리한(불평등한) 목적으로 부서이동·배치전환/ 부서이동·배치전환의 사유를 알려주지 않음/ 조롱/ 무시/ 예의 없는 행동/ 상사 등이 업무개선 등에 관한 의견·제안을 묵살/ 일방적인 약속 취소/ 상사의 지시·명령·제안 무시 등
과대한 요구 (업무상 불필요한 것, 수행 불가능한 것 등의 강제 등)	무리한 지시·이동·배치전환/ 필요한 정보를 주지 않음/ 업무지시를 명확하게 하지 않음/ 질병·부상 등에 배려하지 않음/ 협조하지 않음/ 사적인 일의 강제/ 과도한 요구/ 과도한 간섭·관리/ 부적절한 시말서 등 작성/ 불평등 취급/ 불법내용 지시/ 계약 외 지시 등
과소한 요구 (합리적 이유없이 능력보다 낮은 업무나 일을 주지 않은 것)	업무를 주지 않음/ 업무관련 도구·자원·정보를 주지 않고 업무에 대해 언급함/ 기회를 주지 않음/ 근로일이나 근로시간을 단축함/ 능력과 경력에 맞지 않은 낮은 직무로 이동·배치전환/ 계약외 낮은 수준의 업무제공
개인침해 (사적인 일에 지나치게 간섭하는 것)	개인의 특징·질병·장애·연령에 관한 부적절한 발언(차별적 발언 포함)/ 사생활 간섭/ 개인정보 등의 유포/ 휴식시간 등의 간섭/ 시간외의 강요/ 소지품 체크/ 사생활의 감시·도청 등
기 타	

2. 법원의 판결사례

(1) 금지법 도입이전 판결사례

직장 내 괴롭힘 금지가 법제화되기 이전, 직장 내 괴롭힘 해당여부에 대한 판결은 주로 법원에서 인격권 침해에 따른 민사상 손해배상청구, 괴롭힘 행위자의 해고처분취소 소송, 피해근로자의 요양불승인처분취소 소송 등의 사건을 통해 이루어지고 규율되었다.[39] 특히 근로자의 인격권 침해에 따른 손해배상청구 사

39) 그 외에도 형법(폭행, 명예훼손, 모욕, 성폭행 등), 근로기준법(폭행금지, 해고제한 등), 남녀고용평등법(직장 내 성희롱 금지 등) 등 개별법에서 구체적인 금지행위를 통

건은 직장 내 괴롭힘의 정의와 유사한 개념과 판단기준을 가지고 있다. 근로자의 인격권 침해란 근로제공 과정에서 근로자에게 비인격적 대우, 굴욕감 · 모욕감, 또는 공포감을 주어 정상적인 생활을 하기 어려운 상태를 초래하는 것으로 모두 헌법상 인간존엄 및 행복추구권을 침해하는 불법행위에 해당된다.[40)]

기존 판례들을 살펴보면, 첫째, 사용자의 악의적이고 부당한 인사권 행사로 인해 근로자에게 인격적 굴욕감을 주는 경우에는 민사상 손해배상을 인정한 사례가 다수 존재한다. 예컨대 사용자가 저성과자를 퇴출시키기 위해 고의로 부진 프로그램을 작동시킨 사건(청주지방법원 2013.1.8. 선고 2011나3412 판결), 노조원에 대해 비인격적 · 비합리적으로 노동운동을 방해한 사건(대법원 2011.3.10. 선고 2010다13282 판결), 재단비리를 지적한 후 교수에게 내린 직위해제처분이 실효되었으나 비전공강의를 배정하여 결국 강의를 포기하게 만든 대학교수 비전공강의 배정사건(대법원 2008.6.26. 선고 2006다30730 판결), 부당해고 판정으로 복직한 부장에게 가학적인 인사권을 행사한 사건(서울지방법원 2018.6.21. 선고 2017가합539658 판결), 육아휴직 후 복귀한 여직원을 퇴출시키려고 업무적으로 따돌림을 행한 사건(광주지방법원 2012.10.24. 선고 2012나10375 판결) 등이 있다.

[판례1] 보복성 업무배제
(대법원 2008.6.26. 선고 2006다30730 판결)
재단비리 지적 후 교수에게 내린 직위 해제처분이 실효되었으나 비전공강의를 배정하여 결국 강의를 포기하게 만든 사건에서, 대법원은 "피고 법인의 이와 같은 행위는 ○○대학교수인 원고를 본연의 업무에서 배제하려는 의도하에 자행된 행위로서 원고의 인격적 법익을 침해하는 위법행위에 해당하므로 피고 법인은 이로 인하여 원고가 입은 정신적 고통에 대하여 배상할 의무가 있다."

해서도 규율되었다.

40) 대법원 1996.4.23. 선고 95다6823 판결.

[판례2] 출산여성 퇴출
(광주지방법원 2012.10.24. 선고 2012나10375 판결)
육아휴직 후 복귀한 여직원을 퇴출시키려고 업무적으로 따돌림을 행한 사건에서, 광주지방법원은 "피고가 육아휴직을 마치고 복귀한 원고를 휴직 전과 같은 업무에 복귀시키지 않음은 물론 원고 스스로 퇴직하지 않을 수 없도록 직원회의를 통해 왕따 분위기를 선동하고 피고의 임원이 직접 나서 원고의 책상을 치워버리고 원고를 비하·모욕하는 등 부당하게 대우한 것은 원고에 대하여 불법행위를 구성하고, 그로 인하여 원고가 정신상 고통을 받았을 것임은 경험칙상 넉넉히 추인된다."

둘째, 사용자의 악의적이고 극단적인 괴롭힘 행위가 아닐지라도 업무수행과정에서 사용자 또는 상급자가 통상적으로 용인하기 어려운 비합리적인 대응이나 조치가 이루어지는 경우에도 불법행위로서의 손해배상을 인정하였다. 예컨대, 사용자가 근로환경 개선을 요청하는 근로자의 요구를 묵살하고 조롱한 사건(서울중앙지방법원 2014.4.11. 선고 2013가소6095919 판결), 상급자가 부하사원에게 지나치게 사적모임을 강요한 사건(대전지방법원 2015.8.28. 선고 2014고합221 판결) 등이 있다.

[판례1] 상사의 인격권 침해행위
(서울중앙지방법원 2014.4.11. 선고 2013가소6095919 판결)
근로환경개선을 요청한 직원을 괴롭힌 사건에서, "피고 회사가 운영하는 CS 모니터링팀이 소재한 건물이 밀폐된 공간이어서 매니큐어 냄새로 원고가 고통을 받았고, 문제의 해결을 요청받은 직원들이나 그 책임자가 문제해결을 하려고 시도하지 않고 원고에게 비아냥거리는 문자메시지를 보냈고, 심지어 원고를 따돌림 시켜 직장에서 근무할 수 없을 정도로 정신적인 고통을 준 행위는 불법행위를 구성한다고 할 것이고, 피고 회사는 소외인들의 사용자로서 그로 인하여 원고가 입은 손해를 배상할 책임이 있다."

[판례2] 상사의 인격권 침해행위
(대전지방법원 2015.8.28. 선고 2014고합221 판결)
상급자가 부하 여사원에게 업무적으로 불필요한 요구를 하면서 괴롭힌 사건에서, "같은 직장에 근무 중인 40대 남성 상사가 20대의 여성 후배에게 술자리를 마련하지 않으면 시말서, 사유서를 쓰게 하겠다거나 징계하겠다고 반복하여 이야기 하는 것은 단순히 피고인이 피해자와 사교모임을 갖기 위해서였다고 하더라도 정당화될 수 없고, 피고인이 한 언행의 수위, 반복성 등은 일반적으로 수인 가능한 정도를 초과한 것으로 보이는 점, 피해자가 주위 사람들에게 이로 인한 괴로움을 호소하는 등 상당한 정신적 고통을 받고 있었던 것으로 보이는 점 등을 종합하여 보면, 피고인의 행위가 사회적으로 상당한 행위이라거나 그 목적이나 수단에 비난 가능성이 없다고 할 수 없다."

(2) 금지법 도입이후 판결사례

직장 내 괴롭힘 금지법이 시행된 2019.7.16. 이후부터는 근로기준법 제76조2의 규정을 직접적으로 적용하여 규율할 수 있게 되었다. 이로 인해 행위자의 언동이 폭행, 모욕, 성희롱 등과 같은 민형사상 뚜렷한 인격권 침해행위뿐만 아니라 업무수행과정에서 업무상 적정범위를 넘어서는 것으로 평가되는 제반 행위들도 직장 내 괴롭힘 행위에 포함될 수 있게 되었다. 최근 대법원 판결(2020.6.25. 선고 2016두56042)에서는 상급자에 의한 직장 내에서의 뒷담화와 소문조장 등도 직장인의 가벼운 유희로 보지 않고 직장 내 괴롭힘에 해당될 수 있다는 점을 명확히 하였다.[41]

41) 위 사건에서 행위자의 행위시점은 직장 내 괴롭힘 금지법 도입 이전이나, 대법원 선고시점은 직장 내 괴롭힘 금지법 도입 이후이다. 동 사건에서 대법원은 행위자들의 집단 괴롭힘, 따돌림 행위에 대해 근로기준법 제76조의2의 직장 내 괴롭힘 구성요건을 기준으로 직장 내 괴롭힘에 해당됨을 밝히고, 이는 회사 윤리강령 위반이며 그로 인한 가해자의 해고처분은 정당하다고 판시하였다(해임처분 사유 중 USB 무단접근 및 유출은 징계대상으로 인정하지 않고 있어 괴롭힘. 따돌림에 대한 사안만 언급함).

[판례] (대법원 2020.6.25. 선고 2016두56042 판결)

1. 당사자 관계 및 경위

원고는 ○○공제회이고, 피고는 중앙노동위원회위원장이며, 피고보조참가인1은 ○○공제회 회계팀 과장이다. 피해근로자(소외1)은 퇴직 시 약 1년간 자신을 괴롭힌 자들에 대한 민원을 제기하였다. 원고는 신입이자 참가인1과 참가인2는 후임으로 전입하여 참가인들 사이에 위치한 자리에서 근무하였던 피해근로자(소외1)의 개인USB에 대한 무단접근, 사적비밀 및 정보불법취득·침해 및 유출, 허위 사생활 소문 유포, 집단괴롭힘, 왕따, 월권행위 등을 이유로 참가인들을 해임처분을 하였으나, 중앙노동위원회는 양정부당을 이유로 부당해고라고 판정하였고, 다시 원고가 중앙노동위원회의 재심판정의 취소를 구하는 소를 제기하였다.

※ 본 사건에서 가해자는 참가인1(회계팀 과장)과 참가인2(회계팀 대리)이고, 피해자는 소외1(여성사원)이며, 기타 소외2는 동료직원(남성사원), 소외3은 회계팀 부장이다.

2. 사실관계

1) 참가인1은 소외1이 회계팀에 전입한 이후부터 회계팀 직원들이 듣는 가운데 소외1에게 '일을 답답하게 한다', '회계업무에 대하여 잘 모른다', '여자가 출납자리에 와서 버티겠느냐, 회계도 모르는 사람이 회계팀에 와서 회계팀 분위기를 흐린다'라고 말하거나, 다른 직원들에게 '소외1이 업무할 때는 아무도 말 걸지 말라, 급여나 법인카드 작업시기에 왜 술자리나 모임을 만드느냐, 소외1은 빼라'는 등의 말을 하였다. 참가인2는 소외1이 있는 자리에서 참가인1에게 '과장님은 왜 아직까지 소외1에게 업무를 알려주느냐, 알려주지 말라'고 말하고, 자신이 출력한 인쇄물을 소외1이 대신 가져다 주면 소외1의 앞에서 출력물을 찢거나 무시하는 행동 등을 하였다. 참가인들은 또한 회계팀의 직원에게 '소외1과 소외2를 데리고 뭐 먹으로 다니지 말라, 소외1을 왜 회식자리에 참석시키느냐, 결산 담당은 결산 담당끼리 다녀라'고 말하기도 하였다.

2) 참가인1은 회계팀장 소외3에게 '다른 사람들이 소외2와 소외1이 커피를 마시고, 차를 같이 타고 다니는 것 같다고 한다. 소외1과 소외2가 불륜관계라는 소문이 도니 참고하라'고 말하고, 같은 회계팀 직원 소외4에게도 같은

취지의 말을 하였다. 참가인2는 감사실 민원담당관 소외5에게 '소외1과 소외2가 같이 야근을 하고 밥도 같이 먹고 하는 걸로 봐서 사귀는 것 같다'고 말하였고, 비서실 직원에게도 유사한 취지의 말을 하였다.

3. 원심 판결

이 사건 해임처분은 징계혐의 사실 중 '집단 괴롭힘 및 따돌림'과 '소외1의 사생활 유포'에 해당하는 행위를 징계사유로 삼는 것은 부당하다.

1) 참가인1이 소외1의 전임자이고 상급자였던 점, 참가인들의 행동이 소외1과 소외2의 사이를 의심한 데에 따른 것으로 보이는 점, 소외1이 이전에 참가인들의 집단 괴롭힘이나 따돌림을 호소한 적은 없었던 점 등에 비추어 보면, 참가인들의 산발적인 행동들만으로 집단 괴롭힘이나 따돌림이라 보기 어렵다.
2) 또한 참가인들이 소외1, 소외2와 같은 회계팀에 소속된 연장자로서 직원들에게 '사귄다는 소문이 도니 조심하라'고 충고 등을 한 것이므로 이를 집단 괴롭힘에 해당하는 사생활 유포라고 단정하기도 어렵다.

4. 대법원 판결

원심판결 이유 및 기록에 의하여 인정되는 아래 사정들을 종합하면, 이 사건 비위행위는 원고의 윤리강령 제4장제4의가호를 위배한 것에 해당한다고 보아야 한다.

1) 참가인들은 소외 1과 같은 회계팀 내의 상위 직급자이자 나이 등이 더 많은 사람들이다.
2) 참가인들은 신규 전입한 소외1에 대하여 약 1년간에 걸쳐 지속적으로 공개 질책 또는 무시하는 언동을 하거나, 사생활에 관하여 확인되지 않은 사실을 유포하여 비방하고, 인간관계에서의 분리 및 신상 침해를 의도하는 등 지위 또는 관계의 우위 및 다수의 우월성 등을 이용하여 업무상 적정범위를 넘어서는 행위를 하였다.
3) 위와 같은 행위는 직원간의 상호존중 가치에 반하고, 일상적인 지도 또는 조정 및 충고의 수준을 넘어섰다고 보인다.
4) 참가인들의 행위로 소외1은 참가인들의 하급자로서 상당한 정신적 고통을 받았고, 근무환경의 악화로 사직까지 하게 된 것으로 보인다.

제3절 행위유형별 직장 내 괴롭힘 해당 여부 판단

1. 개 요

직장 내 괴롭힘 행위는 매우 다양하여 일률적인 기준을 제시하기가 어렵고, 결국 각 사안별로 규범적 평가를 기초로 종합적으로 판단할 수밖에 없다. 대법원도 불법행위 성립요건으로서 위법성은 관련행위 전체를 일체로만 판단하여 결정하여야 하는 것은 아니고 문제가 되는 행위마다 개별적 · 상대적으로 판단하여야 한다고 하고 있다.[42] 직장 내 괴롭힘의 성립요건 중에서 '지위 또는 관계의 우위성 여부'는 직위 또는 업무영향력을 보면 쉽게 판단할 수가 있고, '신체적 · 정신적 고통 또는 근무환경 악화 여부'는 피해자 진술, 진단서, 근무환경의 변화 등을 살펴보면 쉽게 판단할 수 있다. 이에 반해, '업무상 적정범위 초과여부'는 적정범위라는 모호성 때문에 상대적으로 판단하기가 쉽지 않다.

업무상 적정범위 초과여부 판단을 용이하게 하기 위해서는 첫째, 그 행위가 업무와 관련성이 있는지를 살펴보는 것이다. 둘째, 업무와 관련성이 있다면 그 행위가 폭행, 성희롱 등 업무상 필요가 없는 행위로 일탈하였는지, 업무수행과정에서 폭언, 모욕, 따돌림 등과 같이 고의 또는 과실에 의한 뚜렷한 인격권 침해 행위가 있는지를 살펴보는 것이다. 셋째, 그 행위가 고의 또는 과실에 의한 인격권 침해행위까지는 아닐지라도 사회통념상 업무상 적정범위를 초과하였는지를 살펴보는 것이다. 이 경우에는 직장 내 괴롭힘에 해당되느냐 되지 않느냐의 경계선 근처에 머물러 있는 경우도 적지 않다. 이와 관련하여 법원은 업무의 적정범위 판단은 그 행위가 구성원간 상호존중의 가치를 넘어섰는지, 일상적인 지도 또는 조정 및 충고의 수준을 넘어섰는지 등을 살펴볼 것을 주문하고 있다.[43]

---

42) 대법원 2003.6.27. 선고 2001다734 판결.

직장 내 괴롭힘의 행위유형은 크게 「직장 내 괴롭힘에 해당되는 행위」와 「직장 내 괴롭힘에 해당되지 않는 행위」로 분류할 수 있다. 직장 내 괴롭힘에 해당되는 행위를 다시 구분하면, 첫째, 업무필요성이 없는 업무일탈 행위, 둘째, 고의 또는 과실에 의한 인격권 침해행위, 셋째, 고의 또는 과실이 없는 경미한 수준의 인격권 침해 행위 등으로 분류할 수 있다. 고의 또는 과실에 의한 직장 내 괴롭힘 행위는 징계 등 사내 제재뿐만 아니라 민사상 손해배상책임까지 받게 되나, 고의 또는 과실에 의하지 않는 직장 내 괴롭힘 행위는 사내 제재를 통해서만 규율될 수밖에 없다.[44] 직장 내 괴롭힘에 해당되지 않는 행위는 업무관련성이 없거나 일상적 수준을 초과하지 않는 업무지휘 행위이다. 이하에서는 최근 법원 판결, 고용노동부 행위예시 등에서 나타난 사례들을 기준으로 구체적으로 살펴보기로 한다.

〈행위유형별 직장 내 괴롭힘 해당 여부 분류〉

1. 직장 내 괴롭힘에 해당되는 행위

<table>
<tr><th>구분</th><th>행위유형</th><th>세부적인 행위내용</th><th>제재방식</th></tr>
<tr><td>1. 업무일탈 행위</td><td>(1) 업무필요성이 없는 위법행위
(2) 근로의무가 없는 일 강요행위</td><td>① 폭행, 성희롱 등 가해행위
② 사적인 일 강요행위</td><td rowspan="2">• 형사처벌 또는 민사상 손해배상 청구
• 근무지 변경, 징계 등 사내 제재</td></tr>
<tr><td rowspan="2">2. 업무수행 중 적정범위 초과</td><td>(1) 고의 또는 과실에 의한 인격권 침해 행위</td><td>① 사용자에 의한 부당한 인사처분 및 처우 행위
② 상급자의 일상적 수준을 초과하는 업무지휘 행위</td></tr>
<tr><td>(2) 고의 또는 과실이 없는 경미한 수준의 인격권 침해 행위</td><td>① 사용자의 불합리한 인사정책·제도에 의한 불리한 인사처우 행위
② 상급자의 상호존중의 직장예절을 벗어난 업무지휘 행위</td><td>근무지 변경, 징계 등 사내 제재</td></tr>
</table>

43) 대법원 2020.6.25. 선고 2016두56042 판결 ; 서울남부지방법 2021.6.17. 선고 2020가단239162 판결.

44) 민법 제750조(불법행위의 내용) "고의 또는 과실로 인한 위법행위로서 타인에게 손해를 가한 자는 그 손해를 배상할 책임이 있다."라고 규정하고 있다. 다만 고의 또는 과실이 없는 직장 내 괴롭힘 행위라고 볼 수 있는 경우는 민사상 불법행위에 기한 손해배상 청구대상이 되지 않을 수도 있다.

2. 직장 내 괴롭힘에 해당되지 않는 행위

구 분	행위유형
1. 업무관련성이 없는 행위	사적인 인간관계 갈등 행위
2. 업무수행 중 적정범위 이내	(1) 일상적 수준을 초과하지 않는 업무지휘 행위 (2) 합리적 기준에 의한 불리한 인사처분 및 처우 행위 (3) 고의·과실이 없는 무효인 인사처분 행위

2. 직장 내 괴롭힘에 해당되는 행위

(1) 업무일탈 행위

사용자 또는 상급자가 부하사원에게 업무수행과정에서 폭행, 성희롱 등의 업무상 필요성이 없는 위법행위를 하거나 업무와 무관한 사적인 심부름을 강요하는 행위는 업무를 일탈한 것으로서 곧바로 직장 내 괴롭힘에 해당된다. 이와 같은 업무일탈 행위는 그 자체로 비위정도가 높기 때문에 직장 내 괴롭힘에 해당되는 데에는 지속·반복성이 크게 요구되지 않는다. 또한 업무일탈 행위가 사업장 밖에서 이루어지거나 업무수행에 편승 또는 업무수행을 빙자하여 발생한 경우에도 모두 인정된다.

[고용노동부 매뉴얼상 행위 예시] 신체적 폭력 등
회식자리에서 직장상사가 소주병을 거꾸로 쥐어 잡고 피해자를 가격하려고 위협하고, 고객들 앞에서도 피해자의 목을 짓누르는 신체적 폭력을 가하기도 함. 또한 부장님과 다른 직장 동료가 한자리에 모인 자리에서 피해자에게 종이를 던지며 모욕을 주는 행위를 가하기도 하고, 차렷 자세로 인사를 반복적으로 시키는 등 지속적인 괴롭힘을 가함.

[판례] 직장 내 성희롱 (대법원 2021.11.25. 선고 2020다270503 판결)
원고 A는 후원회 계약직 직원이고 피고 B는 후원회의 이사로서, 피고 B가

원고 A에게 이 사건 자선행사 당일 골프장 클럽하우스 내 VIP룸에서의 신체적 성희롱, 원고의 몸을 위아래로 훑어보며 원고 A에게 "너는 피부가 하얗다. 몸매가 빼빼 말랐었는데, 요즘은 살이 쪘다.", "네 다리가 가늘고 새하얗다. 화이트닝 크림을 바르냐? 몸에 잔털을 쉐이빙 하냐?", "너 요즘 남자친구가 생겼냐? 왜 이렇게 살이 쪘냐? 일도 제대로 안하고 정신은 다른 데 팔려있지"라는 등으로 말하였다. 또한 당시 피고 B는 원고 A에게 회초리를 맞아야 한다며 원고 A로 하여금 원고를 칠 회초리로 쓸 나뭇가지를 구해오도록 하였고, 원고가 구해온 나뭇가지를 부러뜨려 부러진 나뭇가지로 원고 A의 엉덩이를 폭행하였으며, 원고의 어깨를 밀치는 등의 행위를 하였다. 이 행위들에 대해 대법원은 "원고를 상습적으로 모욕한 직장 내 괴롭힘 등 고용관계에서 직장의 상급자인 피고가 그 지위를 이용하여 업무상 적정범위를 넘어 근로자인 원고에게 신체적·정신적 고통을 준 '직장 내 괴롭힘'이자 그 지위를 이용하여 여성인 원고의 신체적 특성이나 남녀간의 육체적 관계와 관련된 육체적·언어적 행위로서 원고에게 성적 굴욕감이나 혐오감을 느끼게 하는 성희롱에 해당하고, 따라서 원고에 대한 민사상 불법행위책임의 원인이 될 수 있다."라고 판시하였다.

(2) 고의 또는 과실에 의한 인격권 침해행위

사용자 또는 상급자가 부하사원에게 업무수행과정에서 폭언, 모욕, 따돌림, 업무배제 등의 고의 또는 과실에 의한 뚜렷한 인격권 침해행위가 있는 경우에는 당연히 직장 내 괴롭힘에 해당된다.[45] 근로자의 인격권을 침해하는 직장 내 괴롭힘 행위는 그 수준 및 태양에 있어 매우 의도적이고 적극적인 가해행위에서부터 비의도적이고 소극적인 과실에 의한 가해행위에 이르기까지 다양하게

45) "고의"란 일정한 결과가 발생할 것이라는 것을 알면서 감히 이를 행하는 심리상태를 말하고, "과실"이란 일정한 결과가 발생한다는 것을 알고 있었어야 함에도 불구하고 부주의로 그것을 알지 못하고서 어떤 행위를 하는 심리상태를 말한다. 일반적으로 행위자가 노동관계법, 근로계약, 취업규칙, 단체협약 등을 위반한 경우에는 과실이 넓게 인정된다.

나타난다. 또한 고의 또는 과실에 의한 뚜렷한 인격권 침해행위는 회사의 조직적 차원 개입여부에 따라 '사용자의 부당한 인사처분 및 처우 행위'와 '상급자의 일상적 수준을 초과하는 업무지휘 행위'로 구분할 수 있다.

1) 사용자의 부당한 인사처분 및 처우 행위

사용자의 부당한 인사처분 및 처우 행위란 사용자 또는 사용자로부터 업무위임을 받은 상급자가 경영상·조직적 목적 달성을 위하여 부당한 인사권을 행사하여 부하사원에게 고통을 주는 것을 말한다. 경영상·조직적 목적이란 예컨대 특정 근로자의 강제퇴출, 부하사원의 성과창출, 노동조합의 활동 방해 등을 말한다. 이와 같은 부당한 인사처분 및 처우를 통한 괴롭힘 행위는 외견상 정당한 인사권을 가장하는 형태를 띠기 때문에 직장 내 괴롭힘 해당 여부를 판단하기가 쉽지 않다. 부당한 인사처분 및 처우 행위들을 구체적으로 살펴보면, ①대기발령, 부서이동, 업무내용 변경 등 근무장소나 근무내용을 변경시킴으로써 정신적 고통을 주는 행위, ②업무할당 배제, 팀 회의 배제, 부서 내 자리배치 이동 등 업무적으로 따돌림을 행하는 행위, ③근무 중 지나친 행동 감시(CCTV 설치), 근무장소 이탈보고 지시, 불필요한 교육 및 반성문을 제출하게 하는 등과 같이 심한 모욕감을 느끼도록 하는 행위가 이에 해당된다.

[고용노동부 매뉴얼상 행위 예시] 합리적 이유가 없는 근무환경 악화
업무에 필요한 주요비품(컴퓨터, 전화 등)을 제공하지 않거나, 인터넷·사내 인트라넷 접속을 차단하는 등 원활한 업무수행을 방해하는 행위는 사회통념상 상당성이 없는 행위로서 업무상 적정범위를 넘어선 행위로 인정된다.

[판례1] 사용자의 보복성 대기발령과 모욕행위
(서울지방법원 2018.6.21. 선고 2017가합539658 판결)
피고 제약회사 B에 입사한 원고 A(부장)는 회사로부터 징계해고 되었다가 관할 노동위원회에 부당해고 구제신청을 하여 무효로 인정받고 복직하였으나, 이후 피고회사 B는 2016.12.28.에 원고 A가 회사메일을 개인메일 계정으로 무단발송한 사실을 근거로 추가 징계가 있기 전까지 대기발령을 명하였다. 그리고 대기발령 기간 동안 피고회사 B는 원고 A에게 이석 시 시간과 행선지를 적는 '이석장부'를 작성하여 많은 이들이 볼 수 있는 공간에 게시하도록 하였으며, 그 내용에는 화장실에 가는 것까지 포함되었다. 또한 대기발령 기간이 장기화 되면서 2017.4.10. 사내직원 게시판에 원고 A를 무전취식하는 자로 상실감을 느낀다는 글과 이에 원고 A를 급식충으로 지칭한 댓글이 작성되었다. 이와 같은 일련의 과정에서 원고 A는 피고회사 B를 상대로 이석 장부 작성 및 사내 게시판의 명예훼손 글 방치 등에 대한 불법행위에 기한 손해배상을 청구하였다. 이에 대하여 서울지방법원은 "대기발령을 받은 근로자에게 이석장부를 작성하고 많은 이들이 볼 수 있는 곳에 비치하게 한 것은 지극히 사적인 영역에 관한 부분까지도 공개할 것을 강제한 것으로 피고회사 B의 행위는 사용자로서의 정당한 지휘감독권의 한계를 일탈한 것으로 근로자인 원고의 행복추구권, 일반적 행동자유권, 사생활의 비밀과 자유를 침해하는 불법행위를 구성한다."라고 판시하였다.

[판례2] 상급자의 업무배제 등 행위
(서울중앙지방법원 2021.10.8. 선고 2020가단5296577 판결)

피고 B팀장은 팀구성을 기존 3개 파트에서 4개 파트로 변경하고, 4개 파트 중에서 3개 파트에는 3~5명의 인원을 배치하였는데 나머지 1개 파트에는 부하사원 원고 A만을 배치하였다. 더구나 원고 A가 속한 파트에 맡겨진 광고업무는 대부분 끝났거나 보류된 것이어서 실제로 할 일이 거의 없었다. 이에 원고 A는 "아무런 통지도 없이 다른 팀원과 달리 혼자 앉아 일하게 한 것은 회사업무에서 배제하고 퇴직을 강요하기 위한 것"이라며 인사팀에 신고하였고, 회사는 조사 후 이를 인정하여 피고 B에게 견책처분을 내렸다. 그러나 원고 A는 사측의 징계가 너무 가벼워 피고 B에게 실질적인 불이익이 없다며 법원에 피고 B를 상대로 손해배상청구의 소를 제기하였다. 이에 대해 서울중앙지방법원은 "원고 A씨 1명으로 독립적인 파트를 구성해야 할 업무상 필요성을 인정하기 어렵고, 이런 배치는 기존 팀 구성에 비춰볼 때 매우 이례적인 것이다.", "파트장 없이 혼자 일하게 된 원고 A는 정상적으로 업무를 수행하거나 새로운 업무를 배정받는 데 상당한 어려움을 겪었을 것이다. 피고 B는 직장 내 괴롭힘 금지법(근로기준법 제76조의2)을 위반한 사실이 인정되는 만큼 정신적 손해를 배상할 책임이 있다"라고 판시하였다.

2) 상급자의 일상적 수준을 초과하는 업무지휘 행위

가. 상급자의 일상적 수준을 초과하는 업무지휘 행위는 상급자가 부하사원에게 성과압박을 위하여 업무상 필요 이상으로 폭력, 욕설, 모욕, 폭언, 업무상 질책 등의 압력을 행사하는 것을 말한다. 일반적으로 업무지휘 과정에서 폭력, 욕설, 모욕 등의 뚜렷한 인격권 침해행위가 동반된 경우에는 당연히 직장 내 괴롭힘에 속하며 그 해당 여부를 판단하기가 용이하다. 그러나 폭력, 욕설, 모욕 등이 동반되지 않는 상황에서 폭언을 간헐적으로 행하였거나 업무상 질책을 은밀하게 오랫동안 행한 경우에는 그것이 일상적인 지도 또는 조정 및 충고의 수준을 넘어선 것으로 볼 수 있는지를 판단하기가 쉽지 않다. 이와 관련하여 최근 법원의 판결을 살펴보면, 그 언동이 업무상 필요 이상으로 위압적, 공격적, 비판적인 언어나 태도를 취하고 그러한 행위가 지나치게 반복되거나 또는 장기간 행함으로써 부하사원을 심하게 위축시키거나 직장 분위기를 악화시킨 경우를 일상적인 지도 또는 조정 및 충고의 수준을 넘어선 행위로 보고 있다. 수원지방법원 안산지원(2021.1.29. 선고 2020가단68472 판결)에서는 업무상 필요 이상으로 지나친 폭언, 욕설, 몰상식한 행동 등을 장기간 행한 경우를, 서울남부지방법원(2021.6.17. 선고 2020가단239162 판결)에서는 근로자를 실신에 이르게 할 정도로 과도하게 질책과 비난행위를 장기간 행한 경우를 일상적인 지도 또는 조정 및 충고의 수준을 넘어선 직장 내 괴롭힘 행위에 해당한다고 판시한 바 있다.

[판례1] 지나친 욕설, 공격행위
(수원지방법원 안산지원 2021.1.29. 선고 2020가단68472 판결)
원고 A는 경리업무 담당자로서 ① 2017.11.13. 입사직후부터 약 2년 동안 피고회사 대표이사와 임원 D로부터 거친 언행과 욕설, 업무지시 내용과 스타일로 인해 괴로워하였고 이를 동료 C에게 호소하였다. ② 이와 같은 내용은 원고 A와 C가 약 2년동안 나눈 카카오톡 대화('맨날 나가라는 소리, 회의할 때마다. 듣기 싫어 죽겠네', '입만 열면 욕이다', '입만 열만 18이래', '직장 내 괴롭힘으로 신고해야 돼', '말끝마다 그만두라잖아', '같이 화내니까 약간 당황해

하더라', '왜 이렇게 의심을 하나 몰라', '왜 맨날 무슨 일 있으면 잘 넘어갈 일도 화내고 그러느냐', '부장이랑 이사 욕 잘해. 예전에 그래서 사장이 한마디 했어', '별것도 아닌 걸 저렇게 목소릴 높이네', '말투도 싸우자고 덤빈다', '이상한 사람들이에요. 기분 내키는 대로 막하고', '조용조용 좋게 말해도 될 것을 왜 저렇게 성질인지', '직원들한테 잘해주면서 말 잘 들어라는 식으로 얘기해야지. 대우는 하나도 안 해주면서', '어떻게 면전에다 저런 말을 하나'등의 내용을 주고받았다. ③특히 원고 A는 퇴사직전 대화에서 '엉엉 울고 있어요', '진짜로 아까 내 손 떨리는 거 봤죠', '정말로 저는 매일매일 (대표이사)삼형제가 있는 날은 불안했어요. 가슴 졸이며 또 뭐로 꼬투리 잡고', '누가 봐도 나한테는 너무 심하게 하니까'라는 내용의 메시지를 보냈고, C는 원고 A에게 '좀 가라앉히고 며칠 쉬다 와', '내가 도와주지 못해 미안하네' 등과 같은 내용으로 메시지를 보냈다. ④원고 A는 2020.2.12. 피고회사에 사직서를 제출하였고, 같은 달 17. 정신건강의학과에서 직장 내 스트레스로 인한 '불안, 심계항진, 불면, 사회적 위축' 등의 증상을 호소하여 약물치료를 하였다. 이후 원고 A는 피고회사가 임원들의 직장 내 괴롭힘 행위가 있음에도 불구하고 근로자 보호의무를 위반한 것에 대해 정신적 손해배상 청구의 소를 제기하였다.

위 사건에서, 수원지방법원 안산지원은 "원고 A는 변론기일에서 피고회사 대표이사와 D이사가 원고 A의 업무처리가 마음에 들지 않아 상시적으로 화를 내고 갑자기 문을 쾅 닫고 나가버리는 등의 위력적인 행동을 하였으며 원고 A는 매일 불안하게 회사를 다녔다고 진술하였고, 이는 원고 A가 피고회사에 재직하면서 장기간 C와 나눈 카카오톡 메시지의 전체적인 내용에 의하여 뒷받침된다. 피고회사의 임원들이 원고 A에게 행한 언행의 내용·지속기간·피해자인 원고 A의 반응 등을 종합적으로 살펴볼 때, 이는 직장에서의 우월적 지위를 이용하여 업무상 적정범위를 넘어서는 정신적 고통을 가하거나 근무환경을 악화시키는 행위로 볼 수 있고, 피고회사 역시 이를 충분히 예견할 수 있었다"라고 판시하여 피고회사의 원고 A의 보호의무 위반에 대한 정신적 손해배상 책임을 인정하였다.

[판례2] 지나친 질책과 비난행위
(서울남부지방법원 2021.6.17. 선고 2020가단239162 판결)

원고 A는 E어린이집 보육교사이고, 피고 B는 E어린이집의 원장이다. 원고 A는 2019.3.21.에서 2020.5.13.까지 약 1년 1개월의 근무기간 동안 피고 B는 원고 A에게 다음과 같은 행위를 하였음이 인정되었다.

① 피고 B는 2019.7.15. 원고 A에게 무릎에 앉고 싶어하는 아이를 밀어낸 점, 아이들 죽그릇을 다르게 배식했다는 점과 관련하여 원고 A의 근무태만에 대하여 질책하였고('최선을 다하시는데 이렇게 근무를 하세요?', '그렇게 아이를 믿고 하시는데 청소를 그렇게 하시고 소독을 그렇게 하시나요, 선생님?', '여러가지를 다 떠나서 선생님, 근무를 이렇게 하시면 안 된다는 걸 제가 말씀드리는 거예요.', '싫대요, 부모님들이 싫대.', '하실 거 하시면 되잖아, 제대로 하실 것 하시면 되잖아', '주간계획안 조차도 제대로 못하시면서 무슨', '일지를 그렇게 … 일지도 그렇게 쓰시고, 응?', '특별히 못하세요. 가세요, 가서 보세요, 같이 보셨잖아요, 선생님. 똑같은 상황에서'), 원고 A는 피고 B가 원고 A을 지나치게 비난한다는 취지로 다투는 등 서로 간에 갈등이 있어 왔다.

② 피고 B는 2020.3.17. 이 사건 어린이집 교사들이 모인 교사회의에서 원고 A의 업무분장표가 공란이라고 여러 차례 지적하면서 원고 A가 업무를 하지 않겠다고 하였다는 듯이 여러 차례 원고 A를 질책하는 발언을 하였고('A선생님은 어떻게 하실 거예요, 이거? 어떻게 빈칸을 낼 수가 있는 이유가 뭔지 얘기 한 번 해보셔요.', '이거 어떻게 빈칸이 올 수가 있어요? A선생님 어떻게 하실 거예요, 이거?, ' '아니, 내가 물어보는 건 이 당시에 왜 빈칸이 왔는지 물어보는 거야.', '어떻게 이렇게 업무가 많은데 빈칸을 낼 수가 있는지를 물어보는 거야, 지금.', '작년에도 빈칸을 해드렸는데 못하겠다고 빼드렸으면 올해는 그거가 그렇다면 다른 업무라도 하셨어야 되는 거가 아닌가, 이게 지금. 안 그래요?', '이거 어떻게 하실거야? 올해도 빈칸으로, 못하겠다는 거예요?', '나는 이걸 빈칸으로 냈다는 것 자체가 난 이해를 못하겠어. 일을 안하겠다는 소리에요? 응? A선생님 무슨 일 하실 거예요, 그래서? 안 하실거야?', '아, 달라고 그러지 마시라고! 본인이 무엇을 하실 건지 얘기를 하시라고.'), 원고 A가 업무를 하겠다고 대답하였는데도 같은 취지의 말을 여러 차례 반복하였다.

③ 또한 피고 B는 2020.3.31. 원고 A에게 '선생님이 그러니까 원장에게 그거는 잘못됐다. 그거는 사과한다. 이 한마디 말씀을 하시면 저는 아무것도 없습니다.', '다 같은 자리가 있으면 여기서 이야기를 하고 깨끗이 끝내자 이 말씀이에요.', '선생님 스스로 사과는 없으셨고, A선생님께서 "원장님 그건 제가

그날 말을 실수한 것 같습니다. 죄송합니다. "한마디면 끝난다고 봅니다.', '다른 사람들은 모르잖아요. 그 부분에 대해서 "내가 그랬다"라고 말씀하시기로 하셨는데 그럼 하셔야지요.' 등으로 다른 교사들 앞에서 피고 B에게 공개적으로 사과하도록 여러 차례 이야기하였다.

④ 원고 A는 위 교사회의 자리에서 '지금 상황은 선생님들이 다 들어서 아셨을 거예요. 그런 상황이었고, 원장님 저는 그때 그런 뜻은 아니었지만, 일단 말이 그렇게 나왔어요. 그러면 죄송해요.'라고 사과하였고, 그 다음날인 2020.4.1. 자신의 집에서 실신하였다.

⑤ 원고 A가 피고 B에게 연차신청을 하면서 '업무적인 스트레스로 인하여 실신이 재발할 위험이 있어 14일 정도의 안정가료가 필요하다'는 의사의 소견서를 제출하자, 피고 B는 원고 A에게 다시 일해도 되는지 의사의 확인서를 받아올 것을 요구하였다.

⑥ 원고 A는 2020.4.29. 'I회의'에서 학부모들로부터 원고 A의 건강상 이유로 어린이집 근무를 계속할 수 있는지에 관하여 여러 가지 질문을 받았고, 그 후 회의 장소에서 나간 원고 A은 어린이집 화장실에서 쓰러졌다.

⑦ 피고 B는 2020.5.11.에도 원고 A에게 '부모님들은 선생님 뵙고 굉장히 화가 많이 나셨어요. 저도 입에서 뭐가 넘어가지 않을 정도입니다.', '부모님들의 공통적인 의견도 소통이 되지 않는다는 것입니다.'라고 이야기 하였고, 원고 A는 '이 자리 자체가 힘듭니다.', '이런 자리가 힘들어요.', '이런 자리가 괴롭힘입니다.'라고 답변하였다.

⑧ 원고 A는 2020.3.28. J의원 의사로부터 '스트레스에 대한 급성반응' 진단을 받았고, K병원 의사로부터 'SYNCOPE'(실신)진단을 받았다.

위 사건에서 서울남부지방법원은 "피고 B가 원고 A에게 빈번하게 질책과 비난을 하였고, 원고 A도 여러 차례 괴로움을 호소한 것으로 보인다. 또한 A가 B에게 한 발언 내용과 지속기간, B의 반응 등을 종합적으로 살펴볼 때, 이는 일상적인 지도 또는 조언 및 충고 수준을 넘어서 지속적이고, 공개적인 질책을 통하여 직장에서의 우월적 지위를 이용하여 업무상 적정범위를 넘어서는 정신적 고통을 가하거나 근무환경을 악화시키는 행위로 볼 수 있고, 그로 인하여 원고 A는 스트레스로 실신하기에 이른 것으로 보인다."라고 판시하였다.

나. 그러나 상급자가 아무리 위압적, 공격적, 비판적인 태도를 가지고 부하사원을 위축시키거나 직장 분위기를 악화시켰다 하더라도 그것이 일시적 또는 간헐적으로 행하여졌다면 일상적인 지도 또는 조정 및 충고의 수준을 넘어서지 않는 것으로 보는 경우도 있다. 광주지방법원(2021.8.24. 선고 2020가단506023) 판결에서는 행위자의 업무지휘 과정에서의 그 언동이 장기간 지나친 폭언, 과도한 질책과 비난 행위로 감내할 수 없을 정도의 정신적 고통을 주지 않았다면 비록 피해근로자가 기분이 상하거나 스트레스를 받았다 하더라도 직장 내 괴롭힘 행위가 아니라고 판시한 바 있다. 또한 동 판결에서는 직장 내 괴롭힘 행위가 성립되기 위해서는 피해자에게 실제 발생된 정신적 고통이 행위자의 행위로 발생된 것인지에 대한 인과관계성이 존재할 것이 요구된다는 점도 주목할 필요가 있다.[46]

[판례] 간헐적인 위압적 태도
(광주지방법원 2021.8.24. 선고 2020가단506023 판결)

원고 A의 주장에 따르면, 피고 B는 사회복지법인 C가 운영하는 D원장으로 부임한 후 ① 사소한 일에도 직원들에게 고함을 지르고, 회의과정에서 지시에 따르지 않거나 다른 의견을 제시하는 경우 '내가 가소로워 보여요? 그 따위 행동을 하는 겁니까?'라며 다른 직원들 앞에서 비인격적인 행위를 서슴지 않았으며, ② 직원들이 시각장애인들의 애로사항과 관련한 의견을 건의하는 경우에는 '내가 학교에 있을 때 K단체도 다 와해시켰는데 당신들은 노동조합 믿고 함부로 말한다며!? 두고 보자, 가만히 안 둘 테니까!'라고 여러 직원들 앞에서 고함을 치는 등 공포 분위기를 조성하는 일이 잦았고, ③ 앞서 본 2019.6.27. 팀장회의에서는 원고 A가 업무보고 시 말을 빠르게 하였다면서 원고 A에게 '나하고 지금 장난쳐요! 원장이 아니꼬워요! 회의 장난으로 해요!' 내가 진즉 말하려고 했는데 그런 식으로 살지 마세요! 나하고 장난쳐요!'라며 폭언을 하며 소리를 질러 원고 A로 하여금 겁을 먹고 상당한 모욕감을 느끼게 하였다고 주장하였다.

이에 광주지방법원은 "직장 내 괴롭힘이나 직장상사의 폭언, 모욕적인 언행

---

46) 민법상 불법행위가 되기 위해서는 고의 또는 과실, 가해행위가 법 질서상 허용되지 않는 위법성, 행위와 피해와의 인과관계성, 피해자에게 뚜렷한 손해 등의 요건이 충족되어야 한다. 이은영, 「채권각론」, 756면~811면.

등이 불법행위가 되기 위해서는, 이로 인해 상대방이 다소 기분이 상한다거나 스트레스를 받는 정도로는 부족하고 상대방으로 하여금 감내 할 수 없는 정신적 고통을 초래할 만한 행위이거나 인격권을 침해하는 수단으로 한 경우에까지 이르러야 할 것이며, 또한 그러한 정도에 이르렀는지 여부에 관하여는, 상대방이 개별적인 기질 내지 특성 등으로 위와 같은 상황에 취약하다는 점을 가해자가 미리 알고 있었거나 알 수 있다는 등의 특별한 사정이 없는 이상, 일반적이고 평균적인 사람이 기준이 되어야 할 것인 바, 피고의 행위 중 원고에게 한 행위로서 원고가 구체적으로 주장하고 있는 것은 앞서 본 팀장회의에서의 것일 뿐인 점, 원고가 겪고 있는 정신과적인 증상은 환자의 성장환경 및 가정환경, 당초의 성격 등 기질성 요인, 직업적 적응 또는 대인 적응 정도, 스트레스에 대한 저항력 및 적절한 해소방법의 존부 등 다양한 원인이 작용할 수 있는 점, 원고 A에 대한 심리평가에 나타난 원고 A의 기질적인 특성, 위와 같은 원고 A가 가지고 있던 것인지 불분명한 점, 또한 피고 B가 위와 같은 원고 A의 특성에 대하여 알고 있었다거나 알 수 있었다고 볼 증거도 없는 점, 피고 B가 징계처분을 받은 구체적인 사유, 위 징계사유에 원고 A에 대한 행위는 포함되지 않은 점, 위 징계 당시 징계위원회의 조사결과, 피고 법인이 징계결의 및 처분에 이르게 된 경위 등 앞서 든 증거자료에 의하면 인정되는 제반사정에 비추어 보면, 피고 B가 원고 A에 대하여 폭언이나 언행 등을 통해 불법행위를 저질렀다는 사실을 인정하기에 부족하다."라고 판시하였다.

(3) 고의 또는 과실이 없는 경미한 수준의 인격권 침해행위

근로기준법 제76조의2의 직장 내 괴롭힘 금지 규정은 궁극적으로 직장 내에서 구성원 상호간의 존중의 가치를 실현하기 위해 서로 무례하지 말 것을 요구하고 있는 것이다. 따라서 사용자 또는 상급자의 고의 또는 과실에 의한 공격적인 인격권 침해행위뿐만 아니라 고의 또는 과실이 없는 부적절한 행동으로 인해 부하사원에게 정신적 고통을 주는 행위도 직장 내 괴롭힘에 포함된다고 볼 수 있다.[47] 이와 같이 고의 또는 과실이 없는 경미한 수준의 직장 내 괴롭힘 행

47) 신권철, 앞의 논문, 246면. 업무로서 이루어지는 행위에는 민형사상 불법행위에는 포함되지 않으나 직장 내 괴롭힘에는 포함될 수 있는 것들이 적지 않다고 할 수 있다.

위는 비록 민사상 손해배상 청구대상에는 이르지 않는다 하더라도, 사용자는 사업장 내 상호존중의 일터조성이라는 관점에서 이를 직장 내 괴롭힘 행위에 포함시켜 낮은 수준의 경고 또는 직장예절교육 이수 등의 조치를 통해서라도 이를 적절하게 규율할 필요가 있다.

고의 또는 과실이 없는 인격권 침해행위들을 구체적으로 살펴보면, 첫째, 사용자 또는 상급자가 고통이 야기될 것이라는 고의 또는 과실이 없는 가운데 발생된 '상호존중의 직장예절을 벗어난 업무지휘 행위'이다. 예컨대, 업무수행과정에서 무심코 행해지는 불쾌하고 예의 없는 언행, 고성, 면박주기, 비협조적 업무태도 등에서 나타날 수 있다. 둘째, 사용자가 고통이 야기될 것이라는 고의 또는 과실이 없는 가운데 발생된 '불합리한 인사정책・제도에 의한 불리한 인사처우 행위'이다. 예컨대, 인사제도 설계의 실패에서 기인되어 발생되는 부당한 평가, 낮은 업무평가내용 유포, 무리한 이동・배치전환, 불공정한 승진 등의 경우나, 잘못된 영업 또는 인사정책에서 발생되는 선정적인 영업행위 또는 강압적인 금연정책 등에서도 그 모습을 찾아볼 수 있다. 고용노동부 산하 한국산업안전보건공단은 2020.12.에 '직장 내 괴롭힘으로 인한 건장장해 예방 매뉴얼'에서 직장 내 괴롭힘 행위를 직장예절을 벗어난 부적절한 행위까지 넓게 포함시켜, 궁극적으로 각 사업장이 '직장 내 상호존중하고 소통하는 일터 만들기'를 추진할 것을 강조하였다.

[한국산업안전보건공단 매뉴얼상 행위 예시] 직장예절에 벗어난 부적절한 행위

- **정신 괴롭힘** : 부적절한 질책・문구・주의, 누명・트집, 지나친 간섭・관리, 불평등한 취급, 재촉, 불쾌한 언행, 예의가 없는 발언, 일방적 비난, 고성, 부적절한 호칭
- **인간관계에서 괴롭힘** : 낮은 업무평가 내용 유포, 조롱, 무시, 예의 없는 행동, 상사 등이 업무 개선 등에 관한 의견・제안을 묵살, 일방적인 약속 취소, 상사의 지시・명령・제안 무시 등
- **과대한 요구** : 질병/부상 등에 배려하지 않음, 협조하지 않음, 불평등 취급 등

[국가인권위원회 판정사례(2012.3.29. 결정)] 강제적인 금연정책
2012년도에 국가인권위원회는 육군 A부대가 '금연부대'를 운영하면서 당초 취지와 달리 병사들에게 일률적으로 과도하게 흡연을 금지한 것은 지휘권을 남용해 장병의 인권을 침해한 행위라고 판단한 바 있다. 또한 국가인권위원회는 흡연여부의 선택 역시 헌법상 자기행동결정권 및 사생활의 자유에서 파생되는 기본권 권리에 해당된다는 의견을 피력하였고, 사후조치로서 해당 부대에 대하여, ① 강제 금연조치를 해제하고 흡연을 이유로 징계처분 한 대상자들에 대하여 원상회복 등의 조치를 취할 것, ② 상급 기관은 해당 부대의 지휘관을 경고 조치할 것, ③ 국방부 장관에게 금연부대(흡연율 5% 이하 달성목표 부대)의 운영실태를 파악하고 지휘관들이 이를 강제적으로 시행하지 않도록 할 것 등을 권고한 바 있다.

3. 직장 내 괴롭힘에 해당되지 않는 행위

(1) 사적인 인간관계 갈등행위 등

상급자와 하급자간의 사적인 인간관계 갈등에서 비롯된 행위는 업무관련성이 없기 때문에 직장 내 괴롭힘으로 볼 수 없다. 설령 그 과정에서 상급자의 폭력, 모욕 등의 위법행위가 있었다 하더라도 마찬가지이다. 고용노동부도 "사용자가 모든 직장 내 인간관계의 갈등상황에 대하여 근로기준법에 따른 조치를 취하여야 하는 것은 아니다"라고 하고 있다.[48] 또한 친밀한 인간관계로 인해 상급자가 부하사원에게 사적인 부탁을 하는 것과 반대로 불편한 인간관계로 인해 상급자가 부하사원을 호의적으로 대하지 않는 것도 업무관련성이 없는 한 직장 내 괴롭힘 행위라고 볼 수 없다.

48) 고용노동부, 앞의 매뉴얼, 12면.

[판례1] 사적갈등에서 비롯된 모욕행위
(서울중앙지방법원 2020.6.11. 선고 2019나24567 판결)

피고 B는 2017.11.22. 23:5경에 회사소재 사무실에서 D등 피고회사 직원 4명이 있는 가운데에 원고 A에게 "병신아, 꺼져라."라는 말을 하였고, 피고 B는 위와 같은 모욕행위로 2018.9.18. 같은 법원으로부터 벌금 50만원의 유죄판결을 선고받았다. 원고 A는 피고 B에 대하여 모욕행위로 인한 위자료를, 피고회사 C에 대하여는 근로기준법 제76조의2를 위반한 사용자책임에 기한 손해배상청구의 소를 제기하였다. 이에 대해 서울중앙지방법원은 피고 B에 대하여 모욕행위로 인한 위자료 청구를 인정하면서도 피고회사 C에 대한 피고 B가 근로기준법 제76조의2를 위반한 것에 대한 사용자책임은 인정하지 않았다. 해당 법원은 "이 사건 모욕행위는 단순히 사적인 관계에서 발생한 것에 불과하여 피고 회사의 본래의 업무나 그것에 통상 수반되는 업무와 전혀 관련이 없는 점, 피고 회사 직원들이 수사기관에 탄원서를 제출하거나, 원고와 함께 근무할 수 없다는 취지의 청원서를 제출한 행위 역시 업무와 무관하게 직장 내 인간관계의 갈등상황에서 비롯된 행위로 보이는 점 등에 비추어 보면 피고 회사가 근로기준법 제76조의2를 위반한 사실을 인정하기에 부족하다."라고 판시하였다.

[판례2] 사적갈등에 비롯된 모욕행위
(서울남부지방법원 2022.3.11. 선고 2020가단262704 판결)

대체상품 1팀에 소속된 주임인 원고 A는 팀장 피고 C로부터 폭언과 업무배제, 옆에 있던 대리 E의 자리이동 등의 괴롭힘을 당하였고, 팀장 A, 차장 피고 D, 대리 피고 E 등 상급자 팀원들로부터 단체대화방 배제 등 따돌림을 당하였다며 이들 팀장 C와 팀원 D, E와 피고회사 B에 대하여 직장 내 괴롭힘으로 인한 손해배상청구의 소를 제기하였다. 이에 서울남부지방법원은 "원고 A가 동료직원들의 단체대화방에 초대받지 못하였다거나 원래 원고 옆이었던 피고 E의 자리가 원고의 스위스 여행 후 다른 위치로 이동되었다는 것만으로 피고 C 등에 의하여 업무상 적정범위를 넘은 따돌림 내지 괴롭힘이 있었다고 단정하기 어렵다. 또한 피고 C가 원고 A의 서울남부고용노동지청에 직장 내 괴롭힘의 시정을 구하는 진정을 하자 원고 A에게 '외부에 뭘 한다고 했다며? 하려던 거 해라.', '내가 왜 모든 걸 너한테 공유해야 되냐? 말꼬리 잡지 말고 하려던 거나 마저 해라.'라는 등의 말을 하였다고 하여 그것만으로 피고 C와 원고 A간의 누적된 갈등관계의 표출을 넘어 직장 내 괴롭힘에 해당되는 모욕적인 언동이 있었다고 보기는 어렵다."라고 판시하였다.

(2) 일상적인 수준을 초과하지 않은 업무지휘 행위

가. 합리적 범위 내 업무량 증가 및 재촉행위

일반적으로 사용자 또는 상급자의 업무지휘권은 경영권에 기초한 사용자의 고유한 권리에서 비롯된 것이므로 그것이 권리남용이 아닌 한 합리적인 인사행위로 인정된다. 따라서 사용자 또는 상급자가 업무상황에 따라 평소보다 많은 업무량을 부과하였거나 업무보고서를 반려, 수정, 재촉 등의 행위를 여러 차례 하였다 하더라도 그것이 업무상 합리적인 이유가 있는 경우에는 일상적인 업무지도 또는 업무조정의 범위를 벗어났다고 볼 수 없다.[49]

[고용노동부 매뉴얼상 행위 예시] 합리적 범위 내 업무량 증가 및 재촉행위
의류회사 디자인 팀장이 조만간 있을 하계 신상품 발표회를 앞두고, 소속 팀원에게 새로운 제품 디자인 보고를 지시하였고, 디자인 담당자가 수차례 시안을 보고하였으나, 팀장은 회사의 이번 시즌 신제품 콘셉트와 맞지 않는다는 이유로 보완을 계속 요구하였고, 이로 인해 디자인 담당자는 업무량이 늘어났으며 스트레스를 받았다. 이와 같은 행위가 업무상 적정범위를 넘었는지 여부와 관련하여 볼 때, 행위자인 팀장은 회사의 디자인을 총괄하는 담당자로서 새로운 제품 발표회를 앞두고 성과향상을 위하여 부서원의 업무에 대해 독려 및 지시를 할 수 있는 업무상 권한이 존재하며, 이를 수행하기 위해 다른 부적절한 행위를 한 바도 없으므로 일부 업무상 부서원이 스트레스를 받았다 하더라도 이는 근로기준법상 직장 내 괴롭힘에 해당된다고 볼 수 없다.

나. 합리적인 범위 내 업무지적 또는 독려행위

사용자 또는 상급자가 다소 강한 업무상 질책 또는 발언이 있었다고 하더라도 그와 같은 질책 또는 발언을 하게 된 동기, 전후 상황 등에 비추어 볼 때 그것이 단순히 업무의 오류를 지적한 것이거나 업무수행을 독려하는 것으로 볼 수

49) 고용노동부, 앞의 매뉴얼, 12면.

있다면 이는 일상적인 업무지도 또는 업무충고의 범위에 속하는 업무지휘행위라고 할 수 있다. 다만 사용자 또는 상급자의 업무지휘 행위가 업무의 오류 지적 및 업무수행의 독려 등의 수준을 일탈하지 않기 위해서는 폭언, 모욕, 따돌림 등의 인격 침해성 행위가 동반되지 않아야 하고, 만약 그러한 행위가 일시적으로 있었다 하더라도 그것이 지나치게 자주 반복되거나 장기간 지속되어서는 아니 된다.

[판례1] 합리적 범위 내 업무지적 또는 독려
(대전지방법원 2021.11.9. 선고 2020구합105691)

소속 사원 D, E, F, G 등 4명의 사원이 상급자인 팀장 B에 대하여 성희롱 및 직장 내 괴롭힘을 당하였다고 사용자인 재단법인 A에게 신고하였고, 이에 재단법인 A는 팀장 B를 조사한 후 직장 내 괴롭힘 및 성희롱을 인정하고 징계위원회를 열어 해고처분을 하였다. 이에 대해 중앙노동위원회는 팀장 B의 성희롱은 인정되나 직장 내 괴롭힘은 인정되지 않는다는 판정을 하여 해고처분은 그 양정이 과하다는 판정을 하였고, 재단법인 A는 이에 불복하여 대전지방법원에 부당해고구제재심판정취소의 소를 제기하였다. 이에 대해 대전지방법원은 피해자 D, E, F, G 등 4명이 성희롱이라고 신고한 사항은 인정하면서도 반면 괴롭힘이라고 신고한 6가지 괴롭힘 행위에 대하여는 팀장 B가 단순히 업무의 오류를 지적한 것이거나 업무수행을 독려하는 것이라고 보아 우위를 이용하여 업무상 적정범위를 넘어 위 피해자에게 정신적 고통을 주거나 근무환경을 악화시키는 등 괴롭혔다고 보기 어렵다는 판단을 하였다. 위 6가지 괴롭힘 행위에 대한 구체적인 판단내용을 살펴보면 다음과 같다.

① (괴롭힘1) 2019.7.16. 팀장 A가 신고자 D, E에게 근무시간 이외(오전 6시 26분)에 카카오톡을 통해 업무지시 및 업무에 관한 사항을 전달하여 압박한 행위에 대하여, 이는 보도자료의 준비를 독려한 것에 불과한 것으로 보이고, 비록 메시지를 보낸 시간이 근무시간 전이기는 하나 인터넷 기사의 특수성, 신속한 보도자료의 필요성에 비추어 볼 때 직장 내 괴롭힘 행위에 해당하지 않는다.

② (괴롭힘2) 2019.12.4. 팀장 A가 신고자 E에게 용역업체의 용역수행 결과가 마음에 들지 않자 '업체나 담당자나', '니가 그러고도 담당자냐?'라는 발언을 한 행위에 대하여, 위와 같은 발언은 상급자로서 하급자인 위 피해자에

대하여 위 피해자가 처리한 업무의 오류에 관하여 지적한 것으로 보일 뿐 직장 내 괴롭힘 행위에 해당하지 않는다.

③ (괴롭힘3) 2019.6.경 팀장 A는 인턴 F에게 H목재 가공실의 장소대여 실수에 대해 "야 너 미쳤냐?', '미친 놈이냐?' 등의 발언을 한 행위에 대하여, 위와 같은 발언은 상급자로서 위 피해자에 대하여 위 피해자가 처리한 업무의 오류에 관하여 지적한 것으로 보일 뿐, 직장 내 괴롭힘이라고 단정할 수는 없다.

④ (괴롭힘4) 2019.11.27. 팀장 A는 신고자 E에게 시간외근무 신청을 23시까지 결재 상신한 것에 대해 '야근을 11시까지 하면 아침에 항상 결재문서가 올라와 있겠네" 등의 발언한 행위에 대하여, 팀장 A는 관리자로서 위 피해자들의 주된 업무가 위탁업체 관리 및 단순 지출행위와 관련된 업무로 상시적인 야근이 필요한 업무가 아니라고 판단하여 위 피해자들의 잦은 시간외근무 신청행위를 지적한 것으로 보일 뿐, 위 피해자를 괴롭힌 것이라 단정할 수는 없다.

⑤ (괴롭힘5) 2019.7.경 팀장 A는 신고자 D, E에게 '니들 대학 나왔잖어. 근데 이것도 못하냐. 대학 나온 사람이 이 정도는 해야지'라고 발언한 행위에 대하여, 팀장A의 해당 발언이 다소 부적절하기는 하나, 일회적 발언이었던 것으로 보이는 점, 팀 내에서 추진하는 사업개편 지시에 따라 팀장으로서 업무수행을 독려하는 차원에서 위와 같은 발언을 하게 된 것으로 보이는 점 등을 종합하여 볼 때, 위 피해자들을 괴롭힌 것이라 단정할 수는 없다.

⑥ (괴롭힘6) 2019.7.4. 팀장 A는 신고자 D, E에게 경영지원 본부장에 대해 '그 새끼 믿지 마라. 원래 본부장급도 아니다', '해준다고 하고 뒤통수 친다', '믿을 새끼 아니다' 등의 말을 하거나 센터장의 H방문에 대해 '재는 왜 오냐. 그만 오라해라' 등의 험담을 한 행위에 대하여, 팀장 A가 경영지원 본부장, 센터장에 대하여 위와 같은 발언을 하였다는 사정만으로 위 피해자들에게 직장 내 괴롭힘 행위를 하였다고 보기 어렵다.

(3) 합리적 기준에 의한 불리한 인사처분 및 처우 행위

일반적으로 사용자는 경영권을 바탕으로 각종 인사권을 갖고 있는 바, 근로자는 사용자가 합리적 기준에 의해 결정한 인사처분 및 처우가 본인에게 다소 불리하게 적용되었다 하더라도 그와 같은 인사권 행사에 있어 권리남용이 없는 한 이를 수용하여야 하며 이는 괴롭힘 행위와는 무관하다.[50] 예컨대 공정한 인사평가에 의해 승진기회가 주어지지 않는 경우, 공정한 성과평가제도에 의해 급여처우가 불리해진 경우, 회사의 경영사정 악화로 인해 업무상 중요한 작업도구를 지급하지 못하거나 일시적인 휴업을 실시하여 근무환경이 악화된 경우 등이 이에 해당된다. 한편 근로자 개인의 사적인 고충처리를 요청한 것에 대해 사용자 또는 상급자가 이에 협조하지 않는 행위도 직장 내 괴롭힘으로 볼 수 없다. 예컨대 개인의 학업을 위해 휴직을 요청하거나 인간관계의 갈등상황에 있는 상대방에 대한 조치를 요구하는 것 등은 사용자가 이에 응하여야 할 법적인 의무가 없다.

[고용노동부 매뉴얼상 행위 예시1] 합리적 인사평가 행위

입사 10년차의 영업소 매니저 김씨는 입사 동기 중 유일하게 아직 영업소장으로 승진하지 못하였다. 다음 인사에서 승진하기 위해서는 이번 근무평정에서 A등급이 꼭 필요하나, 평정자인 본부장은 김씨의 근무성적을 지난번에 이어 B등급으로 통보하였다. 김씨의 영업소장도 본부장 평가에서 B등급으로 통보받은 것으로 보아 영업소 실적이 다른 지점에 비해 떨어지는 건 사실로 보이지만, 승진을 앞둔 자신에 대한 상사의 배려를 기대하였던 김씨는 B등급이 나오자 본부장이 본인의 승진을 고의적으로 막는 게 아닐까 하는 생각으로 괴로워하였다. 이와 같은 본부장의 행위가 업무상 적정범위가 넘어섰는지를 판단하여 보면, 영업소 실적 부진이라는 객관적 사실을 이유로 영업소의 관리책임자에 대하여 근무평정에서 상위등급 이하의 평정을 부과한 것은 평정자의 정당한 업무범위(권한)에 속한 사항이며, 성과우수자에 대한 평가저하 등 불합리한 평가 또는 의도적 괴롭힘으로 볼 수 있는 다른 사실관계가 존재하지 않는 이상, 근로자 입장에서 승진누락에 대한 괴로운 심정은 있다고 하더라도 이를 근로기준법상 직장 내 괴롭힘으로 볼 수는 없다.

---

50) 대법원 2000.9.29. 선고 99두10902 판결. 호주의 '공정근로법'에는 합리적인 인사행위는 직장 내 괴롭힘에 해당하지 않는다고 명시하고 있다.

[고용노동부 매뉴얼상 행위 예시2] 경영악화에 의한 비품 미지급
모든 근로자에게 비품을 제공하지 못하고 있는 사정이 있거나 일시적인 경영 악화 등으로 발생한 상황이라면 업무상 적정범위를 넘어선 행위로 보기 어렵다.

(4) 고의 또는 과실이 없는 무효인 인사처분 행위

사용자가 근로자에게 합리적인 인사권을 행사하였다고 진정으로 믿고서 시행하였던 인사・징계처분이 향후 부당하다고 판정되더라도 그 행위에 고의 또는 과실이 없었다면 직장 내 괴롭힘 행위라고 속단할 수 없다. 대법원도 사용자의 근로자에 대한 불이익처분이 징계권 남용 등으로 무효가 되었다 하더라도 고의 또는 과실이 없는 경우에는 불법행위책임을 구성하지 않는다고 판시하고 있다.[51] 법원이 이와 같이 판결한 이유는 인격권 침해행위가 없는 가운데 선의로 행하여진 회사의 무효인 인사처분은 징계위원들이 징계의 경중에 관한 관련 법령의 해석을 잘못한 것에 불과한 것이기 때문에 그 과정에서 고의 또는 과실에 의한 불법행위가 있었다고 볼 수 없다는 점 때문이다. 다만 사용자의 괴롭힘 행위는 근로자의 인격권을 침해하는 중대한 문제라는 점에서 사용자의 과실을 적극적으로 인정해야 한다는 주장도 있다.[52]

[판례1] 인격권 침해가 없는 무효인 인사처분
(대법원 1996.4.23 선고 95다6823 판결)
피고 D (주)○○악기는 원고 A, B, C가 불법파업을 주도하였다는 이유로 징계위원회를 열어 이들을 징계하였다. 이와 관련하여 원고들은 피고 D를 상대로 징계해고라는 불법행위로 인한 신체적・정신적 피해에 대한 손해배상을 청구하였다. 이에 대해 대법원은 "근로자에 대한 징계양정이 결과적으로 재량

---

51) 대법원 1996.2.27. 선고 95다11696 판결 ; 대법원 1996.4.23. 선고 95다6823 판결.
52) 이상곤, "직장 내 괴롭힘 법제의 개선방안 연구", 아주대박사학위논문, 2020.8, 162~163면.

권을 일탈, 남용한 것이라고 인정되어 징계처분이 징계권의 남용 등으로 무효가 판단된다 하더라도 그것이 법률전문가가 아닌 징계위원들이 징계의 경중에 관한 관련 법령의 해석을 잘못한 데 불과한 경우에는 그 징계의 양정을 잘못한 징계위원들에게 불법행위책임을 물을 수 있는 과실이 있다고 할 수는 없다. 마찬가지로 근로자에 대한 해고 등의 불이익처분을 할 당시의 객관적인 사정이나 근로자의 비위 등의 정도, 근로자에 대하여 불이익처분을 하게 된 경위 등에 비추어 사용자가 근로자의 비위행위 등이 취업규칙이나 단체협약 소정의 근로자에 대한 해고 등의 불이익처분 사유에 해당한다고 판단한 것이 무리가 아니었다고 인정되고, 아울러 소정의 적법한 절차 등을 거쳐서 당해 불이익처분을 한 것이라면 사용자로서는 근로자에 대하여 해고 등의 불이익 처분을 함에 있어서 기울여야 할 주의의무를 다한 것으로 보아야 할 것이므로 비록 당해 해고 등의 불이익처분이 사후에 법원에 의하여 무효라고 판단되었다 하더라도 거기에 불법행위책임을 물을만한 고의·과실이 있다고 할 수는 없을 것이다."라고 판시하였다.

■ 참고 : 일본후생노동성의 행위유형별 직장 내 괴롭힘 판단 예시

우리나라와 노동관행이 유사한 일본은 2000년도부터 직장 내 괴롭힘 문제가 논의되었고, 2011년도부터 직장 내 괴롭힘 예방정책이 시행되었다. 이후 2019.5.29.에서야 직장 내 괴롭힘 금지법(명칭 : 노동시책의 종합적인 추진과 근로자의 고용안정 및 직업생활의 충실 등에 관한 법률)이 제정되었고, 2020.1.15. 후생노동성은 이 법률 시행과 관련하여 직장 내 괴롭힘 예방지침(명칭 : 사업주가 직장에서의 우월적 관계를 배경으로 한 언동에 기인하는 문제에 관한 고용관리상 강구해야 할 조치 등에 관한 지침)를 발표하였다.

일본의 '노동시책 종합 추진법(약칭)'은 직장 내 괴롭힘에 대한 용어를 사용하거나 그 정의규정을 두고 있지 않고 있으나, 동법 제30조의2 제1항에 "사업주는 직장에서 행해지는 우월적인 관계를 배경으로 한 언동으로, 업무상 필요하고 상당한 범위를 초월한 것으로 인하여 그 고용하는 근로자의 취업환경이 저해되는 일이 없도록, 당해 근로자로부터의 상담에 응하고, 적절하게 대응하기 위해서 필요한 체제의 정비, 기타 고용관리상 필요한 조치를 강구해야 한다."라고 규정하여 고용관리상의 직장 내 괴롭힘 개념과 예방조치를 의무화하고 있다. 이와 같이 일본의 직장 내 괴롭힘 법적 정의는 우리나라와 유사하고, 또한 일본이 앞서 직장 내 괴롭힘 예방정책과 활동을 다각도로 시행하여 온 점을 고려할 때 일본의 사례를 살펴볼 필요가 있다.

일본 후생노동성의 '고용관리상 강구조치 지침(약칭)'에 따르면, 업무상 필요하고 상당한 범위를 넘은 언동에 대해서는 "사회통념에 비추어 해당 언동이 명백히 해당 사업주의 업무상 필요성이 없거나 그 양태가 상당하지 않은 것을 가리킨다. 예컨대, ① 업무상 명확히 필요성이 없는 언동, ② 업무의 목적을 크게 벗어난 언동, ③ 업무를 수행하기 위한 수단으로서 부적당한 언동, ④ 해당 행위의 횟수, 행위자의 수 등 그 양태나 수단이 사회통념에 비추어 허용되는 범위를 넘는 언동 등이 포함된다. 동 지침에는 직장 내 괴롭힘 유형 6가지를 소개하면서 각각의 유형에 대하여 직장 내 괴롭힘에 해당되는 경우와 해당되지 않는 경우로 구분하여 설명함으로서 판단을 용이하게 하고 있다.[53]

언동유형	해당된다고 생각하는 예	해당되지 않는다고 생각하는 예
(1) 신체적 공격 (폭행・상해)	① 구타, 발길질을 하는 것 ② 상대에게 물건을 던지는 것	① 실수로 부딪히는 것
(2) 정신적 공격 (협박, 명예훼손, 심한 폭언)	① 인격을 부정하는 발언을 하는 것, 상대의 성적지향・성적정체성에 관한 모욕적인 발언을 하는 것을 포함 ② 업무의 수행에 관한 필요 이상으로 장시간에 걸친 엄한 질책을 반복하는 것 ③ 다른 근로자의 면전에서 위압적인 질책을 반복하는 것 ④ 상대의 능력을 부정하고, 매도하는 내용의 전자메일 등을 해당 상대를 포함한 복수의 근로자에게 송신하는 것	① 지각 등 사회적 룰이 결여된 언동이 보여 재차 주의해도 그것이 개선되지 않는 근로자에 대해서 일정정도 강하게 주의를 주는 것 ② 그 기업의 업무내용이나 성질 등에 비추어 중대한 문제행동을 한 근로자에 대하여 일정정도 강하게 주의를 주는 것
(3) 인간관계로부터 분리 (격리, 따돌림, 무시)	① 본인의 의사와 다르게 근로자에게 일을 제외시키고, 장기간에 걸쳐 별실에 격리하거나 자택연수를 시키는 것 ② 1명의 근로자에 대해 동료가 집단으로 무시하고, 직장에서 고립시키는 것	① 신규로 채용한 근로자를 육성하기 위해서 단기간 집중적으로 개인실에서 연수 등의 교육을 실시하는 것 ② 징계규정에 근거하여 처분을 받은 근로자에 대하여 통상의 업무에 복귀시키기 위해 그 전에 일시적으로 별실에서 필요한 연수를 받게 하는 것

53) 일본후생노동성 홈페이지에 게재된 직장 내 괴롭힘에 관한 원탁회의 워킹그룹 보고서.

언동유형	해당된다고 생각하는 예	해당되지 않는다고 생각하는 예
(4) 과대한 요구 (업무상 명백히 불필요한 일이나 수행불가능한 것의 강제 및 일의 방해)	① 장기간에 걸친 육체적 고통을 수반하는 가혹한 환경하에서의 근무와 직접 관계없는 작업을 명하는 것 ② 신규졸업자, 채용자에 대해 필요한 교육을 실시하지 않은 채 도저히 대응할 수 없는 레벨의 실적목표를 부과해 달성하지 못한 것에 대해 엄하게 질책하는 것 ③ 근로자의 업무와는 관계없는 사적인 잡무의 처리를 강제적으로 하는 것	① 근로자를 육성하기 위해서 현재보다 조금 높은 레벨의 업무를 맡기는 것 ② 업무의 성수기에 업무상 필요성으로 인하여 해당 업무의 담당자에게 통상시보다 일정정도 많은 업무의 처리를 맡기는 것
(5) 과소한 요구 (업무상 합리성 없이 능력, 경험과 동떨어진 정도의 낮은 일을 명하거나 일을 주지 않는 것)	① 관리직 근로자를 퇴직시키기 위해 누구라도 수행 가능한 업무를 실시하게 하는 것 ② 마음에 들지 않는 근로자에 대해 괴롭히기 위해 일을 주지 않는 것	① 근로자의 능력에 따라 일정 정도의 업무내용이나 업무량을 경감하는 것
(6) 개인의 침해 (사적인 일에 과도하게 개입하는 것)	① 근로자를 직장 밖에서도 계속적으로 감시하거나 개인 물건의 사진촬영을 하는 것 ② 근로자의 성적지향·성적정체성과 병력, 불임치료 등의 민감한 개인정보에 대하여 해당 근로자의 양해를 얻지 않고 다른 근로자에게 폭로하는 것(프라이버시 관점에서 민감한 개인정보를 폭로하는 일이 없도록 근로자에게 주지·계발하는 등의 조치를 강구할 필요가 있음)	① 근로자에 대한 배려를 목적으로 근로자 가족의 상황 등에 대해 공청회를 실시하는 것 ② 근로자의 양해를 얻어 해당 근로자의 성적지향·성적정체성과 병력, 불임치료 등 민감한 개인정보에 대해 필요한 범위에서 인사노무부문 담당자에게 전달하고, 배려를 하도록 하는 것

제3장

직장 내 성희롱의 판단과 조치 및 예방

제1절 직장 내 성희롱 금지법의 이해

1. 직장 내 성희롱의 사회적 문제

국내에서 직장 내 성희롱 문제는 1990년대 말부터 사회적으로 크게 이슈화되었다. 1993.10.18.에 서울 소재 S대학교 화학과 실험실에 근무하던 우○○조교가 관리책임자인 신○○교수로부터 어깨를 껴안거나 데이트를 강요당하는 등의 성적 괴롭힘을 당하였다며 국가, S대학교, 신교수 등을 상대로 민사소송을 제기하여 사회적으로 큰 파문이 일어났다.[54] 당시 S대학교 우○○조교 성희롱 사건은 우리 사회에 숨겨져 있던 성희롱을 사회적 문제로 부각시키는데 기폭제가 되었고, 한국 여성의 사회적 지위와 남녀차별 문제에 대해 논의하는 본격적인 계기가 되었다. 이후 1999.2.8.에 남녀고용평등법(현행 남녀고용평등과 일·가정 양립지원에 관한 법률, 이하 "남녀고용평등법"이라 함)에 직장 내 성희롱 금지 및 예방규정이 처음으로 도입되었다.

이후 정부에서는 직장 내 성희롱의 근절을 위해 예방교육 동영상을 제작하여 사업장에 배포하는 등 다양한 예방정책을 실시하였다. 그러나 이와 같은 노력에도 불구하고 직장 내 성희롱 금지법이 도입된 지 20년이 지난 현재까지도 성희롱 사고는 매년 발생되고 있다. 여성가족부가 상시근로자 30인 이상 공공기관 및 민간기업 17,688명을 대상으로 실시한 2021년 성희롱 실태조사에 따르면, 전체응답자의 4.8%의 근로자가 성희롱 피해 경험이 있다고 대답하였다. 이는

---

54) S대학교 우○○조교 사건은 대법원 상고심(1998.2.10.)에서 "(신교수의 행위는) 일상생활에서 허용되는 단순한 농담이나 호의적인 언행이 아니라 성적굴욕감이나 혐오감을 느끼게 해 인격권을 침해하는 행동"이라고 판결하여 원심파기 환송하였으며, 그에 따라 같은 해 4월에 서울고법은 '신교수는 우○○조교에게 500만원을 지급하라'는 원고 일부 승소 판결을 하였다.

근로환경이 상대적으로 취약한 상시근로자 30인 미만 사업장까지 고려한다면 그 숫자는 상당히 증가할 것으로 예상할 수 있다.

직장 내 성희롱에 대해서는 남녀고용평등법 외에도 양성평등기본법, 국가인권위원법에서도 중층적으로 규율되고 있고, 각 법률마다 규율목적, 성희롱 행위자, 피해자 범위, 구제기관 등에서 차이가 있다.[55] 이하에서는 일반사업장 내 직장 내 성희롱에 대한 근거법령이 되고 있는 남녀고용평등법에 규정된 규율 내용을 살펴보고, 근로기준법 제76조2의 직장 내 괴롭힘 규정과의 중복적용 문제에 대해서 살펴보기로 한다.

2. 직장 내 성희롱 금지법의 내용

(1) 직장 내 성희롱 금지 규정

남녀고용평등법에서는 직장 내 성희롱 금지와 관련하여 직장 내 성희롱 정의(제2조제2호), 직장 내 성희롱 금지(제12조), 직장 내 성희롱 예방교육(제13조 내지 제13조의2), 사업주의 직장 내 성희롱 발생 시 조치(제14조), 고객 등에 의한 성희롱 방지조치(제14조의2), 고용상 성차별 시정제도(제26조 내지 제30조) 등의 규정을 두고 있다.

[남녀고용평등과 일 · 가정 양립 지원에 관한 법률]
제2조 【정 의】 이 법에서 사용하는 용어의 뜻은 다음과 같다.
2. "직장 내 성희롱"이란 사업주 · 상급자 또는 근로자가 직장 내의 지위를 이용하거나 업무와 관련하여 다른 근로자에게 성적 언동 등으로 성적 굴욕감 또는 혐오감을 느끼게 하거나 성적 언동 또는 그 밖의 요구 등에 따르지 아니하였다는 이유로 근로조건 및 고용에서 불이익을 주는 것을 말한다.

---

55) 직장 내 성희롱의 구제기관 측면에서 보면 남녀고용평등법은 사업주에 의한 조치 및 구제를 위하여, 양성평등기본법은 여성가족부에 의한 구제 및 예방정책을 위하여, 국가인권위원회법은 국가인권위원회에 의한 성차별로 인한 인권침해 구제를 위하여 제정되었다.

제12조 【직장 내 성희롱의 금지】 사업주, 상급자 또는 근로자는 직장 내 성희롱을 하여서는 아니 된다.

제13조 【직장 내 성희롱 예방 교육 등】 ① 사업주는 직장 내 성희롱을 예방하고 근로자가 안전한 근로환경에서 일할 수 있는 여건을 조성하기 위하여 직장 내 성희롱의 예방을 위한 교육(이하 "성희롱 예방 교육"이라 한다)을 매년 실시하여야 한다.

② 사업주 및 근로자는 제1항에 따른 성희롱 예방 교육을 받아야 한다.

③ 사업주는 성희롱 예방 교육의 내용을 근로자가 자유롭게 열람할 수 있는 장소에 항상 게시하거나 갖추어 두어 근로자에게 널리 알려야 한다.

④ 사업주는 고용노동부령으로 정하는 기준에 따라 직장 내 성희롱 예방 및 금지를 위한 조치를 하여야 한다.

⑤ 제1항 및 제2항에 따른 성희롱 예방 교육의 내용·방법 및 횟수 등에 관하여 필요한 사항은 대통령령으로 정한다.

제13조의2 【성희롱 예방 교육의 위탁】 ① 사업주는 성희롱 예방 교육을 고용노동부장관이 지정하는 기관(이하 "성희롱 예방 교육기관"이라 한다)에 위탁하여 실시할 수 있다.

② 사업주가 성희롱 예방 교육기관에 위탁하여 성희롱 예방 교육을 하려는 경우에는 제13조제5항에 따라 대통령령으로 정하는 내용을 성희롱 예방 교육기관에 미리 알려 그 사항이 포함되도록 하여야 한다.

③ 성희롱 예방 교육기관은 고용노동부령으로 정하는 기관 중에서 지정하되, 고용노동부령으로 정하는 강사를 1명 이상 두어야 한다.

④ 성희롱 예방 교육기관은 고용노동부령으로 정하는 바에 따라 교육을 실시하고 교육이수증이나 이수자 명단 등 교육 실시 관련 자료를 보관하며 사업주나 교육 대상자에게 그 자료를 내주어야 한다.

⑤ 고용노동부장관은 성희롱 예방 교육기관이 다음 각 호의 어느 하나에 해당하면 그 지정을 취소할 수 있다.

1. 거짓이나 그 밖의 부정한 방법으로 지정을 받은 경우
2. 정당한 사유 없이 제3항에 따른 강사를 3개월 이상 계속하여 두지 아니한 경우
3. 2년 동안 직장 내 성희롱 예방 교육 실적이 없는 경우

⑥ 고용노동부장관은 제5항에 따라 성희롱 예방 교육기관의 지정을 취소하려면 청문을 하여야 한다.

제14조 【직장 내 성희롱 발생 시 조치】 ① 누구든지 직장 내 성희롱 발생 사실을 알게 된 경우 그 사실을 해당 사업주에게 신고할 수 있다.
② 사업주는 제1항에 따른 신고를 받거나 직장 내 성희롱 발생 사실을 알게 된 경우에는 지체 없이 그 사실 확인을 위한 조사를 하여야 한다. 이 경우 사업주는 직장 내 성희롱과 관련하여 피해를 입은 근로자 또는 피해를 입었다고 주장하는 근로자(이하 "피해근로자등"이라 한다)가 조사과정에서 성적 수치심 등을 느끼지 아니하도록 하여야 한다.
③ 사업주는 제2항에 따른 조사 기간 동안 피해근로자등을 보호하기 위하여 필요한 경우 해당 피해근로자등에 대하여 근무장소의 변경, 유급휴가 명령 등 적절한 조치를 하여야 한다. 이 경우 사업주는 피해근로자등의 의사에 반하는 조치를 하여서는 아니 된다.
④ 사업주는 제2항에 따른 조사결과 직장 내 성희롱 발생 사실이 확인된 때에는 피해근로자가 요청하면 근무장소의 변경, 배치전환, 유급휴가 명령 등 적절한 조치를 하여야 한다.
⑤ 사업주는 제2항에 따른 조사결과 직장 내 성희롱 발생 사실이 확인된 때에는 지체없이 직장 내 성희롱 행위를 한 사람에 대하여 징계, 근무장소의 변경 등 필요한 조치를 하여야 한다. 이 경우 사업주는 징계 등의 조치를 하기 전에 그 조치에 대하여 직장 내 성희롱 피해를 입은 근로자의 의견을 들어야 한다.
⑥ 사업주는 성희롱 발생 사실을 신고한 근로자 및 피해근로자등에게 다음 각 호의 어느 하나에 해당하는 불리한 처우를 하여서는 아니 된다.
1. 파면, 해임, 해고, 그 밖에 신분상실에 해당하는 불이익조치
2. 징계, 정직, 감봉, 강등, 승진 제한 등 부당한 인사조치
3. 직무 미부여, 직무재배치, 그 밖에 본인의 의사에 반하는 인사조치
4. 성과평가 또는 동료평가 등에서 차별이나 그에 따른 임금 또는 상여금 등의 차별 지급
5. 직업능력 개발 및 향상을 위한 교육훈련 기회의 제한
6. 집단따돌림, 폭행 또는 폭언 등 정신적·신체적 손상을 가져오는 행위를 하거나 그 행위의 발생을 방치하는 행위
7. 그 밖에 신고를 한 근로자 및 피해근로자등의 의사에 반하는 불리한 처우

⑦ 제2항에 따라 직장 내 성희롱 발생 사실을 조사한 사람, 조사 내용을 보고받은 사람 또는 그 밖에 조사과정에 참여한 사람은 해당 조사과정에서 알게 된 비밀을 피해근로자등의 의사에 반하여 다른 사람에게 누설하여서는 아니

된다. 다만, 조사와 관련된 내용을 사업주에게 보고하거나 관계 기관의 요청에 따라 필요한 정보를 제공하는 경우는 제외한다.

제14조의2 【고객 등에 의한 성희롱 방지】 ① 사업주는 고객 등 업무와 밀접한 관련이 있는 사람이 업무수행 과정에서 성적인 언동 등을 통하여 근로자에게 성적 굴욕감 또는 혐오감 등을 느끼게 하여 해당 근로자가 그로 인한 고충 해소를 요청할 경우 근무 장소 변경, 배치전환, 유급휴가의 명령 등 적절한 조치를 하여야 한다.

② 사업주는 근로자가 제1항에 따른 피해를 주장하거나 고객 등으로부터의 성적 요구 등에 따르지 아니하였다는 것을 이유로 해고나 그 밖의 불이익한 조치를 하여서는 아니 된다.

제26조 【차별적 처우 등의 시정신청】 ① 근로자는 사업주로부터 다음 각 호의 어느 하나에 해당하는 차별적 처우 등(이하 "차별적 처우 등"이라 한다)을 받은 경우 「노동위원회법」 제1조에 따른 노동위원회(이하 "노동위원회"라 한다)에 그 시정을 신청할 수 있다. 다만, 차별적 처우 등을 받은 날(제1호 및 제3호에 따른 차별적 처우 등이 계속되는 경우에는 그 종료일)부터 6개월이 지난 때에는 그러하지 아니하다.

1. 제7조부터 제11조까지 중 어느 하나를 위반한 행위(이하 "차별적 처우"라 한다)
2. 제14조제4항 또는 제14조의2제1항에 따른 적절한 조치를 하지 아니한 행위
3. 제14조제6항을 위반한 불리한 처우 또는 제14조의2제2항을 위반한 해고나 그 밖의 불이익한 조치

② 근로자가 제1항에 따른 시정신청을 하는 경우에는 차별적 처우 등의 내용을 구체적으로 명시하여야 한다.

③ 제1항 및 제2항에 따른 시정신청의 절차·방법 등에 관하여 필요한 사항은 「노동위원회법」 제2조제1항에 따른 중앙노동위원회(이하 "중앙노동위원회"라 한다)가 따로 정하여 고시한다.

※ 성차별의 시정신청 대상, 구체적인 절차 및 구제방법 등에 대해서는 법 제27조 내지 제30조에 규정되어 있음.

(2) 직장 내 성희롱 금지 규율체계

1) 개 요

남녀고용평등법상 직장 내 성희롱 규율체계는 근로기준법상 직장 내 괴롭힘 규율체계와 거의 유사하다. 남녀고용평등법에서도 사업주가 직장 내 성희롱을 하는 경우에는 1천만원 이하의 과태료가 부과되나, 사업주 이외의 자가 직장 내 성희롱을 한 경우에는 과태료 규정이 없고 사업주로 하여금 행위자에 대하여 징계 등의 조치를 하도록 간접적으로 규율하고 있다. 이와 같이 직장 내 성희롱에 대해 사업장 내 자율적 규제를 도입한 이유는 성희롱 행위는 국가의 형사처벌의 대상이 되는 성범죄의 수준에는 이르지 않다는 점과 사업장 내에서 발생되는 성희롱 문제를 신속하게 해결하고 피해자를 다시 조직에 안전하게 복귀할 수 있도록 하기 위해서는 사업주에 의한 사업장 내 해결방식이 더 효과적이라고 보기 때문이다.

사업주 이외의 자가 성희롱 행위자인 경우에는 사업주는 지체 없이 행위자를 조사하여야 하고(법 제14조제2항), 조사기간 중에는 피해근로자등에게 적절한 보호조치를 취하여야 한다(법 제14조제3항). 조사가 완료된 후에 직장 내 성희롱으로 판단되면, 피해근로자에게는 요청 시 근무장소 변경 등의 적절한 보호조치를 취하여야 하고(법 제14조제4항), 행위자에게 징계 등의 적절한 조치를 취하여야 한다(법 제14조제5항). 또한 고객 등 제3자에 의한 성희롱에 대해서도 피해근로자에게 근무장소 변경 등 적절한 보호조치를 취하여야 한다(법 제14조의2). 사용자는 신고한 근로자 및 피해근로자등에 대해서 불리한 처우를 하여서는 아니 되고 이를 위반 시에는 3년 이하의 징역 또는 3,000만원 이하의 벌금을 부과하고 있다(법 제14조제6항). 직장 내 성희롱 조사와 관련된 자는 해당 조사과정에서 알게 된 비밀을 다른 사람에게 누설하여서는 아니 된다(법 제14조제7항). 또한 사업주는 성희롱 예방교육을 주기적으로 실시하여야 하고(법 제13조), 성희롱 예방지침을 마련하여 사업장에 게시하여야 한다(시행규칙 제5조의2). 한편 2021.5.18.에는 남녀고용평등법 제26조에 성차별 시정제도를 도입하여 사업주가 성희롱 피해근로자에 대하여 적절한 보호조치를 하지 않는 경우 해당 피해근로자는 노동위원회에 그 시정을 신청하여 구제를 받을 수 있는 길을 열어 놓았다.

2) 직장 내 성희롱 규정 위반 시 제재

직장 내 성희롱 사업주 의무	위반시 제재
1. 직장 내 성희롱 금지 의무	1000만원 이하 과태료
2. 직장 내 성희롱 예방 의무	
① 직장 내 성희롱 예방 교육 매년 1회 이상, 사업주 및 근로자 모두 이수	500만원 이하 과태료
② 직장 내 성희롱 예방교육의 내용을 근로자가 자유롭게 열람할 수 있는 장소에 항상 게시 또는 비치	500만원 이하 과태료
③ 직장 내 성희롱 예방교육을 위탁하여 실시하는 경우, 성희롱 예방교육기관에 직장 내 성희롱 예방교육의 내용, 방법 및 횟수 등에 관하여 미리 알려 그 사항이 포함되도록 함	없 음
④ 직장 내 성희롱 예방지침을 마련하고 사업장 내 근로자가 자유롭게 열람할 수 있는 장소에 항상 게시	없 음
3. 직장 내 성희롱 발생 시 조치 의무	
① 직장 내 성희롱 사건 신고 접수 의무	
② 직장 내 성희롱 사건 신고, 접수 또는 인지 시 지체 없이 조사 및 조사과정에서 피해자에 대한 성적 불쾌감 유발 금지	500만원 이하 과태료
③ 조사기간 중 피해근로자등 보호를 위해 근무장소 변경, 유급휴가 명령 등 적절한 조치, 피해자의 의사에 반할 수 없음.	없 음
④ 직장 내 성희롱이 확인된 경우 피해근로자 요청시 근무장소의 변경, 배치전환, 유급휴가 명령 등 적절한 조치	500만원 이하 과태료
⑤ 직장 내 성희롱이 확인된 경우 피해근로자 의견을 청취하여 행위자에 대하여 징계, 근무장소 변경 등 필요한 조치	500만원 이하 과태료
⑥ 직장 내 성희롱 피해자 불이익조치 금지	3년 이하 징역 또는 3,000만원 이하 벌금
⑦ 직장 내 성희롱 사건 조사자, 보고받은 자, 조사과정에 참여한 자 등의 비밀누설 금지	500만원 이하 과태료

직장 내 성희롱 사업주 의무	위반시 제재
⑧ 제3자 직장 내 성희롱에 대한 피해자 보호조치(근무장소 변경, 배치전환, 유급휴가의 명령 등)	300만원 이하 과태료
⑨ 제3자 직장 내 성희롱 피해 근로자에 대한 불이익 조치 금지	500만원 이하 과태료
4. 분쟁의 자율적 해결 노력 의무	
① 직장 내 성희롱 처리 규범 및 기구 마련	없 음
② 직장 내 성희롱 상담 및 구제절차 확립	없 음

3. 「직장 내 성희롱」과 「직장 내 괴롭힘」과의 관계

(1) 「직장 내 성희롱」과 「직장 내 괴롭힘」의 비교

직장 내 성희롱은 직장 내 괴롭힘 유형 중 성적 괴롭힘에 속한다. 이와 같이 남녀고용평등법상 직장 내 성희롱은 근로기준법상 직장 내 괴롭힘의 유형에도 속하나 각각의 법률에서 규정내용에 있어서는 약간의 차이가 있다. 직장 내 괴롭힘의 경우에는 행위자에 대한 과태료 대상이 사용자로 규정하고 있으나, 직장 내 성희롱의 경우는 개인 사업주로 한정하고 있다. 또한 남녀고용평등법에서는 사업주에게 고객에 의한 성희롱 방지 의무가 부과되나(제14조의2), 근로기준법에서는 고객에 의한 성희롱은 직장 내 괴롭힘 행위에 해당되지 않아 규율대상에 포함되지 않는다.

〈직장 내 성희롱과 직장 내 괴롭힘 법규정의 차이점〉

구 분	남녀고용평등법상 직장 내 성희롱	근로기준법상 직장 내 괴롭힘
행위자	사업주, 상급자 또는 근로자 (법 제12조)	사용자(친족포함) 또는 근로자 (법 제76조의2)
조사과정	성적 수치심을 느끼지 않도록 해야 함 (법 제14조제2항 단서)	성적수치심 예방 관련 규정 없음
고 객	고객 등에 의한 성희롱 방지 의무 있음 (법 제14조의2)	고객은 괴롭힘 방지 대상이 아님
적용사업장	상시 1인 이상 사업장	상시 5인 이상 사업장

(2) 「직장 내 성희롱」과 「직장 내 괴롭힘」 신고 중첩 시 법적용

직장 내 성희롱 발생 시 이는 남녀고용평등법상의 직장 내 성희롱 금지 법규에 해당될 뿐만 아니라 동시에 근로기준법상의 직장 내 괴롭힘 금지 법규에도 해당되는 바, 어느 법률을 우선하여 적용하여야 할지가 문제이다.

1) 성희롱 행위가 문제된 경우

성희롱에 해당되는 직장 내 괴롭힘 행위가 발생된 경우에는 특별법 우선의 원칙에 따라 남녀고용평등법을 우선 적용하여 그 규정한 바에 따라 처리하여야 한다. 고용노동부도 "성적언동이 문제된 사안이라면 남녀고용평등법이 우선 적용된다."고 해석하고 있다.[56)] 이 경우 성적언동에 대하여 남녀고용평등법에 따라 징계처리를 하였다면 또 다시 근로기준법상 직장 내 괴롭힘 금지 규정을 적용하여 이중으로 징계를 할 수는 없다.

2) 성희롱 행위와 다른 유형의 괴롭힘 행위가 혼재된 경우

직장 내 성희롱 행위와 다른 유형의 괴롭힘 행위가 혼재된 경우에는 조사 또는 조치의무를 어떻게 하여야 하는지가 문제이다. 조사결과 성희롱 행위와 다른 유형의 괴롭힘 행위가 연속되지 않고 시간을 달리하여 분리된 형태로 발생되었다면 피해자는 성희롱 행위와 다른 유형의 괴롭힘 행위에 대하여 분리하여 각각 신고할 수 있고, 이 경우 접수를 받은 사용자는 성희롱 행위 부분에 대해서는 남녀고용평등법에 따라 처리하고, 다른 유형의 괴롭힘 행위에 대해서는 근로기준법에 따라 각각 처리하여야 한다. 고용노동부는 내부 사건처리지침에서 수개의 행위 중 일부 행위는 성희롱, 일부 행위는 괴롭힘으로 신고한 경우 사건을 분리하여 처리 가능하다고 하고 있다.[57)] 그러나 만약 사업장 내에서 성희롱 행

56) 고용노동부, 앞의 매뉴얼, 15면.

57) 근로기준정책과-498. 2022.2.15. 「직장 내 괴롭힘 신고사건 처리지침」.

위와 다른 유형의 괴롭힘 행위를 하나의 신고서에 통합하여 사업주에게 접수된 경우, 효율적 측면에서 사업주는 성희롱 행위와 다른 유형의 괴롭힘 행위를 반드시 분리할 필요 없이 통합하여 조사 및 징계조치를 진행하여도 무방할 것이다. 다만 이 경우 성희롱과 다른 유형의 괴롭힘 행위에 대한 통합적인 징계수위는 가중되어 결정되어야 한다.

제2절 직장 내 성희롱의 판단기준

1. 직장 내 성희롱의 법적정의

직장 내 성희롱이라 함은 사업주, 상급자 또는 근로자가 직장 내의 지위를 이용하거나 업무와 관련하여 다른 근로자에게 성적언동 등으로 성적인 굴욕감 또는 혐오감을 느끼게 하거나 성적언동 또는 그 밖의 요구 등에 따르지 아니하였다는 이유로 근로조건 및 고용에서 불이익을 주는 것을 말한다(남녀고용평등법 제2조제2호).

2. 직장 내 성희롱의 성립요건

직장 내 성희롱에 해당되기 위해서는 ① 행위자가 사업주, 상급자 또는 근로자 일 것, ② 직장 내의 지위를 이용하거나 업무와 관련될 것, ③ 성적언동 등으로 성적인 굴욕감 또는 혐오감을 느끼게 하거나 성적언동 또는 그 밖의 요구 등에 따르지 아니하였다는 이유로 근로조건 및 고용에서 불이익을 줄 것 등 3가지 요건이 구성되어야 한다. 이와 같은 3가지 요건이 모두 충족되어야 남녀고용평등법상 직장 내 성희롱에 해당된다.

(1) 행위자 및 피해자 요건

1) 행위자 요건

직장 내 성희롱 행위자는 사업주, 상급자 또는 근로자를 말한다. 사업주란 개인사업의 경우는 개인사업주이며, 법인사업의 경우는 법인 그 자체를 말한다. 따라서 법인의 대표이사는 사업주가 아니라 상급자에 해당된다. 또한 사업주에는 파견사업주뿐만 아니라 파견근로자에 대한 사용사업주도 포함된다.[58] 직장 내 성희롱 행위자로서 상급자 또는 근로자는 사업주와 근로계약을 맺은 자를 말한다. 따라서 해당 사업장의 고객, 거래처 및 협력업체 관계자, 파견근로자 등은 직접적 근로관계가 없어 남녀고용평등법상 행위자가 될 수 없다. 한편 직장 내 성희롱 행위자는 남성, 여성 모두가 될 수 있으며,[59] 동성 간의 경우도 해당된다.[60]

2) 피해자 요건

직장 내 성희롱 피해자로서 근로자란 사업주에게 고용된 자와 취업할 의사를 가진 자를 말한다(남녀고용평등법 제2조제4호). 근로자는 고용형태를 불문하고 정규직, 계약직, 아르바이트, 일용직 등이 모두 포함되며, 취업면접을 보러 온 구직자도 포함된다. 또한 일정범위의 하청업체 또는 협력업체 직원도 포함된다. 예컨대, 하청업체 또는 협력업체의 근로자가 원청업체와의 업무수행에 있어 업무의 연속성이 있고 원청업체 직원과 같은 공간에서 업무를 수행하는 경우, 하

---

58) 대법원 2017.3.9. 선고 2016도18138 판결. 본 사건은 업무상 위력에 의한 추행의 가해자인 사용사업주가 추행의 피해자인 파견근로자의 교체를 요구한 행위에 대해 피해근로자에 대한 불이익 금지 규정을 위반한 것이라고 하여 처벌하였다.

59) 서울지방법원 2002.5.3. 선고 2001가합6471 판결. 미싱사 여성 2명이 기계수리기사 남성을 대상으로 한 신체접촉은 남녀고용평등법상 직장 내 성희롱에 해당된다.

60) 서울지방법원 2015.7.1. 선고 2014가단194767 판결. 동성사이 과도한 성적발언으로 상대방에게 모욕감을 주었다면 인격권을 침해하는 불법행위에 해당된다.

청업체 또는 협력업체 근로자가 원청업체 소속 사업주나 근로자에게 직장 내 성희롱을 당하였다면 원청업체 사업주는 남녀고용평등법의 적용을 받아 직장 내 성희롱 행위자에 대한 징계 등 조치의무와 하청업체 또는 협력업체 피해근로자에 대한 보호조치를 취하여야 한다.[61]

(2) 지위의 이용 또는 업무관련성 요건

직장 내 성희롱은 사업주, 상급자 또는 근로자 등이 직장 내의 지위를 이용하거나 업무와 관련되어 발생된 것이어야 한다. 이때 직장 내의 지위를 이용한다는 것은 상급자로서 권력을 이용하는 것을 의미한다. 그러나 직장에서의 성희롱은 반드시 직위상 상위에 있는 자에게 국한되는 것은 아니며 업무와 관련된 하급자에 의한 행위도 인정된다.[62] 업무관련성은 포괄적인 업무관련성을 의미하며 업무수행 기회나 업무수행에 편승하여 성적언동이 이루어진 경우뿐만 아니라 권한을 남용하거나 업무수행을 빙자하여 성적언동을 한 경우에도 인정된다.[63] 따라서 장소적으로는 사업장 밖에서, 시간적으로는 근무시간 외에 발생된 성희롱도 이에 포함된다. 어떠한 성적 언동이 업무관련성이 인정되는지는 쌍방 당사자의 관계, 행위가 이루어진 장소와 상황, 행위 내용과 정도 등 구체적인 사정을 참작하여 판단하여야 한다.

(3) 직장 내 성희롱 행위요건

직장 내 성희롱은 행위 측면에서 성적언동 등으로 성적인 굴욕감 또는 혐오감을 느끼게 하거나, 성적언동 또는 그 밖의 요구 등에 따르지 아니하였다는 이유로 근로조건 및 고용에서 불이익을 주는 경우이어야 한다.

---

61) 고용노동부, 「직장 내 성희롱 예방·대응 매뉴얼」, 2020.2, 9면.

62) 춘천지방법원 2015.11.20. 선고 2015구합4646 판결. 육군 주임원사가 상급자인 같은 부대 여군 대위를 상대로 한 성적언동은 남녀고용평등법상 직장 내 성희롱에 해당된다.

63) 대법원 2006.12.21. 선고 2005두13414 판결.

1) 성적 언동 등으로 성적인 굴욕감 또는 혐오감을 느끼게 하는 것

첫째, '성적 언동'에 대해 살펴보면, 성적 언동이란 성과 관련된 육체적·언어적·시각적 행위를 말한다. 남녀고용평등법시행규칙 제2조 [별표1]에서는 직장 내 성희롱을 판단하기 위한 행위기준의 예시를 두고 있으며, 하단에는 "성희롱 여부를 판단하는 때에는 피해자의 주관적 사정을 고려하되, 사회통념상 합리적인 사람이 피해자의 입장이라면 문제가 되는 행동에 대하여 어떻게 판단하고 대응하였을 것인가를 함께 고려하여야 하며, 결과적으로 위협적·적대적인 고용환경을 형성하여 업무능률을 떨어뜨리게 되는지를 검토하여야 한다."라고 판단기준을 제시하고 있다.

〈남녀고용평등법시행규칙 [별표1] 직장 내 성희롱의 예시〉

가. 육체적 행위
(1) 입맞춤, 포옹 또는 뒤에서 껴안는 등의 신체적 접촉행위
(2) 가슴·엉덩이 등 특정 신체부위를 만지는 행위
(3) 안마나 애무를 강요하는 행위

나. 언어적 행위
(1) 음란한 농담을 하거나 음탕하고 상스러운 이야기를 하는 행위(전화통화를 포함한다)
(2) 외모에 대한 성적인 비유나 평가를 하는 행위
(3) 성적인 사실관계를 묻거나 성적인 내용의 정보를 의도적으로 퍼뜨리는 행위
(4) 성적인 관계를 강요하거나 회유하는 행위
(5) 회식자리 등에서 무리하게 옆에 앉혀 술을 따르도록 강요하는 행위

다. 시각적 행위
(1) 음란한 사진·그림·낙서·출판물 등을 게시하거나 보여주는 행위(컴퓨터통신이나 팩시밀리 등을 이용하는 경우를 포함한다)
(2) 성과 관련된 자신의 특정 신체부위를 고의적으로 노출하거나 만지는 행위

라. 그 밖에 사회통념상 성적 굴욕감 또는 혐오감을 느끼게 하는 것으로 인정되는 언어나 행동

성적 언동에 대한 대법원(2008.7.10. 선고 2007두22498 판결)의 판단기준을 살펴보면, "성적 언동이란 남녀 간의 육체적 관계 또는 남성이나 여성의 신체적 특징과 관련된 육체적·언어적·시각적 행위로서, 사회공동체의 건전한 상식과 관행에 비추어볼 때 객관적으로 상대방과 같은 처지에 있는 일반적이고도 평균적인 사람으로 하여금 성적 굴욕감이나 혐오감을 느끼게 할 수 있는 행위를 뜻한다."라고 하고 있다. 따라서 행위자가 성적 동기나 의도 없이 행한 매우 낮은 정도의 육체적·언어적·시각적 행위라 할지라도 그것이 상대방에게 성적 굴욕감이나 혐오감을 줄 수 있는 경우라면 직장 내 성희롱 행위에 포함될 수 있다.

그러나 객관적으로 상대방과 같은 처지에 있는 일반적이고도 평균적인 사람으로 하여금 성적 굴욕감이나 혐오감을 느끼게 하는 행위가 아닌 이상 상대방이 성적 굴욕감이나 혐오감을 느꼈다는 이유만으로 성희롱이 성립될 수는 없다. 이와 관련하여 대법원(2007.6.14. 선고 2005두6461 판결)은 회식 자리에서 교감이 단지 여자교사들에 대하여 교장에게 술을 따라 줄 것을 두 차례 권한 언행은 여자교사들로 하여금 성적 굴욕감 또는 혐오감을 느끼게 하는 성적 언동에 해당하지 않는다고 판시한 바 있고, 국가인권위원회(13-진정-0375600 결정)는 감찰팀장인 피진정인이 진정인에게 "여자들이 문제가 있다. 소통이 안 되고 이기적이다."라고 말하여 성적 수치심을 느꼈다고 진정한 사건에서 여성폄하의 발언은 될 수 있으나 성적 함의를 갖는 언행은 아니라고 결정한 바 있다.

[판례] 대법원 2007.6.14. 선고 2005두 6461 판결
초등학교 3학년 담임교사들의 회식 자리에서 교감인 원고 A가 교장 B, 교무부장C와 함께 참석하여 학생지도, 전국 초등학교 3학년 기초학력평가 및 1학기 영어 선도수업 등 학습에 관한 대화를 하던 중 교장 B가 3학년 담임교사 중 여자교사 3명에게는 소주잔에 맥주를 따라 주었고, 남자교사 3명에게는 소주잔에 소주를 따라 주었는데, 남자교사 3명만 교장 B에게 답례로 술을 권하고, 여자교사 3명은 술을 권하지 않자 두 차례에 걸쳐 여자교사들에게 교장선생님께 술 한 잔씩 따라 줄 것을 권유한 이 사건에 대해, 법원은 "위 회식 장소에서의 대화 내용, 원고가 위와 같은 말을 하게 된 정황 등에 비추어 원

고가 성적 의도를 가지고 위와 같은 언행을 하였다기보다 직장 상사인 교장으로부터 술을 받았으면 답례로 술을 권하여야 한다는 차원에서 한 것으로 보여지는 점, 회식에 참석한 여자교사 3명 중 2명이 원고의 언행으로 인하여 성적인 굴욕감 또는 혐오감을 느끼지 않았다고 진술하고 있는 점 등에 비추어 이 사건 회식의 성격, 참석자들의 관계, 장소 및 원고가 이 사건 언행을 할 당시의 상황, 성적 동기 또는 의도의 구체적인 사정을 종합하여 보면, 원고의 이 사건 언행이 우리 사회공동체의 건전한 상식과 관행에 비추어 볼 때 용인될 수 없는 선량한 풍속 또는 사회질서에 위반되는 것이라고 보기 어렵다."라고 판시하였다.

둘째, '성적 굴욕감 또는 혐오감을 느끼게 하는 것'에 대해 살펴보면, 이 경우 피해자의 마음속에 존재하는 성적 굴욕감 또는 혐오감의 상태를 어떻게 확인하여 인정할 수 있는지가 문제이다.

일반적으로 성적 굴욕감 또는 혐오감을 느꼈는지의 여부는 우리 사회 전체의 일반적이고 평균적인 사람이 아니라 피해자와 같은 처지에 있는 평균적인 사람의 입장에서 성적 굴욕감이나 혐오감을 느낄 수 있는 정도였는지를 기준으로 심리, 판단하여야 한다. 대학교수 A가 소속 학과 여학생들에게 '뽀뽀를 해주면 추천서를 만들어 주겠다'. '남자친구와 왜 사귀냐. 나랑 사귀자', '엄마를 소개시켜 달라'는 등의 발언을 하고, 수업시간 중 백허그 자세로 지도하는 등 불필요한 신체적 접촉을 하여 징계해임 되자, 이와 같은 인사처분은 부당하다며 소송을 제기하였던 사건에 대해, 서울고등법원(2017.11.10. 선고 2017누34836 판결)은 "원고가 학생들과 친한 관계였다는 점, 성희롱 행위 이후에도 피해자가 계속 수업을 수강하였다는 점, 다른 피해자가 자신의 피해에 대한 법정 진술은 하지 않고 다른 피해자의 증인으로만 진술하고 있는 점, 6개월 이상 지난 일에 대해 문제 제기한 점, 자신이 신고에 대한 책임추궁을 두려워하고 있는 점 등을 볼 때 굴욕감을 느꼈다고 보기 어렵거나 진술을 믿기 어렵다."라고 하여 성희롱으로 인정하지 않은 바 있다. 그러나 같은 사건에 대한 상고심에서 대법원(2018.4.12.

선고 2017두74702 판결)은 "법원이 직장 내 성희롱 관련 소송을 심리할 때에는 성차별 문제를 이해하고 양성평등을 실현할 수 있도록 '성인지감수성'[64]을 잃지 않아야 하며, 피해자가 직장 내 성희롱 사실을 알리고 문제를 삼는 과정에서 이른바 '2차 피해'를 입을 수 있다는 점을 유념하여 피해자가 처하여 있는 특별한 사정을 충분히 고려하여 판단하여야 한다."라고 하여 피해자에게 성적 굴욕감 또는 혐오감이 있었다는 주장이 인정되었다. 이 사건에서 대법원은 직장 내 성희롱은 피해자가 행위자의 높은 권력 앞에서 주눅이 들어 행위자에게 적극적으로 거부의사나 이의제기를 할 수 없는 사정까지 고려하여야 함을 지적하였다. 결국 성적 굴욕감 또는 혐오감을 느꼈다고 볼 수 있는 경우는 피해자가 명시적으로 거부의사를 표현한 경우 뿐만 아니라, 사회적 약자인 위치에서 소극적으로 또는 묵시적으로 거부하는 경우까지도 피해자가 원하지 않는 행위에 포함된다고 할 수 있다.

2) 성적 언동 또는 그 밖의 요구 등에 따르지 아니하였다는 이유로 근로조건 및 고용에서 불이익을 주는 경우

직접적인 성적 언동이 없었다 하더라도 성적 언동 등에 대한 요구를 따르지 않았다는 이유로 근로조건 및 고용에서 불이익을 주었다면 이는 직장 내 성희롱에 해당된다. 이 경우 불이익의 범위는 채용탈락, 감봉, 승진탈락, 전직, 정직, 휴직, 해고 등과 같이 고용상 불이익뿐만 아니라 인사평가나 복리후생 등 근로조건에 있어서의 불이익도 포함된다.

---

64) 성인지감수성(gender sensitivity)이란 양성평등의 시각에서 일상생활에서 성별 차이로 인한 차별과 불균형을 감지해내는 민감성을 의미하며, 어떤 사건에 대해 심리할 때 "여성이 사회적 약자로서 가지는 불리함을 보완해야 한다."는 취지로 성폭행, 성희롱 등 젠더 관련 사건에서 여성 측의 진술 및 증언, 증거 효력의 인정기준을 완화하는 것으로 자유심증주의적 논리를 뜻한다.

3. 직장 내 성희롱의 구체적인 판단사례

(1) 의 의

대법원은 직장 내 성희롱에 해당되기 위해서는 행위자에게 반드시 성적 동기나 의도가 있어야 하는 것은 아니지만, 당사자의 관계, 행위가 행해진 장소와 상황, 행위에 대한 상대방의 명시적 또는 추정적인 반응의 내용, 행위의 내용과 정도, 행위가 일회적 또는 단기간의 것인지 아니면 계속적인지 등 구체적인 사정을 참작하여 볼 때 성적 언동 등으로 상대방이 성적 굴욕감이나 혐오감을 느꼈다고 인정되어야 한다는 기준을 제시하고 있다.[65] 일반적으로 행위자가 상대방의 특정 신체 부위를 만지거나 성적인 언어를 노골적으로 하는 경우에는 직장 내 성희롱 해당 여부를 판단하는 데 큰 어려움이 없다. 그러나 상급자가 부하사원에게 업무독려 차원에서, 친밀감의 표현으로, 분위기를 띄우기 위해서 등 성적 의도 없이 행하는 가벼운 성적 언동에 대해서는 직장 내 성희롱 해당 여부를 둘러싸고 당사자 간에 많은 다툼이 있다. 예컨대 행위자는 "서로 친하니까 어깨를 가볍게 툭 친 것일 뿐 성적인 의도가 없었다. 이런 것까지 성희롱이냐?", "그냥 분위기를 띄우려고 야한 농담을 한 것이다.", "경험자로서 2세 문제 또는 부부관계에 대해 조언을 해준 것 뿐이다." 등과 같은 항변을 하면서 억울해 한다. 그러나 우리 법원은 행위자가 단순한 친밀감의 표현에서 한 성적 언동일지라도 피해자 입장에서 성적 굴욕감 또는 혐오감을 느낄 수 있는 상황으로 볼 수 있다면 직장 내 성희롱으로 넓게 인정하고 있다. 이는 사회적으로 남녀평등과 성희롱에 대한 인식이 더욱 엄격한 방향으로 변화하고 있다는 것을 말해주고 있다.

65) 대법원 2008.7.10. 선고 2007두22498 판결.

(2) 법원의 판단사례

1) 업무지휘 또는 업무적 관계형성을 빙자한 성희롱

직장 내 성희롱은 그 언동이 업무지휘 행동의 일환으로 또는 업무상 좋은 관계를 형성하기 위한 것이라고 할지라도 그것이 사회통념상 상대방을 이성으로 대하며 성적 의미가 담긴 행동으로서 피해근로자에게 성적 수치심 또는 성적 굴욕감을 느끼게 한 경우를 포함한다. 예컨대 상급자가 이성인 부하사원에게 업무독려 차원에서 머리를 쓰다듬거나, 업무지적 차원에서 특정 신체 부위를 꼬집는 행위뿐만 아니라 상급자 또는 동료 간 일지라도 친밀감 차원에서 이성에게 원치 않는 어깨동무, 음담패설 같은 언행도 이에 해당된다.

[판례] 근무 중 악수 등 행위
(춘천지방법원 2015.11.20. 선고 2015구합4646 판결)
육군 주임원사로 근무하던 갑이 같은 부대 여군 대위 을에게 손을 잡자는 태도를 취하고, "결혼할 남자친구가 있다고 치면 이왕이면 비싼 모텔이 좋지 않나요?"라고 말하는 등의 행위에 대해, 징계권자인 ㅇㅇ 단장은 갑이 성 군기를 위반하여 품위를 손상하는 행위를 하였다는 이유로 군인사법 제56조에 따라 근신 3일의 징계처분을 한 사건에서, 갑은 을에게 손을 잡자는 제스처를 취한 것은 악수를 청한 것이었고, 모텔 이야기를 한 것은 부대 근처 숙박시설에 대한 을의 견해를 물어본 것에 불과하다고 항변하였다. 이에 대해 춘천지방법원은 "갑이 특별히 악수를 청할 상황이 아닌데도 여성인 을에게 손을 잡자는 태도를 취한 것은 단순히 원사가 상사인 대위에게 악수를 청한 행위가 아니라 사회통념상 을을 여성으로 대하며 성적 의미가 담긴 행동으로 한 것이고, 을에게 한 발언은 남녀 간의 성행위가 연상되는 발언이므로, 갑의 행동과 발언은 모두 객관적으로 상대방에게 성적 굴욕감이나 혐오감을 느낄 수 있게 하는 '성희롱'으로서 성 군기 위반행위에 해당하고, 징계권자가 갑의 행동과 발언의 수위가 높지 않고 반복하여 자주 행한 것이 아니었던 점 등을 참작하여 근신 처분을 택한 것은 적정하므로, 징계처분에 재량권을 일탈·남용한 위법이 없다."라고 판시하였다.

2) 성적인 접근 및 구애를 요구하는 행위

직장 내 성희롱에는 객관적으로 보아 상대방이 원하지 않음에도 불구하고 성적 굴욕감 내지 혐오감을 느낄 정도로 상대방에게 성적인 접근 내지 구애를 하는 것과 성적인 호의를 베푸는 행위도 포함된다. 예컨대 상대방이 원하지 않는데도 개인적인 대화 문자를 카카오톡 또는 메시지를 통해 지속적으로 보내는 행위, 상대방이 원하지 않는데도 개인적인 만남을 강요하거나 불필요한 친절을 지나치게 베푸는 행위 등이 이에 해당된다.

[판례] 성적인 접근 내지 구애행위
(서울고등법원 2015.12.28. 선고 2015나2003264 판결)
직속 상급자 A는 유부남이고 부하사원 B는 미혼인 상황에서, ① A는 B에게 만 등산을 하자고 하여 등산 과정에서 B가 손을 빼려고 하는데도 손을 잡고 걸었다. ② A는 근무 중 사내 메신저로 B에게 술을 마시자고 제의하여 퇴근 후 두사람만의 술자리를 갖게 되었는데, A는 B에게 주로 "와이프와 말이 안 통한다"는 등 자신의 개인적인 이야기를 하였다. 술자리가 끝난 후 근처를 산책하게 되었는데 B가 옷을 벗어 덮어달라고 요청한 적이 없음에도 A는 B에게 날씨가 춥다면서 자신의 양복 재킷을 벗어서 덮어주었다. ③ 이후에도 A는 B에게 "강릉에 놀러가자", "주말에 놀러가자" 등의 말을 하였으나 B는 이를 거절하였다. ④ A는 퇴근 무렵에 B가 운전하는 차에 타서는 '저녁을 먹고 가자'고 하였고, B가 이를 거부하자 화를 냈다. 다음날 B는 A에게 카카오톡을 보내어 "유부남이신 팀장님과 밖에서 자리하는 것도. 문자로 연락하는 것도… 저 팀장님과 개인적인 대화 싫어요. 불편해요"라고 말하였다. ⑤ 그러나 이후에도 A는 B에게 "보고 있어도 그립다"는 내용의 문자메시지를 보낸 적이 있다. 이와 같은 A의 일련의 행위에 대하여 서울고등법원은 "원고와 같은 처지(즉 상대방이 배우자가 있는 남성 직장상사이고 본인은 미혼 여성인 경우)에 있는 일반적이고도 평균적인 사람에게 성적 굴욕감이나 혐오감을 느낄 수 있게 하는 행위에 해당한다고 봄이 타당하다."라고 판시하였다.

3) 간접적인 방식으로 행하는 성희롱

직장 내 성희롱에는 성적 언동이 피해근로자에게 직접적으로 성적 굴욕감 또는 혐오감을 준 경우뿐만 아니라 다른 사람이나 매체 등을 통해 전파하는 간접적인 방법으로 성적 굴욕감 또는 혐오감을 느낄 수 있는 환경을 조성하는 경우도 포함된다. 예컨대 성관계, 신체적 특징 등 성과 관련된 내용을 타인에게 소문을 내어 성적 수치심을 느끼는 경우가 이에 해당된다.

[판례] 성적 허위사실 유포 행위
(대법원 2021.9.16. 선고 2021다219529 판결)
운수업체인 '갑'주식회사의 근로자인 '을' 등이 동료 여성 근로자인 '병'에 대하여 다른 근로자에게 '병'이 '정'과 섹스를 하였다는 등의 허위사실에 해당되는 성적인 발언을 하였고, 이러한 '을' 등의 발언으로 인해 '갑'주식회사 근로자들 사이에 '병'에 대한 허위소문이 유포되었다. 이에 '병'이 '갑'회사를 상대로 사용자책임에 기한 손해배상을 구한 사안에서, 대법원은 "을 등의 발언은 성적인 사실관계를 묻거나 성적인 정보를 의도적으로 퍼뜨리는 행위로서 남녀고용평등과 일·가정 양립 지원에 관한 법률 시행규칙 제2조 [별표 1]에서 말하는 성적인 언동에 해당하고, 병에게 성적 굴욕감이나 혐오감을 불러일으킴과 동시에 적대적이고 위협적인 근로환경을 조성하는 행위로서, 위 발언이 대부분 병 앞에서 직접 행해진 것이 아니라 근로자 사이에 병을 대상으로 한 성적인 내용의 정보를 유포하는 간접적인 형태로 이루어졌지만, 유포된 성적인 정보의 구체적 내용, 유포 대상과 범위, 그 효과 등에 비추어 업무관련성을 인정할 수 있으므로, 남녀고용평등과 일·가정 양립 지원에 관한 법률 제12조에서 금지되는 직장 내 성희롱에 해당된다."라고 판시하였다.

(3) 고용노동부의 매뉴얼상 행위예시

고용노동부는 「직장 내 성희롱 예방・대응 매뉴얼(2020년도)」을 통해 최근 많이 발생되는 성희롱 행위들을 예시를 통해 구체적으로 제시하고 있다.[66)]

행위 유형	구체적 행위예시
육체적 성희롱 행위 예시	▶ 원치 않는 신체적 접촉행위 ▶ 블루스를 추자며 어깨, 허리 등을 접촉하는 행위 ▶ 안마를 해달라고 강요하는 행위 ▶ 테이블 아래에서 발로 다리를 건드리는 행위 ▶ "노래방 가서 술도 한잔하고 놀자"며 팔짱을 끼고 억지로 차에 태우는 행위 ▶ 업무를 보고 있는데 의자를 끌어와 몸을 밀착시키거나 얼굴을 지나치게 가까이 들이대는 행위 ▶ 가슴을 스치고 지나가는 행위 ▶ 업무과정에서 격려를 한다는 핑계로 머리나 등을 쓰다듬거나 엉덩이를 툭툭 치는 행위 ▶ 손금을 봐준다면서 손을 끌어당겨 손을 주물럭거리거나 손깍지를 끼는 행위 ▶ 술에 취해서 부축해 준다면 과도하게 신체적 접촉을 하는 행위
언어적 성희롱 행위 예시	▶ "딱 붙은 옷 입으니까 섹시하고 보기 좋은데? 항상 그렇게 입고 다녀. 회사 다닐 맛 난다." ▶ "여자가 들어갈 때 들어가고 나올 때 나와야 하는데 넌 말라서 안 섹시해" ▶ "여자가 그렇게 뚱뚱해서 어떤 남자가 좋아하겠어?" ▶ "○○씨도 여잔데 미니스커트나 파인 옷 같은 것도 입고 다녀" ▶ "술집 여자같이 그런 옷차림이 뭐야?!" ▶ "아가씨 엉덩이라 탱탱하네." ▶ "몸매 진짜 좋다. 누가 보면 처녀인 줄 알겠어." ▶ "남자는 허벅지가 튼실해야 하는데. 좀 부실하다." ▶ "운동하고 왔어? 어깨 한번 만져보고 싶다." ▶ "너 예전 사진 보니. 운동 좀 해야겠어. 언제 저런 엉덩이 다시 볼 수 있는 거야?"

66) 고용노동부, "직장 내 성희롱 예방・대응 매뉴얼", 2020.2, 16면~18면.

행위 유형	구체적 행위예시
언어적 성희롱 행위 예시	▶ "아기 낳은 적 있어? 무슨 잔머리가 이렇게 많아? 아기 낳은 여자랑 똑같아?" ▶ 자신의 성생활을 이야기하거나 상대방의 성생활 또는 성정체성에 대해 질문하는 행위 ▶ "어제 또 야동 봤지?" ▶ "○○씨랑 사귄다며? 어디까지 갔어?" ▶ "오늘 치마 입고 왔네? 남친이랑 어디 가니? 불금이라고 오늘 외박해? ▶ "요즘 왜 이렇게 살쪘어? 그래 가지고 남친이 성적 매력을 느끼기나 하겠어?" ▶ 원치 않는 성적 접근이나 성적 요구를 하는 행위 ▶ "우리○○씨~ 우리 이쁜이~ 우리 애인 어제 잘 들어갔어?" ▶ "너 정말 이쁘다. 요즘 젊은 애들은 정말 이쁘다. 우리 사랑할래?" ▶ "카톡 프로필 사진 정말 이쁘다. 설레인다." ▶ "술 먹고 같이 자자." ▶ "우리는 여직원이 많아서 여자 나오는 술집 갈 필요가 없어." ▶ "술은 여자가 따라야 제맛이지. ○○씨가 부장님 술 좀 따라 드려" ▶ 사생활이나 성적인 내용에 관한 소문을 유포하는 행위
시각적 성희롱 행위 예시	▶ 컴퓨터 모니터로 야한 사진을 보여주거나 바탕화면, 스크린 세이버로 깔아놓는 것 ▶ 야한 사진이나 농담시리즈를 카톡, 메신저 등을 통해 전송하는 것 ▶ 다른 직원들 앞에서 자신의 바지를 내려 상의를 바지 속으로 넣는 것 ▶ 음란한 시선으로 빤히 쳐다보는 것 ▶ 가슴이나 엉덩이, 다리 등 특정 신체부위를 빤히 쳐다보는 것

제3절 직장 내 성희롱에 대한 사업주의 조치 및 예방

1. 직장 내 성희롱 발생 시 사업주의 조치

(1) 근로자에 의한 성희롱 시 조치

사업장에서 직장 내 성희롱 발생 시 누구든지 이를 사업주에게 신고할 수 있다(법 제14조제1항). 남녀고용평등법 제14조제2항 내지 제7항에서는 사업주가 근로자에 의한 성희롱 사고 발생 시 조치하여야 할 사항에 대해 규정하고 있다. 이를 구체적으로 살펴보면 다음과 같다.

첫째 사업주는 성희롱 신고를 받거나 직장 내 성희롱 사실을 알게 된 경우에는 지체 없이 조사하여야 한다(법 제14조제2항 전단). 이 경우 사업주는 조사과정에서 피해근로자등에게 부적절한 질문이나 강요, 회유 등으로 성적 수치심을 느끼게 하여서는 아니 된다(법 제14조제2항 단서). 법 제14조제2항 전단을 위반한 경우에는 500만원 이하의 과태료가 부과된다.

둘째, 사업주는 조사기간 동안 피해근로자등을 보호하기 위하여 필요한 경우 해당 피해근로자등에 대하여 근무장소의 변경, 유급휴가 명령 등 적절한 조치를 하여야 하며, 이 경우 사업주는 피해근로자등의 의사에 반하는 조치를 하여서는 아니 된다(법 제14조제3항).

셋째, 사업주는 조사결과, 직장 내 성희롱 발생 사실이 확인된 때에는 피해근로자가 요청하면 근무장소 변경, 배치전환, 유급휴가 명령 등 적절한 조치를 취하여야 한다(법 제14조제4항). 이를 위반한 경우에는 500만원 이하의 과태료가 부과된다. 만약 피해근로자의 요청이 없다 하더라도 피해근로자의 보호를 위하여 그의 의견을 물어 적절한 조치를 취하는 것이 바람직하다. 또한 사업주는 신고사건의 조사결과, 직장 내 성희롱 발생 사실이 확인된 때에는 행위자에 대하여 지체 없이 징계, 근무장소의 변경 등 필요한 조치를 하여야 한다(법 제14조제5항 전단). 이 경우 그 조치에 있어 사전에 피해근로자의 의견을 들어야 한다. 다만 피해근로자의 의견청취 의무는 피해근로자의 피해 회복과 업무복귀에 만전을 기하기 위함이지, 반드시 피해근로자의 의견을 그대로 반영하라는 의미는 아니다. 법 제14조제5항 전단을 위반한 경우에는 500만원 이하의 과태료가 부과된다.

넷째, 사업주는 직장 내 성희롱 피해자, 피해주장자, 신고자에 대하여 불리한 처우를 하는 것이 금지된다(법 제14조제6항). 이 경우 피해자의 조력자에 대한 불이익조치도 이에 포함된다.[67] 남녀고용평등법 제14조제6항에서 불리한 처우에 대한 구체적인 예시규정을 두고 있다.[68] 이를 위반한 경우에는 3년 이하 징역 또는 3천만원 이하 벌금형에 처해진다.

다섯째, 직장 내 성희롱 발생 사실을 조사한 사람, 조사 내용을 보고 받은 사람 또는 그 밖에 조사과정에 참여한 사람은 해당 조사과정에서 알게 된 비밀을 피해근로자의 의사에 반하여 다른 사람에게 누설하여서는 아니 된다. 다만, 조사와 관련된 내용을 사업주에게 보고하거나 관계 기관의 요청에 따라 필요한 정보를 제공하는 경우는 제외된다(동법 제14조제7항). 이를 위반한 경우에는 500만원 이하의 과태료가 부과된다.

---

67) 대법원 2017.12.22. 선고 2016다202947 판결.

68) 남녀고용평등법 제14조제6항 사업주는 성희롱 발생 사실을 신고한 근로자 및 피해근로자등에게 다음 각 호의 어느 하나에 해당하는 불리한 처우를 하여서는 아니 된다.
1. 파면, 해임, 해고, 그 밖에 신분상실에 해당하는 불이익조치
2. 징계, 정직, 감봉, 강등, 승진 제한 등 부당한 인사조치
3. 직무 미부여, 직무 재배치, 그 밖에 본인의 의사에 반하는 인사조치
4. 성과평가 또는 동료평가 등에서 차별이나 그에 따른 임금 또는 상여금 등의 차별 지급
5. 직업능력 개발 및 향상을 위한 교육훈련 기회의 제한
6. 집단 따돌림, 폭행 또는 폭언 등 정신적·신체적 손상을 가져오는 행위를 하거나 그 행위의 발생을 방치하는 행위
7. 그 밖에 신고를 한 근로자 및 피해근로자등의 의사에 반하는 불리한 처우

(2) 고객 등에 의한 성희롱 발생 시 조치

남녀고용평등법 제14조의2제1항에 “사업주는 고객 등 업무와 밀접한 관련이 있는 사람이 업무수행 과정에서 성적인 언동 등을 통하여 근로자에게 성적 굴욕감 또는 혐오감 등을 느끼게 하여 해당 근로자가 그로 인한 고충 해소를 요청할 경우 근무장소 변경, 배치전환, 유급휴가의 명령 등 적절한 조치를 하여야 한다.”라고 규정하고 있다. 이는 소속 사업장의 근로자가 아닌 고객으로부터 성희롱 피해를 받은 피해근로자를 보호하기 위한 조치라고 볼 수 있다. 이를 위반한 경우에는 300만원 이하의 과태료가 부과된다. 또한 동법 제2항에는 “사업주는 근로자가 제1항에 따른 피해를 주장하거나 고객 등으로부터의 성적 요구 등에 따르지 아니하였다는 것을 이유로 해고나 그 밖의 불이익한 조치를 하여서는 아니 된다.”라고 규정하여 불이익 처우를 금지하고 있다. 이를 위반한 경우에는 500만원 이하의 과태료가 부과된다.

2. 직장 내 성희롱에 대한 사업주의 예방

(1) 의 의

사업주는 근로계약에 수반된 근로자 안전배려의무와 함께 근로자가 사업장 내에서 다른 사원으로부터 성희롱 피해를 입지 않도록 보호하여야 하는 사용자 책임을 가지고 있다. 사업주가 성희롱 방지의무를 위반하여 근로자에게 피해가 발생한 경우는 가해자와 함께 불법행위에 기한 손해배상책임을 지게 된다.[69] 따라서 사업주는 사업장 내 성희롱 예방을 위해 적극적인 활동을 하여야 할 필요가 있고, 그 활동내용과 방법은 직장 내 괴롭힘 예방활동과 연계하여 통합적으로 추진하여도 무방하다. 남녀고용평등법에서는 직장 내 성희롱에 대한 예방활

69) 서울지방법원 2002.5.3. 선고 2001가합6471 판결 ; 수원지방법원 성남지원 2010.4.15. 선고 2008가합5314 판결.

동에 대해서는 원칙적으로 사업주에게 일임하고 있을 뿐 구체적인 내용을 정하고 있지 않으나, 직장 내 괴롭힘 예방교육과 직장 내 괴롭힘 예방지침 마련에 대해서 법적으로 의무화하고 있다.

(2) 직장 내 성희롱 예방교육 실시

사업주는 직장 내 성희롱을 예방하고 근로자가 안전한 근로환경에서 일할 수 있는 여건을 조성하기 위하여 직장 내 성희롱의 예방을 위한 교육을 연 1회 이상 실시하여야 한다(법 제13조제1항). 이를 위반 시에는 500만원 이하의 과태료가 부과된다.

직장 내 성희롱 예방교육 대상자는 사업주를 포함한 근로자 전체이다(법 제13조제2항). 한편 파견근로자에 대한 직장 내 성희롱 예방교육을 실시할 의무는 사용사업주에게 있다.

직장 내 성희롱 예방교육의 내용은 ① 직장 내 성희롱 관련 법령, ② 직장 내 성희롱 발생 시 처리절차와 조치기준, ③ 직장 내 성희롱 피해 근로자의 고충상담 및 구제절차, ④ 그 밖에 직장 내 성희롱 예방에 필요한 사항 등의 내용을 포함하여야 한다(시행령 제3조제2항).

직장 내 성희롱 예방교육의 방법은 내부직원 또는 외부강사가 실시하거나, 고용노동부가 지정한 성희롱 예방 교육기관에 위탁하여 교육을 실시하여도 무방하다. 그러나 단순히 교육자료를 배포하는 방식은 교육을 실시한 것으로 인정되지 않는다. 다만 상시근로자 10인 미만의 근로자를 사용하는 사업과 사업주 및 근로자 전체가 남성 또는 여성 중 어느 한 성으로 구성된 사업의 사업주는 홍보물을 게시하거나 배포하는 방식으로 직장 내 성희롱 예방교육을 실시 할 수 있다(시행령 제2조제3항·제4항). 한편 인터넷 원격교육으로 직장 내 성희롱 예방교육을 실시하는 것에 대해 고용노동부는 구성단위별로 진도체크, 교육내용에 대한 테스트, 질의응답 등 수강생에게 교육내용이 제대로 전달되었는지 확인할 수 있는 기능이 구비되어 있는 경우에는 이를 인정하고 있다.[70] 다만 개인별 메일서비스나 게시판에 공지하는 등의 방법과 같이 피교육자에게 교육내용이 제대로 전달되었는지 여부를 확인할 수 없는 경우에는 교육실시를 인정하지 않고 있다.

직장 내 성희롱 예방교육을 실시한 후에는 그 내용을 근로자가 자유롭게 열람할 수 있는 장소에 게시하거나 갖추어 두어 근로자에게 널리 알려야 한다(법 제13조제3항). 이를 위반 시에는 500만원 이하 과태료가 부과된다.

(3) 직장 내 성희롱 예방지침 마련

사업주는 직장 내 성희롱 예방 및 금지를 위하여 성희롱 예방지침을 마련하고 사업장 내 근로자가 자유롭게 열람할 수 있는 장소에 항상 게시하거나 갖추어 두어야 한다(법 제13조제4항, 시행규칙 제5조의2제1항).

직장 내 성희롱 예방지침에는 직장 내 성희롱 관련 상담 및 고충 처리에 필요한 사항, 직장 내 성희롱 조사절차, 직장 내 성희롱 발생 시 피해자 보호절차, 직장 내 성희롱 행위자 징계절차 및 징계 수준, 그 밖에 직장 내 성희롱 예방 및 금지를 위하여 필요한 사항을 포함하여야 한다(시행규칙 제5조의2제1항). 다만 예방지침 및 게시의무 위반에 대한 제재는 없다.

70) 고용노동부 여성고용팀-60, 2018.1.

제4절 고용상 성차별 시정제도 도입

1. 의 의

2021.5.18.에 남녀고용평등법이 개정되어 제26조 내지 제30조에 고용상 성차별, 직장 내 성희롱 피해근로자에 대한 적절한 조치의무 위반 및 불리한 처우에 대한 노동위원회 시정제도가 도입되었고, 그로부터 1년 후인 2022.5.19.부터 시행되었다. 노동위원회를 통한 고용상 성차별 시정제도는 기존 고용상 성차별 등에 대하여 사업주에게 벌칙만을 부과하던 것에서 나아가 차별받은 근로자가 차별적 처우 등의 중지, 근로조건의 개선, 적절한 배상명령 등의 시정조치를 받을 수 있게 함으로써 차별을 적극적으로 시정하여 근로자가 실질적으로 구제받도록 하기 위해 도입된 것이다.

2. 시정신청의 요건

성차별 시정을 신청할 수 있는 자는 근로자를 사용하는 모든 사업 또는 사업장에서 사업주에게 고용된 사람과 취업할 의사를 가진 사람이다. 신청기간은 차별적 처우 등을 받은 날부터 6개월 이내이다. 임금상 차별과 같이 계속되는 차별로 볼 수 있는 경우에는 차별적 처우 등의 종료일부터 6개월 이내를 말한다. 한편 신고대상이 되는 신청사건은 개정 남녀고용평등법 시행일인 2022.5.19. 이후에 발생한 차별사건부터 신청할 수 있다. 다만, 계속되는 차별의 경우 법 시행일 전에 발생하였더라도 법 시행 이후까지 계속되고 있다면 시정신청을 할 수 있다. 또한 노동위원회의 공권적 판단(시정명령)을 구하기 위할 이익 또는 필요가 있어야 한다.

3. 시정신청의 대상

시정신청의 대상은 첫째, 고용상 성차별을 당한 경우이다. 이와 관련하여 노동위원회를 통한 시정제도는 차별적 처우로 인하여 권리를 침해당한 사람에 대하여 구제하는 절차이므로 성차별적인 모집공고를 본 경우 그 회사에 취업할 생각이 없는 자는 차별로 인정받을 수 없다. 둘째, 사업주가 직장 내 성희롱 피해근로자등에 대해 적절한 조치를 하지 아니한 경우이다. 이와 관련하여 노동위원회에 시정신청권이 발생하는 경우는 사업주가 직장 내 성희롱 발생 사실을 확인하였고 피해근로자가 요청하였음에도 적절한 조치를 하지 않은 경우이므로 직장 내 성희롱을 회사에 신고하여 조사 중에 있음에도 사업주가 적절한 조치를 해주지 않는 경우는 시정신청의 대상이 되지 않는다. 셋째, 사업주가 직장 내 성희롱 피해근로자등에게 불리한 처우를 한 경우이다. 이 경우 성차별로 해고를 당한 경우 부당해고 구제신청과 고용상 성차별 시정신청이 모두 가능하다.

4. 시정신청의 구제절차

노동위원회는 시정신청이 접수되면 그로부터 60일 이내에 차별시정위원회의 심문회의를 개최하고, 차별이 인정될 경우 사업주에게 시정명령을 부과한다. 당사자가 지방노동위원회의 시정명령 또는 기각・각하결정에 불복하는 경우 판정서를 송달받은 날부터 10일 이내에 중앙노동위원회에 재심을 신청할 수 있다. 시정명령이 확정되면 지방고용노동관서에서 이행상황을 점검하고, 정당한 이유 없이 확정된 시정명령을 이행하지 않는 사업주에 대해서는 1억원 이하의 과태료를 부과한다(법 제39조제1항). 한편, 고용노동부 장관은 개정 남녀고용평등법에 따라 고용상 성차별 행위에 대하여 사업주에게 직권으로 시정요구를 할 수 있고, 요구에 따르지 않는 경우에는 이를 노동위원회에 통보하여 심리절차가 진행되도록 규정되어 있다.

5. 시정명령의 내용

시정명령은 차별적 처우 등에 해당할 경우 차별적 처우 등의 중지, 임금 등 근로조건의 개선(취업규칙, 단체협약 등의 제도개선 명령을 포함), 적절한 배상 등의 시정명령을 할 수 있다. 적절한 배상을 명할 경우 그 배상액은 차별적 처우 등으로 근로자에게 발생한 손해액을 기준으로 하고, 사업주의 차별적 처우 등에 명백한 고의가 인정되거나 차별적 처우 등이 반복되는 경우 손해액을 기준으로 3배까지 배상을 명할 수 있다(법 제29조의2제2항).

제2부

직장 내 괴롭힘 발생 시 처리

제1장

사용자에 의한 조사 및 조치

제1절 근로기준법상 조사 및 조치의무

제2절 직장 내 괴롭힘 조사보고서 작성실무

제1절 근로기준법상 조사 및 조치의무

1. 개 요

근로기준법 제76조의3에서는 사용자가 직장 내 괴롭힘 신고를 접수받거나 인지한 경우에 이를 객관적으로 조사하도록 의무화하고 있다(제2항). 아울러 조사기간 중에는 피해근로자등에게 근무장소 변경 등 적절한 보호조치를 취하도록 하고 있다(제3항). 이후 조사가 완료된 후에는 직장 내 괴롭힘으로 판단되면 피해근로자에게는 요청 시 근무장소 변경 등의 적절한 보호조치를 하여야 하고(제4항), 행위자에게는 징계, 근무장소 변경 등의 필요한 조치를 취하여야 한다(제5항). 특히 사용자는 신고한 근로자 및 피해근로자등에 대해서 불이익조치를 하여서는 아니 되며(제6항), 조사 관련자들은 사건 조사내용을 다른 사람에게 누설하지 못하도록 하여 피해근로자가 괴롭힘 신고 이후에 관련자뿐만 아니라 제3자로부터 2차 피해를 입지 않도록 하고 있다(제7항).

한편 근로기준법 제76조의3에서는 직장 내 괴롭힘 사건처리 방식에 대해서는 조사의무와 함께 최대한 피해근로자의 의견을 존중하고 피해근로자가 원하는 방향으로 처리할 것을 주문하고 있을 뿐 특별한 제한을 두고 있지는 않다. 따라서 피해근로자등이 신고를 한 후일지라도 사용자에게 정식적인 조사를 요청하기 전까지는 당사자 간 합의를 통해 직장 내 괴롭힘과 관련된 갈등을 해결하도록 진행하는 것도 가능하다. 이와 관련하여 고용노동부는 매뉴얼을 통해 신고인의 의사를 기준으로 하여 「상담 후 분리조치」, 「약식조사」, 「정식조사」 등으로 나누어 해결할 것을 권고하고 있다. 「상담 후 분리조치」는 피해근로자가 행위자로부터 분리만을 원하는 경우 조사를 생략하고 직장 내 괴롭힘 상담보고서를 작성하고 사업주에게 보고하여 적절한 조치만을 취하는 것이다. 「약식조사」와

「정식조사」는 모두 사건경위와 증거, 피해근로자의 피해 정도와 요구사항 등을 조사하는 것이나, 「약식조사」는 피해근로자가 행위자의 사과 등 당사자 간 합의를 원하는 경우에 조사를 개략적으로 실시하고 합의된 방향으로 조치하는 것이며, 「정식조사」는 피해근로자가 회사차원의 공식적인 조사를 희망하는 경우에 행위자에 대한 징계 등의 조치를 하기 위하여 구체적으로 조사를 실시하는 것이다.

〈직장 내 괴롭힘 사건처리 절차〉

사건접수	신고, 인지		
상 담	신고인 및 피해자 상담을 통한 사건개요 및 피해자 요구 파악 → 피해자 요구를 바탕으로 1차적인 해결방식 결정		
	행위자로부터 분리만을 원하는 경우	약식조사 후 사업주에게 조사보고	정식조사
조 사	조사생략	약식조사 후 사업주에게 조사보고	정식조사
괴롭힘 사실 확인 시 조치	괴롭힘 상담 보고서를 작성, 사업주에게 보고하여 적절한 조치	행위자에게 피해자 요구 전달 및 합의도출	행위자에 대한 징계 등 조치
모니터링	합의사항 이행여부, 피해자에 대한 후속적인 괴롭힘 피해여부 등		

출처 ; 고용노동부, 직장 내 괴롭힘 판단 및 예방·대응 매뉴얼, 38면.

2. 당사자 간 해결

(1) 의 의

사용자는 피해근로자로부터 직장 내 괴롭힘 신고가 접수된 경우 1차적으로 피해근로자와 상담을 통하여 사건의 내용과 피해근로자의 요구사항을 파악하여야 한다. 만약 피해근로자가 정식조사보다는 '당사자 간의 해결방식'을 원하는 경우에는 그에 따라 처리하는 것이 바람직하다. 당사자 간의 해결방식이라 함은 당사자가 대화를 통해 괴롭힘 행위에 대한 사과, 재발 방지 약속 등에 대해 합의를 하고 사건을 신속하고 원만하게 해결하는 방식을 말한다. 이와 같이 당사자 간 해결방식은 직장 내 괴롭힘 사건처리를 가능한 피해근로자가 원하는 방식으로 해결하고자 하는 것이고, 이는 피해근로자가 피해를 신속하게 회복하고 다시 건강하게 근무할 수 있도록 회사 중심이 아닌 피해자 중심으로 처리하는 것이 더 중요하기 때문이다.

한편 피해근로자의 신고 이후의 당사자 간 해결방식이 근로기준법 제76조의3 제2항의 사용자의 조사의무를 이행한 것으로 볼 수 있는가에 대한 문제가 제기될 수 있다. 사용자의 조사의무 취지가 피해근로자의 피해 회복과 잘못된 근무환경을 바로 잡을 수 있도록 하기 위한 것으로 볼 수 있기 때문에 이를 반영한 당사자 간 합의 방식이 조사의무를 위반한 것으로 볼 것은 아니다. 앞에서 언급한 바와 같이 고용노동부도 매뉴얼에서 직장 내 괴롭힘 사건처리에 있어 피해근로자가 행위자로부터 분리만을 원하는 경우 또는 당사자 간 합의한 경우에는 정식조사를 생략할 수 있는 것으로 해석하고 있다.

(2) 당사자 간 해결이 적절한 경우

직장 내 괴롭힘 사건에 있어 피해근로자가 별다른 조치를 원하지 않는다고 하여 그대로 사건을 종결시키는 것이 꼭 바람직한 것은 아니다. 직장 내 괴롭힘 행위는 당사자 간의 문제로만 끝나는 것이 아니라 조직질서에 해가 되는 만큼 조직문화 개선 차원에서 회사의 공식절차에 따라 행위자에게 징계조치를 하여 전 사원들에게 괴롭힘 행위를 하지 말 것을 강조하는 것도 필요하기 때문이다. 그럼에도 불구하고 피해근로자의 입장을 존중하여 당사자 간 해결방식으로 종결하는 것이 적절한 경우가 있다. 예컨대, ① 피해근로자가 당사자 간 해결을 원하는 경우, ② 피해근로자의 비밀보장 요구 수준이 높은 경우, ③ 직장 내 괴롭힘 행위가 비교적 경미하거나 1회적이거나 비교적 수평적 관계에서 발생한 경우, ④ 종합적으로 당사자 간 해결이 당사자와 조직문화에도 바람직하다고 판단되는 경우 등으로 볼 수 있다.[71] 이와 같이 경미한 직장 내 괴롭힘의 경우에는 회사에서 징계를 한다고 해도 중한 징계를 내리기가 어렵다. 또한 당사자는 앞으로도 같은 회사에서 계속 일하게 된다는 점을 고려하면 당사자 간 원만한 합의를 통해 사건을 자율적으로 해결하고, 당사자 간 관계개선도 이루어질 수 있도록 만드는 것이 더 바람직할 수도 있다.

(3) 당사자 간 조정 및 합의서 작성방법

피해근로자가 당사자 간 해결을 원하는 경우 원만한 합의를 위해서는 조정자에 의한 조정지원이 필요하다. 조정자는 사건의 쟁점을 부각시켜 당사자에게 생각을 정리할 수 있도록 도와주고, 당사자가 합의에 이르도록 도움을 주는 역할을 한다. 이 경우 조정자는 조정여부, 조정의 시작, 조정의 중단, 조정의 재개, 합의, 합의서 작성 등 모든 과정에서 당사자가 스스로 결정할 수 있도록 자율성을 최대한 보장하여야 한다. 또한 조정자는 어느 일방의 편에 서지 말고 신고인과 피신고인에게 발언의 기회를 공평하게 부여하는 등 중립을 지켜야 한다.

최종적으로 당사자 간 합의가 성사되면 그 약속이행을 담보하기 위하여 합의서를 작성한다. 합의서의 내용은 피신고인의 직장 내 괴롭힘 행위 인정, 비공개 사과와 재발방지 약속, 미이행 시 제재 사항, 비밀유지의무 등의 사항이 포함되도록 한다. 사용자는 당사자 간 합의에 의하여 사건이 종결된 경우에는 그 이후에도 합의사항이 성실히 이행되고 있는지, 필요한 행정적 지원은 안정적으로 이루어지는지 등을 계속 모니터링할 필요가 있다.

---

71) 직장 내 성희롱 사건에서 당사자 간 해결을 모색해 볼 수 있는 예시가 될 수도 있다. 고용노동부, “직장 내 성희롱 예방・대응 매뉴얼”, 2020.2. 44면.

〈당사자 간 해결 시 합의서 작성예시〉

합 의 서

2021.6.1.~2021.12.4. 동안 영업2팀에서 발생된 직장 내 괴롭힘 사건과 관련하여 당사자는 아래와 같이 합의한다.

– 아 래 –

1. 피신고인은 2021.6.1.~2021.12.4. 동안 신고인에게 업무수행 중 업무배제, 험담, 따돌림 등의 직장 내 괴롭힘 행위를 하였음을 인정하며, 향후에는 위와 같은 행위를 포함한 어떠한 유형의 직장 내 괴롭힘 행위를 하지 아니한다.
2. 전 1항의 직장 내 괴롭힘 행위에 대하여 피신고인은 2021.12.12.에 ○○○회의실에서 신고인에게 비공개 사과를 하기로 한다. 또한 피신고인은 신고인이 직장 내 괴롭힘과 관련하여 지출한 치료비 금 ○○○원을 2021.12.15.까지 지급한다.
3. 향후 피신고인이 전 1항을 위반한 경우에는 회사로부터의 부서이동, 징계조치 등 모든 인사처분을 이의 없이 수용한다.
4. 본 직장 내 괴롭힘 사건의 내용 및 합의사항에 대해서는 제3자에게 누설하지 아니한다.

2021. 12. 8.

신 고 인 소속 : 영업2팀 직급 : 사원 성명 : 이 ○○ (서명)

피신고인 소속 : 영업2팀 직급 : 대리 성명 : 정 ○○ (서명)

확 인 자 소속 : 인사팀 직급 : 과장 성명 : 홍 ○○ (서명)

3. 정식조사

(1) 즉시 사건조사

1) 신고 또는 인지 시 조사

사용자는 직장 내 괴롭힘 신고를 접수하거나 직장 내 괴롭힘 발생 사실을 인지한 경우에는 지체 없이 당사자 등을 대상으로 그 사실 확인을 위하여 객관적으로 조사를 실시하여야 한다(근로기준법 제76조의3제1항). 이를 위반한 경우에는 500만원 이하의 과태료가 부과된다(근로기준법 제116조). 다만 직장 내 괴롭힘 신고가 접수된 이후라도 피해근로자가 상담과정에서 정식조사를 취소하고 다른 해결방식을 희망하는 경우 사용자는 정식조사를 더 이상 진행하지 않아도 무방하다.

첫째, 직장 내 괴롭힘 신고와 관련하여 살펴보면, 직장 내 괴롭힘의 신고대상자는 피해근로자 본인뿐만 아니라 신고인의 대리인, 신고인으로부터 고민상담을 받은 자, 목격자, 파견근로자, 퇴사자 등 누구든지 그 사실을 사용자에게 신고할 수 있다. 다만 협력업체 소속 근로자가 본인에 대한 신고서를 접수한 경우에는 직접 근로관계가 없어 근로기준법상 직장 내 괴롭힘이 성립되지 않는 관계로 사용자에게 조사의무가 발생되지는 않는다. 신고방식은 신고인이 신고서를 작성하고 서명한 후 담당부서에 접수하는 것이 원칙이나, 이메일, 전화, 사내메신저 등 다른 형식을 이용하더라도 사건조사를 요청하는 내용을 담고 있다면 신고가 정식으로 접수된 것으로 보아야 한다. 다만 신고서 접수 이전에 직장 내 괴롭힘 사건과 관련하여 상담을 하면서 작성되었던 상담기록은 그 내용이 사건에 대한 중요한 내용을 포함하고 있다 할지라도 신고한 것으로 볼 수 없다. 이 경우 사용자는 임의대로 신고처리 하여서는 아니 되며, 반드시 피해근로자에게 정식신고 여부를 확인하여야 한다.

둘째, 사용자는 직장 내 괴롭힘 발생 사실을 인지하게 된 경우에도 이를 조사하여야 할 의무를 지게 된다. 이 때 「인지」라 함은 사내·외에서의 소문, 투서, 설문지 조사, 퇴사자 면담, 고용노동부 진정신고 등 다양한 채널을 통해 괴롭힘 사실을 알게 된 경우를 말한다. 사용자가 직장 내 괴롭힘 사실을 인지하고 있었음에도 불구하고 이를 모른 척하고 넘어가는 경우에는 근로기준법 제76조의3 제2항의 사용자의 조사의무를 위반한 것으로 볼 수 있다. 사용자가 직장 내 괴롭힘 발생 사실을 당시에 인지하였는지의 여부는 객관적으로 충분히 알 수 있었을 것으로 판단되는 상황들이 있었느냐가 판단기준이 될 수 있다.

2) 지체 없이 조사

사용자는 직장 내 괴롭힘 신고를 접수하거나 직장 내 괴롭힘 발생 사실을 인지한 경우에는 지체 없이 당사자를 대상으로 조사를 실시하여야 한다. 이때 「지체 없이」라 함은 시간상 몇일 이내로 일률적으로 판단할 것이 아니라, 지연할 수밖에 없는 정당한 사유가 없는 한 즉시를 의미한다고 볼 것이다.[72] 고용노동부는 "산업안전보건법상 중대재해 발생 시 지체 없이 고용노동부 지방기관에 보고하여야 하는데 있어, '지체 없이'가 시간상 몇 시간 이내인지?"에 대한 행정질의에서, "「지체 없이」는 정당한 사유(재해 등으로 통신수단의 이용이 곤란하거나 재해자 응급구호, 2차재해 재발방지를 위한 조치 등 최소한의 안전보건조치를 위하여 지체되는 경우 등)가 없는 한 즉시"라고 회시한 바 있다.[73] 이와 같은 해석에 비추어 볼 때, 직장 내 괴롭힘 조사에서의 「지체 없이」라 함은 피해근로자의 보호를 위해 즉시 분리조치하고, 조사계획 수립 및 조사자 선정 등에 필요한 최소한의 시간을 감안하여 볼 때 다른 정당한 사유가 없는 한 신고 및 인지일로부터 통상 7일 이내에는 조사가 착수되어야 할 것으로 볼 수 있다. 이 경우 특별한 사유는 피해자 보호 차원에서 부득이하게 지연될 수밖에 없는 사정이 있거나, 사업장에 재난·안전조치 또는 경영상 중대한 위기가 발생되는 경우,

72) 대법원 2001.3.9. 선고 2000수124 판결.

73) 고용노동부 산재예방정책과-3231, 회시일자 2015.9.10.

조사자 구성에 상당한 어려움이 있는 경우 등 매우 엄격하게 해석되어야 한다. 다만 외부기관 또는 외부위원에게 조사를 위탁하는 경우에는 기관선정 및 계약 절차를 감안하여 통상 14일 이내로 연장될 수 있다. 만약 조사 착수가 통상의 기간보다도 지연되는 경우에는 신고인에게 양해를 구하고, 회사가 차질 없이 조사를 진행할 것임을 안내하여 줄 필요가 있다. 사용자가 특별한 사유 없이 조사 착수를 지나치게 장기간 지연시키면서 실제로는 조사를 실시하고 있지 않는 경우에는 근로기준법 제76조의3제2항의 조사의무 위반에 대한 책임을 물을 수 있다.

3) 객관적인 조사

직장 내 괴롭힘 관련 당사자들이 사용자의 최종적인 판단결과를 신뢰하고 수용하도록 하기 위해서는 직장 내 괴롭힘의 조사가 객관적으로 이루어져야 한다. 이와 같은 이유로 2021.4.13. 근로기준법 개정 시 제76조의3제2항에서 '직장 내 괴롭힘 조사 시에 사실확인을 위해 조사할 것'이라는 문구에 '객관적으로'가 추가되었다. 사용자가 신고사건을 객관적으로 조사하기 위해서는 어느 일방의 편에 서지 않고 중립적인 방식으로 조사를 실시하여야 하며, 사실 확인은 증거를 기초로 하여야 한다. 또한 사용자는 조사의 객관성 확보를 위해 심의위원회 운영 또는 외부기관이 독립적으로 조사하고 판단하도록 하는 등 다양한 방식을 도입할 필요가 있다.

(2) 조사계획 수립

1) 의 의

사용자는 직장 내 괴롭힘 조사 실시에 앞서 먼저 조사계획을 수립하여야 한다. 조사계획에는 일반적으로 조사자, 조사일정, 조사대상자 및 조사범위, 조사방법, 판단주체 등이 포함되도록 한다. 조사계획의 방향은 직장 내 괴롭힘 사건을 공정하고 신속하게 실시한다는 원칙이 반영되도록 한다.

2) 심의위원회 구성

직장 내 괴롭힘에 대한 판단 주체는 원칙적으로 사용자이다. 그러나 직장 내 괴롭힘 판단의 공정성을 높이기 위해서는 별도의 심의위원회를 구성하여 독립적으로 판단하도록 하는 것이 바람직하다. 심의위원회 구성은 인사담당임원, 노동조합 대표(또는 근로자 대표), 외부 전문가 등으로 균형 있게 구성하고, 구성원의 남녀비율도 동등하게 하는 것이 바람직하다. 그러나 만약 회사규정에서 직장 내 괴롭힘 사건을 인사위원회 또는 고충처리위원회에서 처리하기로 정한 바가 있거나 또는 취업규칙 또는 단체협약에서 정한 별도의 절차가 있다면 그 절차에 따라야 한다. 한편 조사 및 판단의 공정성을 최대한 높이는 방법으로 조직외부에 독립적이고 상시적인 판정위원회를 설치하거나, 아예 외부 전문기관에 위탁하는 것을 고려할 수 있다.[74)]

3) 조사자 선정

조사자는 직장 내 괴롭힘의 신고인과 피신고인을 직접 대면하여 사실관계를 조사하고 조사가 완료된 후에는 조사보고서를 작성하여 심의위원회에 보고하는 역할을 수행하는 자를 말한다. 조사자는 일반적으로 인사부서(또는 감사부서) 실무자가 담당한다. 다만 조사해태 등 2차 가해 등의 문제를 감안한다면 심의위원회가 판단업무와 함께 조사업무까지도 담당하도록 하는 것이 바람직하다. 만약 소규모 사업장과 같이 심의위원회를 별도로 두는 것이 어렵다면 인사부서의 실무자가 사건을 조사하고 조사결과보고서를 작성한 후 사용자가 최종적인 판단을 하도록 하는 것도 무방하다.

---

74) 일례로 서울특별시의 경우에는 별도의 시민인권침해구제위원회를 설치하여 소속 위원들이 괴롭힘 사건의 조사와 판정을 담당하도록 하고 있고, 위원의 구성은 인권관련 시민단체 · 국가기관 등에 근무경험이 있거나 활동경력이 있는 9명의 시민인권보호관으로 선정하고 있다. 서울특별시(노동민생정책과), 「서울시 직장 내 괴롭힘 사건처리 매뉴얼」, 2019.7, 9면.

(3) 괴롭힘 행위 조사대상 범위

1) 조사의무 대상 직장 내 괴롭힘 행위

사용자의 직장 내 괴롭힘 조사의무는 직장 내 괴롭힘 금지법이 시행되는 2019. 7.16. 이후에 발생된 괴롭힘 행위에 대하여 적용된다. 근로기준법 부칙 제3조에서는 "제76조의3(직장 내 괴롭힘 발생 시 조치)의 개정규정은 이 법 시행 후 발생한 직장 내 괴롭힘의 경우부터 적용한다."라고 명시하고 있다. 따라서 사용자는 피해근로자의 신고내용 중에서 2019.7.16. 이전에 발생된 괴롭힘 행위에 대해서는 법률상 반드시 조사할 의무는 없다. 그러나 사용자는 정확한 사건경위를 파악하고 적절한 조치를 하기 위해서는 2019.7.16. 이전 행위까지 포함하여 신고내용 전체를 조사하는 것이 바람직하다.

2) 과태료 부과 대상 직장 내 괴롭힘 행위

근로기준법은 2021.4.13.에 2차 개정을 통해 직장 내 괴롭힘 금지법의 실효성을 높이기 위하여 사용자 의무위반 사항들에 대하여 과태료를 부과하는 규정이 신설되었고 2021.10.14.부터 시행되었다. 구체적으로 살펴보면, 사용자가 직장 내 괴롭힘 행위를 한 경우에 1천만원 이하의 과태료가 부과되고(제116조제1항), 사용자가 객관적 조사의무, 조사완료 후 피해근로자 보호조치의무, 조사완료 후 행위자 제재조치의무, 조사 관련자 비밀유지의무 등을 위반하는 경우에는 각각 5백만원 이하의 과태료가 부과된다(제116조제2항). 따라서 과태료가 부과되는 직장 내 괴롭힘 행위는 2021.10.14. 이후 발생된 행위부터 적용된다. 고용노동부는 내부처리지침을 통해 2021.10.14. 이전에 발생된 직장 내 괴롭힘 행위인 경우 과태료 부과 대신 개선지도 또는 시정지시를 내리고, 사업장 또는 지방 노동관서로의 최초신고가 2021.10.14. 이후인 경우 법위반 사실이 있으면 시정지시를 내린 후 미이행 시에는 과태료를 부과하는 것으로 정하고 있다.[75)]

---

75) 근로기준정책과 - 498, 2022.02.15, 「직장 내 괴롭힘 신고사건 처리지침」.

(4) 조사방법 및 절차

1) 개 요

사용자가 실시하는 조사의 법적성격은 사업장의 근무질서 유지를 위한 사용자의 인사권 행사의 일환으로 볼 수 있다. 따라서 사용자는 인사권에 근거하여 사실관계 파악을 위해 관련자들을 출석시켜 질문을 하거나 증거자료를 제출해 줄 것을 명할 수도 있다. 직장 내 괴롭힘에 대한 조사방법은 각 사업장의 상황에 따라 적절한 방식을 자율적으로 선택할 수 있으나, 효율적인 조사를 위해서는 수사기관이 실시하는 임의수사 방식을 참고할 필요가 있다.[76] 예컨대 당사자 출석통지, 피해자 또는 참고인 진술조서 또는 진술서 작성, 피의자 진술조서 또는

〈직장 내 괴롭힘 비밀유지서약서 작성예시〉

비밀유지 서약서
본인은 당사 ○○○팀에서 발생된 직장 내 괴롭힘 신고 사건(20 . . .접수)과 관련하여 조사과정 중에 알게 된 일체의 사항(관련자 인적사항, 사건내용 등)을 다른 사람에게 절대 누설하지 않겠습니다.
20 . . .
서약자 (인)
(주)○○○ 대표이사 ○○○ 귀하

76) 수사라 함은 형법을 위반한 범인을 발견·보전하고 증거를 발견·수집·보전하는 검사, 경찰 등 수사기관의 활동이다(백형구, 형사소송법, 31면).

진술서 작성, 신체 및 정신 감정, 통역 또는 번역 위촉, 공문서 조회 의뢰, 실황조사 등의 임의수사 방식들이 존재한다. 다만 직장 내 괴롭힘에서의 조사는 사업장 내부에서의 조사일 뿐 형사소송법상 수사와는 본질적으로 다르므로 임의수사 방식을 그대로 차용할 필요까지는 없다. 조사장소는 관련자들이 비밀보장과 안전한 분위기에서 조사에 임할 수 있도록 상담실 등 별도의 공간에서 실시하는 것이 바람직하고, 조사자는 사전에 조사 관련자 모두에게 비밀유지 서약서를 작성하도록 하여 사건내용이 유출되지 않도록 철저히 관리하여야 한다. 한편 조사자는 조사과정에서는 조사대상자들의 인격권이 침해되지 않도록 유의하여야 한다. 또한 조사대상자는 직장 내 괴롭힘으로 판단되기 전까지는 피해자가 아닌 신고인으로, 행위자가 아닌 피신고인으로 지칭하거나 기재한다.

2) 조사대상자별 조사방법

조사는 신고인, 참고인, 피신고인의 순서로 실시한다. 특히 당사자 조사는 신고인과 피신고인에게 직접적으로 사실관계를 확인하는 것으로 조사에 있어 반드시 필요한 절차이다. 고용노동부 서울관악지청은 N사가 당사자에 대한 확인작업을 생략한 채 당사자가 제출된 자료만을 검토한 후 직장 내 괴롭힘이 아니라고 판단한 건에 대하여, "조사를 한 것으로 볼 수 없어 재조사를 실시하고 그 결과를 보고하라."는 내용으로 개선지도 명령을 내린 바 있다.[77] 만약 조사기간이 예상보다 길어지게 된 경우에는 신고인에게 이와 같은 상황을 서면, 전자우편 등으로 시기적절하게 알려주어 이해를 구하고 오해가 없도록 조치를 할 필요가 있다. 조사대상자별 구체적인 조사방법 및 유의사항을 다음과 같다.

가. 신고인 조사

(가) 조사방법

신고인 조사는 신고인의 신고내용에 대해 사실관계를 구체적으로 확인하는

77) 서울지방고용노동청 서울관악지청(근로개선지도1과-13686. 시행일 : 2021.8.4.) 직장 내 괴롭힘 개선지도 통보문.

절차이다. 조사자는 조사에 들어가기에 앞서 신고인에게 조사내용이 비밀로 유지된다는 점과 적절한 조치를 통해 피해를 구제받을 수 있다는 점을 주지시켜 준다. 조사자는 조사대상자에게 미리 출석통지서를 보내어 사업장 내에 마련된 조사장소에서 조사를 실시하거나 필요한 경우 신고인이 희망하는 장소에 직접 방문하여 조사를 실시할 수도 있다. 출석통지는 회사규정에 정한 바가 있으면 그에 따르고, 정한 바가 없다면 조사일로부터 통상 7일전에 늦어도 최소 3일전에는 알려주어야 한다. 조사는 대면조사를 원칙으로 하되 만약 신고인에게 장기입원치료, 장기해외출장 등 직접대면이 어려운 사정이 있는 경우에는 신고인이 직접 작성한 진술서를 대신 제출하도록 할 수 있다.

조사자가 신고인을 조사하는 경우에는 문답식의 「신고인 진술조사서」를 작성하여 추후 증거자료로 사용한다. 「신고인 진술조사서」는 조사자가 신고인을 대상으로 확인하고자 하는 사항을 질문하고 신고인이 이에 대해 대답하는 내용을 기재하는 조사방식이다. 신고인 진술조사서에는 신고인의 신고내용이 직장 내 괴롭힘 성립요건에 해당되는지, 관련된 증거가 있는지, 그리고 신고인의 요구사항이 무엇인지 등을 확인하는 내용들이 포함되어야 한다. 구체적으로 열거하면, ① 신고인, 피신고인의 인적사항 및 업무상 관계, ② 사건경위, ③ 괴롭힘 행위로 주장하는 행위에 대한 증거, ④ 괴롭힘 행위가 일어난 원인, ⑤ 괴롭힘 행위의 반복성 또는 지속성 여부, ⑥ 신고인의 피해상황, ⑦ 조사과정에서의 신고인의 요청사항, ⑧ 괴롭힘이 인정된 후 행위자 조치에 관한 신고인의 의견 등이다. 조사자는 신고인에게 질문 시에는 개방형으로 질문하고 신고인의 말을 경청하고 공감・격려함으로써 신고내용을 폭넓게 수집되도록 한다. 조사자는 신고인 진술조사서를 모두 작성한 후에는 신고인의 서명을 반드시 받아 두어야 한다. 한편 조사자는 진술내용에 대해 명확히 확인을 하고자 한다면 사전 고지 후 조사 시 진술 내용을 녹취를 해 두는 것도 필요하다. 한편 조사자는 신고인 조사를 가능하면 한 번에 끝낼 수 있도록 사전에 질문사항을 철저히 준비하여야 한다.

〈직장 내 괴롭힘 신고인 진술조사서 작성예시〉

직장 내 괴롭힘 진술조사서(신고인)

성　　명 : 이○○　　　(주민등록번호 :　　　–　　　)

소속부서 : 영업2팀

직　　급 : 사원

위의 사람은 피신고인 영업2팀 소속 정○○대리에 대한 직장 내 괴롭힘 신고 사건에 대하여 2021.12.12. 당사 인사팀 회의실에 출석하여 다음과 같이 진술하다. 조사자 인사팀 홍○○과장이 묻고, 신고인 이○○사원이 답하다.

1. 피신고인과의 관계

문 : 귀하는 피신고인 정○○대리와 업무적인 관계가 어떻게 되나요?

답 : 정○○대리는 같은 팀에 근무하는 상급자입니다. 직속상사는 아니지만 거래처에서 주문한 상품주문서를 받아 저와 김○○사원에게 배당하여 줍니다.

문 : 영업2팀에서 거래처로부터 접수한 상품주문서를 누구에게 배당할지에 대한 결정권은 정○○대리에게 있습니까?

답 : 네. 그렇습니다. 저와 김○○사원은 정○○대리가 상품주문서를 배당하여 주어야만 당일에 상품배송 일을 할 수 있습니다.

2. 직장 내 괴롭힘 신고사실과의 관계

〈피신고인의 괴롭힘 행위에 대하여〉

문 : 귀하가 정○○대리로부터 업무배제, 험담, 따돌림 등의 직장 내 괴롭힘을 당하였다고 신고한 사실이 있나요?
(조사자가 신고인에게 2021.12.5.자 신고서를 보여주며 확인하였다)

답 : 네

문 : 귀하가 정○○대리와 함께 근무한 기간은 어떻게 되나요?

답 : 제가 영업2팀에 입사한 2021.5.1.부터 2021.12.11. 현재까지 약 7개월 11일 동안 함께 근무하였습니다.

문 : 먼저 정○○대리가 귀하에게 업무배제를 시켰다는 내용에 대해 말씀해 주시겠습니까?

답 : 정○○대리는 자신의 자리에서 팩스로 접수한 상품주문서들을 대부분 김○○사원에게만 전달하여 상품배송 일을 하도록 하였고, 본인에게는 상품주문서를 제대로 전달해주지 않아 업무를 정상적으로 수행하지 못하도록 만들었습니다. 그러고서는 8월초에 팀장에게는 제가 일은 안하고 맨날 놀기만 한다고 험담하였습니다.

문 : 정○○대리가 악의적으로 귀하에게 업무배제 행위를 하였다는 말인가요? 그 이유는 무엇인가요?

답 : 네 그렇습니다. 저의 입사 초부터 정대리는 저를 탐탁지 않게 생각하였습니다. 2021년 5월 중순에 연차휴가 사용문제로 서로 다툰 적이 있었습니다. 그 후로 저에게 차갑게 대하였습니다.

문 : 귀하가 주장하는 정○○대리의 업무배제 행위는 그 횟수와 시기는 어떻게 되나요?

답 : 2021.6.1.부터 현재까지 거의 매일입니다. 저는 정○○대리가 의도적으로 상품주문서들을 주지 않아 사무실에 앉아서 다른 사람 눈치만 보는 날들이 많았습니다.

문 : 정○○대리가 2021.6.1.부터 의도적으로 업무배제 행위를 하였다는 사실과 팀장에게 험담하였다는 사실을 확인할 수 있는 증거나 증인이 있나요?

답 : 네 제가 하도 답답해서 2021.8.15.에 정○○대리에게 카톡으로 "배송일이 너무 김○○사원에게 편중되는 것 같다. 일이 없어 사무실에서 쉬는 경우가 있다."라고 고충을 호소한 적이 있는데 그 이후로도 개선되지 않았습니다. 제가 보낸 카톡 내용을 출력하여 증거로 제출하겠습니다.

(중간 생략)

〈피해상황에 대하여〉

문 : 귀하가 위 신고사건으로 인해 정신적·신체적 또는 근무환경 측면에서 피해를 입은 것이 있나요?

답 : 저는 위 사건들로 인해 심한 스트레스를 받아 정신과 치료를 받고 있습니다. ○○병원 신경정신과에서 발급받은 진단서를 추후 제출하겠습니다.

〈피신고자에 대한 요구사항에 대하여〉

문 : 귀하의 본 신고사건이 조사결과 직장 내 괴롭힘으로 판정된다면, 회사가 정○○대리에게 취하기를 바라는 사항이 있나요?
답 : 네 합당한 징계조치를 바랍니다.

〈기 타〉

문 : 본 신고사건과 관련하여 추가로 하고 싶은 말이 있나요?
답 : 없습니다.

– 이하 여백 –

위의 진술조사서를 진술자(신고인)에게 열람하게 한 바, 진술한 대로 오기나 증감·변경할 것이 없다고 말하므로 간인 한 후 서명·날인케 하다.

2021. 12. 12.

신고인 사원 이 ○ ○ (서명)
조사자 과장 홍 ○ ○ (서명)

(나) 조사 시 유의사항

조사자는 신고인 조사 시 다음과 같은 사항들을 유의하여야 한다. 첫째, 신고인의 말을 잘라 선별적으로 청취하거나 신고내용을 다른 의미로 해석 또는 단정하여서는 안 된다. 둘째, 신고인에게 반말을 하거나 기분 나쁜 말투로 신고인의 감정을 자극하여서는 안 된다. 셋째, 신고인이 원치 않는데도 불구하고 피신고인과 대면하도록 강요하여서는 안 된다.

나. 피신고인 조사

(가) 조사방법

피신고인 조사는 신고인이 신고한 내용들이 사실인지를 피신고인에게 확인하는 절차이다. 피신고인 조사도 신고인 조사와 마찬가지로 조사자는 조사대상자에게 미리 출석통지서를 보내어 사업장 내에 마련된 조사장소에서 조사를 실시하거나 필요한 경우 피신고인이 희망하는 장소에 직접 방문하여 조사를 실시할 수도 있다. 출석통지는 회사규정에 정한 바가 있으면 그에 따르고, 정한 바가 없다면 조사일로부터 통상 7일전에 늦어도 최소 3일전에는 알려주어야 한다. 조사는 대면조사를 원칙으로 하되 만약 피신고인에게 장기입원치료, 장기해외출장 등 직접대면이 어려운 사정이 있는 경우에는 피신고인이 직접 작성한 진술서를 대신 제출하도록 할 수 있다.

피신고인을 대면조사 하는 경우에도 문답식의 「피신고인 진술조사서」를 작성하여 추후 증거자료로 사용하고, 진술조사서를 작성하는 것 외에 사전 고지를 한 후 진술내용을 녹취하여 두는 것도 필요하다. 「피신고인 진술조사서」는 조사자가 피신고인을 대상으로 확인하고자 하는 사항을 질문하고 피신고인이 이에 대답하는 내용을 기재하는 진술서 형식이다. 피신고인 진술조사 시에는 피신고인이 신고인의 신고내용들을 인정하는지, 인정하지 않는다면 반증이 있는지, 그리고 괴롭힘 행위를 하였다면 그 이유가 무엇인지 등의 내용을 질문을 통해 확인한다. 다만 사건의 성격에 따라 굳이 신고인이 누구인지 신고인이 어떤 내용을 신고하였는지를 밝힐 필요가 없이 조사가 가능한 경우에는 이를 비밀로 유지한다. 이는 피해근로자의 2차 피해를 예방하기 위함이다. 그러나 사실관계 확인을 위해서는 신고인이 누구이며 신고인이 신고한 내용에 대해 피신고인이 이를 알 수 있도록 질문할 수밖에 없는 경우에는 불가피하다 할 것이다.

조사자는 피신고인이 신고내용을 부인할 경우를 대비하여 사전에 신고내용을 자세히 분석하여 구체적으로 질문을 하거나 관련된 증거를 많이 확보하여 제시함으로써 조사가 단시간 이내에 효과적으로 이루어질 수 있도록 준비한다. 피신고인 진술조사서를 모두 작성한 후에는 반드시 피신고인의 서명을 받는다.

〈직장 내 괴롭힘 피신고인 진술조사서 작성예시〉

직장 내 괴롭힘 진술조사서 (피신고인)

성　　명 : 정 ○○　　　(주민등록번호 :　　　　　　　　　)

소속부서 : 영업2팀

직　　급 : 대리

위의 사람은 영업2팀에 발생된 직장 내 괴롭힘 사건(2021.12.5.접수)의 피신고인으로서 2021.12.18. 당사 인사팀 회의실에 출석하여 다음과 같이 진술하다. 조사자 인사팀 홍○○과장이 묻고, 피신고인 정○○대리가 답하다.

1. 신고인과의 관계

문 : 이○○사원과 업무적 관계는 어떻게 되나요?

답 : 영업2팀에서 함께 일하는 동료관계이며, 입사는 제가 3년 정도 빠릅니다. 저는 거래처로부터 상품주문 접수업무와 회계업무를 담당하고 있고, 이○○사원은 상품배송업무를 담당하고 있습니다.

문 : 거래처로부터 영업2팀에 접수된 상품주문서는 귀하가 결정하여 이○○사원과 김○○사원에게 배당하여 주나요?

답 : 네. 제가 이○○사원과 김○○사원에게 순차적으로 배분합니다.

2. 직장 내 괴롭힘 신고내용 관련

문 : 귀하는 2021.6.1.부터 2021.12.04. 동안 팩스로 접수한 거래처 상품주문서들을 이○○사원을 배제하고 김○○사원에게만 대부분 전달한 사실이 있나요?

답 : 상품주문서들을 의도적으로 김○○사원에게만 전달하지는 않았습니다. 상품주문서들이 접수될 때마다 본인 근처에 있는 사원에게 먼저 전달하는 편이었습니다.

문 : 2021.6.1.~2021.12.04. 동안 영업2팀 상품배송일지를 확인해보니 김○○사원은 총 240건인데 비해 이○○사원은 총 168건인 것이 확인되었습니다.

운송업무량이 30% 가량 차이가 난다는 것은 매우 이례적인 것 같은데 왜 그렇게 된 건가요?

답 : 그것은 저도 잘 모르겠습니다. 별생각 없이 그냥 가까이 있는 사람에게 전달하다 보니 그렇게 된 것 같습니다.

문 : 귀하는 8월초에 영업2팀 팀장에게는 이○○사원에 대해 “일은 안하고 맨날 놀기만 한다.”라고 이야기한 적이 있습니까?

답 : 네. 그때 팀장님께 그런 말을 한 적은 있지만, 그것은 이○○사원의 근무태도가 안 좋다는 이야기를 한 것입니다.

(중간 생략)

문 : 본 신고사건과 관련하여 추가로 하고 싶은 말이 있나요?

답 : 없습니다.

– 이하 여백 –

위의 진술조사서를 진술자(피신고인)에게 열람하게 한 바, 진술한 대로 오기나 증감·변경할 것이 없다고 말하므로 간인 한 후 서명·날인케 하다.

2021. 12. 18.

피신고인 대리 정 ○ ○ (서명)

조 사 자 과장 홍 ○ ○ (서명)

(나) 조사 시 유의사항

조사자는 피신고인 조사 시 다음과 같은 사항들을 유의하여야 한다. 첫째, 피신고인에게 자신의 입장을 소명할 수 있는 기회를 충분히 주어야 한다. 둘째, 피신고인이 신고인의 신고내용을 부인한다고 하여 폭언을 하거나 다른 진술을 강요하여서는 안 된다. 셋째, 형사절차에서 피의자에게 적용되는 불리한 진술을 거부할 권리(헌법 제12조제2항), 변호인의 조력을 받을 권리(헌법 제12조제4항), 무죄추정의 원칙(헌법 제27조제4항) 등 인권보호에 대한 대원칙들은 회사 내 직장 내 괴롭힘 사건에 대한 피신고인 조사과정에서도 충분히 반영되어야 한다.

다. 신고인 · 피신고인의 대질조사

신고인과 피신고인의 주장이 다른 경우에는 1차적으로 함께 근무한 동료사원들을 대상으로 참고인 조사를 실시하여 사실관계를 확인한다. 그러나 만약 중요부분에 대해 당사자 간 주장이 상반되고 이를 확인해 줄 참고인이나 다른 물적 자료가 없는 경우에는 부득이하게 당사자들을 대면시켜 대질조사를 실시할 수도 있다. 다만 신고인이 심리적 부담 또는 2차 피해 등을 우려하여 대질조사를 원하지 않는 경우에 이를 강행하는 것은 바람직하지 않다.

대질조사란 조사자가 당사자들을 대면시켜서 서로간의 진술을 비교하여 진술의 신빙성을 확인하는 조사방식을 말한다. 대질조사 대상자는 당사자뿐만 아니라 참고인도 포함시킬 수 있으며, 대질조사 방식은 대상자들이 대면한 상태에서 조사자가 질문을 하고 대상자들에게 차례로 답변의 기회를 제공하게 되는데 이 과정에서 대상자들은 서로의 내용을 반박하거나 인정하게 되는 등의 과정을 거치면서 실체적 진실이 밝혀지게 된다. 이를 위해 조사자는 다각도의 질문을 통해 누가 일관되고 구체적인 진술을 하고 있는지를 확인하고, 반대로 진술의 일관성이 없고 두루뭉술하게 대답하는 대상자에게는 구체적인 질문을 반복함으로써 거짓 주장을 하고 있음을 밝혀내도록 한다. 대질조사 시에도 「대질 진술조사서」를 작성하여 서명을 득하고, 증거자료 확보를 위해 녹취를 해 둘 필요도 있다.

〈직장 내 괴롭힘 대질 진술조사서 작성예시〉

직장 내 괴롭힘 대질 진술조사서 (신고인, 피신고인)

〈신고인〉
성　　명 : 이○○　　　(주민등록번호 :　　　　　　　　)
소속부서 : 영업2팀
직　　급 : 대리

〈피신고인〉
성　　명 : 정○○　　　(주민등록번호 :　　　　　　　　)
소속부서 : 영업2팀
직　　급 : 사원

위의 출석자들은 직장 내 괴롭힘 신고 사건에 대한 신고인 및 피신고인으로서 2021.12.20. 당사 인사팀 회의실에 출석하여 다음과 같이 문답을 행하다.

(먼저 신고인에게 묻다)

문 : 정○○대리가 사무실에서 본인에게 따돌림 행위를 하였다고 주장하는 근거를 구체적으로 말씀해 주세요?

답 : 정○○대리는 출근 시 김○○사원의 아침인사를 받아주었으나, 저의 아침인사는 외면하였으며 근무 중에도 말을 걸어도 말대꾸를 하지 않았습니다.

(피신고인에게 묻다)

문 : 사무실에서 이○○사원이 인사를 하거나 말을 걸어도 외면한 것이 사실인가요?

답 : 네. 저는 이○○사원과 친한 편은 아니라 자주 대화하지는 않았습니다. 그렇다고 업무적으로 다른 사원들로부터 왕따를 시키지는 않았습니다.

(다시 신고인에게 묻다)

문 : 혹시 정○○대리가 다른 사원들에게 본인과 이야기를 하지 말라고 하거나 혹은 팀 회의 또는 회식에서 배제를 시킨 적이 있나요?

답 : 그런 적은 없습니다. 그런데 같은 사무실에 근무하면서 인사나 대화에서 차별하는 것도 따돌림이라고 생각합니다.

(다시 피신고인에게 묻다)

문 : 이○○사원에게 인사나 대화면에서 다른 사원과 달리 친하지 않게 대한 이유가 무엇인가요?

답 : 그냥 사적으로 친하게 여기지 않아서일 뿐입니다.

(모두에게 묻다)

(중간 생략)

문 : 진술인에게 유리한 내용이나 추가로 주장할 내용이 있나요?

답 : (신고인) 아니오, 없습니다.
(피신고인) 아니오, 없습니다.

– 이하 여백 –

위의 진술조사서를 진술자(신고인, 피신고인)에게 열람하게 한 바, 진술한 대로 오기나 증감·변경할 것이 없다고 말하므로 간인 한 후 서명·날인케 하다.

2021. 12. 20.

신 고 인 사원 김 ○ ○ (기명날인 또는 서명)
피신고인 대리 정 ○ ○ (기명날인 또는 서명)
조 사 자 과장 홍 ○ ○ (기명날인 또는 서명)

(5) 증거수집

1) 의 의

사실의 인정은 객관적인 증거를 바탕으로 하여야 한다. 신고인은 자신의 주장을 입증할 증거가 없으면 괴롭힘의 피해자로 인정받을 수 없고, 사용자는 괴롭힘이 확인되지 않은 행위자를 징계할 수가 없다.[78] 신고인이 직장 내 괴롭힘을 인정받기 위한 증거제출은 신고인의 몫이지만, 이후 사용자가 행위자에 대한 징계처분의 정당성을 인정받기 위한 증거확보는 사용자의 몫이 된다. 따라서 조사자는 신고인이 제출한 증거자료에만 국한하지 말고 참고인 조사, 부서 근무현황표 확인 등 자체적인 증거수집 활동을 적극적으로 할 필요가 있다.

증거는 증거방법에 따라 직접증거와 간접증거로 분류할 수 있다. 직접증거는 요증사실을 직접으로 증명하는 것으로, 예컨대 피신고인의 사실인정, 괴롭힘 현장을 직접 본 목격자의 증언, 괴롭힘 현장이 담긴 동영상 · 녹음 · 이메일 · 카톡 · 메신져 등이 있다. 간접증거는 요증사실을 간접적으로 증명하는 것으로, 예컨대 목격자로부터 전해들은 동료들의 진술, 업무수첩, 근태기록 등을 말하며 정황증거라고도 한다. 또한 증거는 증거형태를 기준으로 인증과 물증으로 나눌 수 있는데, 예컨대 당사자 본인, 증인, 감정인 등은 인증에 해당되며, 문서, 검증물, 녹취, 사진 등은 물증에 해당된다. 한편 휴대폰 녹음과 관련하여 증거수집의 불법성 여부를 살펴보면, 본인이 참석하지 않는 제3자에 속한 타인들의 대화를 몰래 녹음한 것은 위법한 것이 되나,[79] 본인이 참석하여 상대방들과 나눈 대화를

---

78) 서울행정법원 2005.6.30 선고 2004구합39792 판결. 근로자의 의무를 중대하게 위반한 행위임을 인정할 아무런 증거가 없는 경우 징계해고 사유로 삼을 수 없다. ; ○○행정법원 2015.10.22. 선고 2014구합71153 판결. 특히 공무원 해고처분과 같은 신분의 중대한 변동을 가져오는 경우에는 형사상 범죄사실 증명에 버금가는 보다 명확한 증명이 필요하다.

79) 통신비밀보호법 제3조제1항 및 제16조제1항제1호에서는 누구든지 공개되지 아니한 타인간의 대화를 녹음 또는 청취하거나 그로서 얻게 된 대화의 내용을 공개하거나 누설할 경우 1년 이상 10년 이하의 징역과 5년 이하의 자격정지에 처하도록 규정하고 있다.

몰래 녹음하는 것은 불법에 해당되지 않는다.[80] 증거수집의 불법성 여부는 형사절차에서는 증거인정에 있어 문제가 되나, 회사의 징계절차에서는 반드시 배제될 것은 아니다.

2) 증거의 증명력

증거의 증명력이라 함은 제출된 증거가 요증 사실의 인정에 기여하는 정도를 말한다. 일반적으로 직접증거가 제시되면 사실은 증명된 것으로 본다. 따라서 조사자는 가능한 피신고인의 사실인정과 같은 직접증거가 많이 확보될 수 있도록 노력하여야 한다. 그러나 만약 직접증거가 없다면 간접증거라 할지라도 고도의 개연성이 있다면 증명력이 높아진다. 이때 고도의 개연성이라 함은 의심을 완전히 배제할 수는 없지만 일반의 윤리법칙과 경험법칙에 따라 실제생활에 적용될 수 있는 정도의 정확성을 의미한다.[81] 사실인정에 필요한 확신의 정도는 형사사건의 경우에는 의심을 할 여지가 없을 정도로 높은 신빙성을 요구하나,[82] 직장 내 괴롭힘에 따른 손해배상 청구의 소와 같은 민사사건의 경우에는 고도의 개연성으로도 충분하다. 대법원(2018.4.12. 선고 2017두74702 판결)은 직장 내 성희롱과 관련된 사건에서, “추호의 의혹도 없어야 한다는 자연과학적 증명이 아니고, 특별한 사정이 없는 한 경험칙에 비추어 모든 증거를 종합적으로 검토하여 볼 때 어떤 사실이 있었다는 점을 시인할 수 있는 고도의 개연성을 증명하는 것이면 충분하다.”라고 판시하고 있다. 따라서 조사자는 직접증거를 확보하지 못한 경우에는 간접증거라도 최대한 많이 확보되도록 노력하여야 한다.

3) 피해근로자의 진술만이 있는 경우

직장 내 괴롭힘이나 직장 내 성희롱은 일대일 대면을 통해 발생되는 경우가 많고, 이 때 행위자가 이를 부인하게 되면 발생 사실을 입증하기가 어렵다. 이와

80) 대법원 2014.5.16. 선고 2013도16404 판결.

81) 이시윤, 「신민사소송법」, 박영사, 471면.

82) 대법원 1960.3.31. 선고 4292민상247 판결.

같이 오로지 피해근로자의 진술만이 존재하는 경우에 사용자가 피해근로자의 진술만을 바탕으로 직장 내 괴롭힘 사실을 인정하고 징계를 할 수 있는지가 문제이다. 일반적으로는 피해근로자의 신고내용에 대해 의심할 만한 부분이 있거나 반증이 있는 경우에는 피해근로자의 주장을 사실로 받아들일 수가 없다. 그러나 피해근로자의 진술이 매우 구체적이거나 일관적이어서 신빙성이 높고 객관적·합리적으로 볼 때 그 신고내용이 경험측상 사업장에서 발생될 가능성이 매우 높은 고도의 개연성이 있는 경우에는 사실의 인정이 가능하다. 대법원(2018.10.25. 선고 2018도7709 판결)은 "법원이 성폭행이나 성희롱 사건을 심리할 때에는 그 사건이 발생한 맥락에서 성차별 문제를 이해하고 양성평등을 실현할 수 있도록 성인지 감수성을 잃지 않도록 유의하여야 한다. … 강간죄에서 공소사실을 인정할 증거로 사실상 피해자의 진술이 유일한 경우, 피고인의 진술이 경험칙상 합리성이 없고 그 자체로 모순되어 믿을 수 없다는 사정이 피해자 진술의 신빙성을 뒷받침하거나 직접증거인 피해자 진술과 결합하여 공소사실을 뒷받침하는 간접정황이 될 수 있다."라고 판시하였다. 직장 내 괴롭힘 또는 성희롱 신고사건에 있어서도 마찬가지로 피해근로자의 진술만이 있는 경우에는 이와 같은 대법원의 판단기준이 동일하게 적용될 수 있다.

피해근로자의 진술의 신빙성은 여러 요소에 의해 결정된다. 진술의 내적요소로서 합리성, 객관적 상당성, 일관성, 구체성이 있고, 진술의 외적요소로서 진술의 동기나 이유, 진술에 이르게 된 경위, 이해관계의 유무, 증언의 태도나 늬앙스 등이 있다. 그중에서 일관성과 구체성이 제일 중요하다. 일관성이란 주요부분이 유지되는 것을 말하며, 구체성이란 경험하지 않으면 알기 어려운 내용이 포함되는 것을 말한다. 종합적으로 볼 때 피해근로자 진술의 증명력 정도는 피해자근로자가 처한 상황·신분·직위·성별 등에 따라 달리 판단될 수 있다고 볼 것이다.

4) 조사 시 피조사자의 개인정보보호 문제

직장 내 괴롭힘에 대한 조사를 하는 경우 휴대폰의 카톡내용, 사진 등은 물론 피조사자의 개인 이메일이나 업무용 노트북 등에 대한 확인이 필요한 경우가 있다. 그런데 이와 같은 정보들은 기본적으로 개인정보에 해당될 수 있으므로 원칙적으로 피조사자로부터 개인정보 수집에 대한 동의를 받아야 한다. 개인정보보호법 제15조 내지 제17조는 개인정보를 개인의 동의 없이 수집 또는 이용하거나 제3자에게 제공하는 행위를 금지하고 있고, 이를 위반하여 수집 또는 이용하는 경우에는 5천만원 이하의 과태료가 부과되고(제75조제1항), 제3자에게 제공하는 경우에는 5년 이하의 징역 또는 5천만원 이하의 벌금이 부과된다(제71조). 이 경우 사전에 개인정보 수집, 이용에 관한 동의서를 받아 둔 경우라 할지라도 해당 동의서의 내용에 따라 수집에 대한 동의가 있었는지 여부가 결정될 것이다. 다만 예외적으로 개인정보 수집에 대한 동의서가 없는 경우라도 해당 업무용 노트북 또는 이메일에 피조사자의 직장 내 괴롭힘에 관한 증거가 있을 것으로 합리적으로 의심할 수 있는 상황인 경우에는 키워드 검색 등을 통해 조사의 범위를 해당 직장 내 괴롭힘에 관련된 범위로 제한했다면 이는 정당행위로서 가능하다고 볼 수 있다(대법원 2009.12.24. 선고 2007도6243 판결).[83]

(6) **조사보고서 작성보고**(제2부 제1장 제2절 참조)

(7) 직장 내 괴롭힘 해당 여부의 판단

근로기준법상 직장 내 괴롭힘 해당 여부의 최종적인 판단은 누가 하는가? 첫째, 행위자가 근로자인 경우에는 사업장 내 사용자가 판단한다. 공정성 확보를 위해 별도의 심의위원회에서 판단하도록 정하였다면 그 심의위원회가 판단을 하고 사용자는 그 판단결과에 따라 후속처리를 하면 될 것이다. 둘째, 행위자가 사용자인 경우에는 피해근로자의 진정신고를 접수한 고용노동부가 조사하고 판단한다. 한편 고용노동부의 과태료 부과를 위한 조사절차와는 별개로 사용자에 대한 직장 내 괴롭힘 행위가 있는 경우에 사업장 내에서 자체적으로 해결할 수 있는 제도를 마련할 수는 없는가? 일반적으로 사용자는 회사 내에서 최고의 의사결정

83) 정종철, “직장 내 괴롭힘 처리에 있어 유의할 점”, 월간 노동법률, 2021년 9월호.

권한을 가진 자라는 점에서 사용자를 규율하기 위한 실효성 있는 방법을 찾기에는 어려움이 있다. 이에 대해 고용노동부는 사용자가 법인의 대표이사인 경우에는 기업 내 감사가 조사를 실시하고 그 결과를 이사회에 보고하는 체계를 갖출 것을 권고하고 있다.[84] 이 경우 이사회에서 직장 내 괴롭힘 해당 여부를 판단하고 주주총회 등을 통해 대표이사에 대한 적절한 인사조치를 할 수 있을 것이다.

4. 피해근로자등 보호조치

(1) 조사기간 중 보호조치

사용자는 직장 내 괴롭힘 조사기간 동안 직장 내 괴롭힘과 관련하여 피해를 입은 근로자 또는 피해를 입었다고 주장하는 근로자(이하 “피해근로자등”이라 함)를 보호하기 위하여 필요한 경우 해당 피해근로자등에 대하여 근무장소의 변경, 유급휴가 명령 등 적절한 조치를 하여야 한다. 이 경우 사용자는 피해근로자등의 의사에 반하는 조치를 하여서는 아니 된다(근로기준법 제76조의3제3항). 다만 조사기간 중 피해근로자등의 보호조치 불이행에 대한 과태료 등 제재규정은 없다.

직장 내 괴롭힘 신고사건은 그것이 직장 내 괴롭힘에 해당되지 않는 경우도 있고, 직장 내 괴롭힘에 해당되는 경우라도 그 피해 정도가 매우 경미한 수준에서부터 매우 심각한 수준까지 다양하게 나타날 수 있다. 따라서 사용자는 피해근로자등의 피해 정도와 의견을 최대한 반영하여 적절한 조치를 취하여야 한다. 예컨대, 피해 정도가 심대한 수준이라면 근무장소 변경, 임시적인 부서이동, 유급휴가 부여 등과 같이 피해근로자를 행위자로부터 즉시 분리시켜 추가적인 피해를 차단시키고 지친 심신을 회복할 수 있도록 하는 조치를 고려해 볼 수 있다. 피해 정도가 경미한 수준이라면 재택근무, 보고체계라인의 변경 등과 같이 업무적 대면을 줄여주는 조치를 고려해 볼 수 있다. 이와 같은 조사기간 중 피해자근로자등 보호조치는 피해근로자등의 의사에 반하는 조치를 하여서는 아니 되므

84) 고용노동부, 앞의 매뉴얼, 46면.

로 사용자는 보호조치를 하기에 앞서 피해근로자등의 의견을 청취할 필요가 있다. 다만 조사기간 중 피해근로자등에게 어떠한 보호조치를 취할 것인가는 어디까지나 인사권자인 사용자의 재량에 맡겨져 있다.[85] 한편 사용자는 피해를 입었다고 주장하는 근로자의 신고내용이 비록 직장 내 괴롭힘에 해당되지 않는 것으로 판단된다 하더라도 이와 같은 신고인에게도 조사완료 후 최종적인 판단이 나오기 전까지는 적절한 보호조치의 의무를 부담한다.

(2) 조사완료 후 요청 시 보호조치

사용자는 직장 내 괴롭힘 조사 결과 직장 내 괴롭힘 발생 사실이 확인된 때에는 피해근로자가 요청하면 근무장소의 변경, 배치전환, 유급휴가 명령 등 적절한 조치를 하여야 한다(근로기준법 제76조의3제6항). 이를 위반한 경우에는 500만원 이하의 과태료가 부과된다(근로기준법 제116조). 첫째, 피해근로자에 대한 보호조치 내용에 대해서는 사용자는 직장 내 괴롭힘이 확인된 만큼 피해근로자의 요청을 적극적으로 수용하여 실질적인 보호조치가 이루어질 수 있도록 하는 것이 바람직하다. 그러나 사용자의 피해근로자 보호조치 의무는 적절한 조치를 위해 최선을 다하라는 의미이지 피해근로자의 요구를 그대로 수용하라는 것은 아니다. 만약 피해근로자의 요구수준이 피해 정도에 비해 지나치게 과도하다면 합리적인 수준에서 최선의 조치를 취하면 될 것이다. 둘째, 피해근로자 보호조치 절차에 있어서는 업무축소, 근무장소 변경, 배치전환 등과 같이 피해근로자의 근무환경이 변경되는 경우에는 피해근로자에 대한 불이익 처분과 관련된 다툼이 발생될 수 있으므로 사전에 피해근로자의 의견을 청취하고 동의를 바탕으로 진행할 필요가 있다.

한편 조사결과 직장 내 괴롭힘 행위로 판단되었음에도 불구하고 피해근로자가 보호조치를 특별히 요청하지 않는 경우에는 사용자가 임의대로 피해근로자에 대한 근무조건을 변경할 필요가 없고, 조사결과 직장 내 괴롭힘 행위가 아닌 것으

---

85) 서울행정법원 2021.5.20. 선고 2020구합51181 판결.

로 판단된 경우에는 사용자에게 피해근로자 보호조치 의무가 발생되지 않으므로 피해근로자의 근무조건 변경의 요청이 있을지라도 사용자는 이에 응할 의무를 부담하지 않는다.

5. 조사완료 후 행위자에 대한 조치

(1) 의 의

사용자는 직장 내 괴롭힘 조사결과 직장 내 괴롭힘 발생 사실이 확인된 때에는 지체 없이 행위자에 대하여 징계, 근무장소의 변경 등 필요한 조치를 하여야 한다. 이 경우 사용자는 징계 등의 조치를 하기 전에 그 조치에 대하여 피해근로자의 의견을 들어야 한다(근로기준법 제76조의3제5항). 이를 위반 시에는 500만원 이하의 과태료가 부과된다(근로기준법 제116조). 직장 내 괴롭힘 행위자에 대한 필요한 조치로서 가장 일반적인 조치는 징계라고 할 수 있다. 그러나 반드시 징계조치에 한정되는 것은 아니며, 합리적인 이유가 있는 경우에는 징계 대신 근무장소 변경, 부서이동, 예방교육 이수 등의 조치를 취할 수 있다. 행위자에 대한 필요한 조치는 어디까지나 사용자가 피해근로자의 의견, 조직상황 등을 고려하여 가장 합리적인 방법을 스스로 선택할 수 있는 것이다. 가장 큰 문제는 사용자가 행위자에 대해 그 행위정도에 비해 지나치게 낮은 수준의 제재를 하는 경우이다. 이 경우 낮은 수준의 조치가 곧바로 근로기준법 제76조의3제5항 위반이라고 할 수는 없다 하더라도 종국적으로 불필요한 노사분쟁이 발생되어 조직에 큰 혼란을 초래할 수 있으므로 지양되어야 한다.

한편 행위자가 직장 내 괴롭힘 판정결과 또는 사후조치에 반발하여 신고인의 진술조사서 또는 조사결과보고서를 보여 달라고 요청하는 경우가 있다. 이 경우 진술조사서 또는 조사결과보고서에 포함된 신고인의 진술 내용 등을 타인에게 무단으로 공개하는 것은 근로기준법 제76조의3제7항의 비밀유지의무 위반에 해당되므로 이는 허용되어서는 아니 된다.

(2) 피해근로자의 의견청취 의무

근로기준법 제76조의3제5항에서 사용자가 행위자에 대한 징계 등의 조치를 하기 전에 그 조치에 대하여 피해근로자의 의견을 들어야 한다는 것은 사용자가 피해근로자의 의사를 존중하여 피해근로자 중심에서 가장 합리적인 조치가 될 수 있도록 노력하라는 의미로 볼 수 있다. 다만 행위자에 대한 징계 등의 조치여부는 어디까지나 인사권자인 사용자의 재량에 달려있다. 따라서 사용자가 행위자에 대하여 합당한 조치를 취하였음에도 불구하고 피해근로자가 계속적으로 강도 높은 조치를 요구하는 경우 사용자가 이를 그대로 수용하여야 하는 것은 아니다.

(3) 행위자에 대한 대기발령

사용자는 직장 내 괴롭힘 조사착수 시점부터 징계완료시까지 행위자에 대하여 대기발령을 명할 수 있는가? 대기발령이라 함은 근로자의 직무수행능력부족, 근무태도 불량, 징계절차 진행, 형사사건 기소, 조직개편 등으로 향후 발생될 업무장애를 예방하기 위하여 일시적으로 근로자에게 현재의 담당직무에 종사하지 못하도록 하는 잠정적인 조치로서 사용자에게 상당한 재량이 인정된다.[86] 그러나 대기발령이 정당한 인사권의 범위 내에 속하기 위해서는 대기발령의 업무상의 필요성이 있어야 하고, 그에 따른 근로자의 생활상의 불이익이 크지 않아야 하며, 대기발령을 하는 과정에서 근로자와의 협의 등 신의칙상 요구되는 절차가 있어야 한다.[87] 직장 내 괴롭힘 행위자에 대한 대기발령의 필요성이 있는 경우는 예컨대, 행위자의 괴롭힘 행위가 계속되는 경우, 행위자가 주로 고객을 상대하는 자로서 괴롭힘 행위가 외부에 알려져서 담당업무를 계속 수행하기가 부적절한 경우 등이다. 그러나 이와 같은 경우 외에 단지 조사를 원활하

86) 대법원 2013.5.9. 선고 2012다64833 판결.
87) 대법원 2002.12.26. 선고 2000두8011 판결.

게 한다는 명목으로 행위자를 대기발령 시키는 것은 업무상 필요성이 있다고 보기는 어렵다.

(4) 행위자에 대한 징계조치

1) 징계의 정당성 확보

근로기준법 제23조에서는 "사용자는 근로자에게 정당한 이유 없이 해고, 휴직, 정직, 전직, 감봉, 그 밖의 징벌을 하지 못한다."라고 규정하고 있다. 따라서 사용자가 직장 내 괴롭힘의 행위자를 징계하기 위해서는 징계사유에서의 정당성과 징계절차에서의 정당성을 모두 갖추어야 한다. 구체적으로 살펴보면 다음과 같다.

첫째, 사용자가 근로자에게 징계처분을 하려면 사회통념상 정당한 사유가 존재하여야 한다. 일반적으로 직장 내 괴롭힘 행위는 직장질서를 해치는 행위로서 징계사유에는 해당된다. 다만 징계수위가 괴롭힘 행위 정도에 비해 지나치게 과중하여서는 아니 된다. 특히 해고처분을 하기 위해서는 근로자에게 사회통념상 고용관계를 계속 유지할 수 없는 정도의 사유가 존재하여야 한다.[88]

둘째, 직장 내 괴롭힘 행위가 징계사유로서 인정된다 할지라도 그것이 취업규칙 등에 징계사유로서 규정되어 있어야 한다. 다만 직장 내 괴롭힘이 구체적으로 규정되어 있지 않는다 하더라도 해석상 이를 포함하는 다른 규정이 있다면 이를 근거규정으로 삼을 수 있다. 예컨대 '기타 직장질서를 문란하게 하는 경우' 등이 규정되어 있다면 직장 내 괴롭힘 행위를 이에 포함시킬 수 있다. 이 경우 비위행위가 해당 징계사유에 포함되는지 여부는 취업규칙상 징계사유를 정한 규정의 객관적인 의미를 합리적으로 해석하여 판단하여야 한다.[89]

셋째, 취업규칙 등에 징계 시 인사위원회를 거치도록 규정하고 있다면 이를

---

88) 대법원 1992.5.12. 선고 91다27518 판결.

89) 대법원 2016.1.28. 선고 2014두12765 판결.

반드시 준수하여야 한다.[90] 또한 소명의 기회를 주도록 규정하고 있는 경우에도 행위자에게 진술기회를 부여하여야 한다. 한편 사용자는 징계사유로 삼은 비위행위를 행위자에게 구체적으로 명시하여야 하며, 근로자의 어떤 비위행위가 징계사유로 되었는지도 명확히 밝혀야 한다.[91]

넷째, 사용자는 근로자를 해고하려면 해고사유와 해고시기를 서면으로 통지하여야 한다(근로기준법 제27조). 해고사유 등의 서면통지의무는 강행규정이므로 이를 위반하면 해고처분이 법률상 무효가 된다. 또한 사용자는 근로자를 해고하려면 적어도 30일 전에 예고를 하여야 하고, 30일 전에 예고를 하지 아니하였을 때에는 30일분 이상의 통상임금을 지급하여야 한다(근로기준법 제26조). 다만 해고예고의무는 해고처분의 사법적 효력에는 영향을 미치지 않으므로 이를 위반하였다는 이유만으로 해고자체가 무효로 되지는 아니한다.

2) 징계수위의 결정

가. 일반적 기준

2021년 6월 산림청 산하 A공공기관에서 직장 내 괴롭힘 행위자에 대하여 시말서 제출로 마무리하자 피해근로자는 자신은 우울증 등 심각한 정신적 고통을 겪고 있는데 행위자에 대해서는 솜방망이 처벌을 하였다며 크게 반발한 사건이 있었다.[92] 사용자가 직장 내 괴롭힘 행위자에 대해 지나치게 낮은 제재를 부여하는 것은 피해근로자에게 2차 가해를 주는 것과 같다. 그러나 반대로 사용자가 행위자에 대하여 너무 지나친 수준의 징계를 하는 경우에는 인사권 남용으로 무효가 된다.[93] 따라서 사용자는 직장질서 유지 목적과 인사권 남용 금지 원칙을 모두 충족할 수 있는 수준의 징계종류를 선택하여야 한다.

---

90) 대법원 1994.10.25. 선고 94다25889 판결.

91) 대법원 2009.4.9. 선고 2008두22211 판결.

92) 한국일보, 2021.6.2.자 "우울증 고통 겪는데 시말서로 징계 끝…공공기관 직장 내 괴롭힘 조치 '황당'".

93) 대법원 2002.8.3. 선고 2000다60890, 60906 판결.

직장 내 괴롭힘 행위에 대한 징계수위를 결정하는 데에는 직장 내 괴롭힘 행위의 내용과 정도, 직장 내 괴롭힘 행위의 고의성, 직장 내 괴롭힘 행위의 지속·반복성, 피해근로자의 범위 및 피해근로자가 입은 피해의 정도, 피해근로자의 의견 등을 반영하여 기본적인 징계수위를 결정하여야 한다. 다음으로 행위자가 동일한 이유로 과거에도 징계를 받은 적이 있는가, 직장 내 괴롭힘 행위자가 괴롭힘을 예방하고 관리할 책임이 있는 위치에 있는가 등의 요소를 가중요건으로 반영하고, 피해근로자에 대한 사과와 개전의 정이 있는가, 재직 중 회사에 기여도가 높은가 등의 요소를 감경요건으로 반영하여 최종적인 징계수위를 결정하여야 한다. 이와 같은 기준들을 고려할 때 직장 내 괴롭힘 행위자에 대하여 그 행위 정도가 1회에 그치고 경미한 수준이라면 경징계 수준에서, 그 행위 정도가 고의적·지속적이고 중대한 수준이라면 중징계 수준에서 결정되어야 할 것이다.

〈직장 내 괴롭힘 징계수위에 대한 일반적인 기준〉

징계수준	징계종류	행위유형 및 정도	감경요인
경징계	경고, 견책	–고의성이 없거나 1회에 그치거나 경미한 수준의 괴롭힘 행위	–개전의 정 –피해근로자와 합의 –회사기여도, 표창수상
중징계	출근정지(7일) 감봉(1~3개월) 정직(1~3개월)	–고의적이고 경미한 수준을 초과한 행위 –반성과 개전의 정 등 기타 감경요인이 있는 경우	
	해 고	–고의적·반복적이고 심대한 수준의 괴롭힘 행위인 경우 –행위정도가 형사범죄에 해당되어 기업이미지를 심대하게 실추시킨 경우 –행위자가 주의의무가 상당히 요구되는 직무담당자 및 공공기관 종사자인 경우 –반성이 없고, 개전의 정이 없는 경우	

나. 징계수위에 대한 판례

징계종류	정당성	판결요지
감봉 2개월	부당	[광주지방법원 2021.11.8. 선고 2021구합11654 판결] 학과장인 원고 A가 2019.9.26. 새벽 01:36부터 동년 12.31.까지 10여 회에 걸쳐 욕설, 여수캠퍼스로 돌아가라는 요구, 특정교수에 대한 비방 등이 포함된 문자메시지를 전송하는 등 직장 내 괴롭힘 행위가 있었던 것은 인정되나, 원고 A가 학내갈등과 관련하여 원고 A의 심경을 토로하는 과정에서 B교수에게 일부 부적절한 용어의 문자메시지를 전송하기는 하였으나, 악의적인 의도는 없었고, 당시 B교수가 즉각적으로 항의하지도 않았었다. 원고 A가 B교수에게 불쾌감을 느끼게 한 사실에 대해 반성하고 있고, 원고 A가 약 23년 동안 ○○공학과 교수로 재직하면서 성실하게 연구활동을 하여온 점, 원고 A가 이 사건 이후 ○○장을 사임한 점 등을 고려하면 피고 ○○대학교 총장 C의 이 사건 감봉 2개월 처분은 재량권을 일탈·남용한 것이다.
해고	부당	[서울중앙지방법원 2017.8.25. 선고 2016가합541746 판결] 피고회사 B는 외국회사 C의 한국지사이고 원고 A는 피고의 임상운영관리자로 채용되었고, 지사장으로 승진한 후 근무하다가 '주니어 근로자들에 대한 계속적인 직장 내 괴롭힘과 희롱'을 사유로 징계위원회에서 징계면직 처분을 받고 해고되었다. 원고 A는 피고회사 B의 직원들에게 '너는 약장사 같아', '죽여버린다', '죽은 물고기 같은 눈을 하고 있다', '마약거래자 같다', '너의 행동을 보니 집에서도 형편없는 아내일 것이다', '동태눈이다', '루저다', '멍청하다', '애를 낳아야 성숙한다'와 같은 모욕적이거나 부적절한 표현을 한 사실이 인정되는바, 위 인정사실에 의하면 이 사건 해고사유인 '원고의 피고 주니어 근로자들에 대한 계속적인 직장 내 괴롭힘과 희롱'은 존재한 것으로 봄이 상당하다. 이는 직장 내 괴롭힘으로서 피고 취업규칙 제37조제12항을 위반한 행위에 해당한다. 피고회사 B의 지사장인 원고 A가 자신보다 직위가 낮은 직원들에게 인격 모독적이고, 부적절한 발언을 하였다는 것으로서, 그 비위의 정도가 가볍다고 볼 수는 없다. 또한 원고 A는 이 사건 해고사유와 동일한 사유로 경고를 받았었기 때문에 원고 A에게 상당한 정도의 징계가 불가피하다고 판단된다. 그러나 이 사건 해고는 징계위원회의 구성에 절차적 하자가 있을 뿐만 아니라 그 징계사유에 비하여 지나치게 가혹하여 재량권의 범위를 일탈한 것으로서 위법하여 무효이다. 원고 A가 피고회사 B의 직원들에게 인격 모독적이거나 부적절한 발언을 한 것은 인정되나, 실제

징계종류	정당성	판결요지
		자신의 지사장으로서의 지위를 남용하여 피고회사 B의 직원들의 정당한 업무상 요청을 거부하거나, 의무 없는 일을 강제로 하게 하지는 않았다. 또한 원고 A는 피고회사 B의 직원들에게 '해고 하겠다'는 취지의 말을 종종하였으나, 퇴사한 직원은 이직을 위해 자발적으로 퇴사한 것으로 보일 뿐 강제로 해고된 직원이 있다는 점을 인정할 증거는 제출되지 않았다. 원고 A는 CEO 어워드를 받았고, 고객사로부터 감사편지를 받는 등 피고회사 B의 설립부터 이 사건 무렵까지 7년 이상 피고회사 B에 근무하면서, 피고회사 B의 성공적인 시장 정착에 기여하는 등 공적을 참작할 사정이 있다.
해고	정당	[대법원 2008.7.10. 선고 2007두22498 판결] 이 사건 원고 A의 행위는 여직원들을 껴안거나 볼에 입을 맞추거나 엉덩이를 치는 등 강제추행 또는 업무상 위력에 의한 추행으로 인정될 정도의 성적 언동도 포함된 성희롱 행위로서, 객관적으로 상대방과 같은 처지에 있는 일반적이고도 평균적인 사람의 입장에서 보아 고용환경을 악화시킬 정도로 그 정도가 매우 심하다고 볼 수 있을 뿐 아니라, 한 지점을 책임지고 있는 지점장으로서 솔선하여 성희롱을 하지 말아야 함은 물론, 같은 지점에서 일하는 근로자 상호간의 성희롱 행위도 방지해야 할 지위에 있음에도, 오히려 자신의 우월한 지위를 이용하여 자신의 지휘·감독을 받는 여직원 중 8명을 상대로 과감하게 14회에 걸쳐 반복적으로 행한 직장 내 성희롱이라고 할 것이므로, 이러한 원고 A의 성희롱 행위가 우발적이라거나 직장 내 일체감과 단결을 이끌어낸다는 의도에서 비롯된 것이라고 평가할 수 없으며, 이 사건 성희롱 행위가 남녀고용평등법이 성희롱 행위를 금지하고 성희롱 예방교육, 성희롱 행위자에 대한 징계 등을 규정하게 된 이후인 2002.7.경부터 2003.7.11.까지 반복적으로 행해진 점에 비추어 설사 원고 A의 성희롱 행위가 그동안의 왜곡된 사회적 인습이나 직장문화 등에 의하여 형성된 평소의 생활태도에서 비롯된 것으로서 특별한 문제의식 없이 이루어졌다고 하더라도 그러한 이유로 그 행위의 정도를 가볍게 평가할 수 없으므로, 결국 원고 A의 성희롱 행위는 회사 C 규정상 징계해직 사유인 '위반의 범위가 크고 중하며 고의성이 현저한 경우'로 보아야 하고, 원고 A가 징계해고 되지 않고 같은 직장에서 계속 근무하는 것이 성희롱 피해자들의 고용환경을 감내할 수 없을 정도로 악화시키는 결과를 가져 올 수도 있다는 점과 사업주가 성희롱 피해자들에 대해 손해배상책임을 부담할 수도 있다는 점 등을 감안할 때, 회사 C의 원고 A에 대한 이 사건 징계해직처분은 객관적으로 명백히 부당하다고 인정되지 않는다.

징계종류	정당성	판결요지
해고	정당	[서울행정법원 2019.3.29. 선고 2018구합65361 판결] C공단은 산업재해보상보험법에 따라 설립된 공공기관으로 그 직원인 원고 A에게도 높은 수준의 윤리의식과 성실의무 및 품위유지의무를 준수할 것이 기대된다. 특히 원고 A는 2급 부장 직위에 있는 사람으로 소속 부서의 부서원들을 지휘·감독하고 평가하여야 할 상급자의 지위에 있다. 그럼에도 불구하고 원고 A는 자신의 지위를 이용하여 주로 직급이 낮은 신입이나 여성 직원들, 고용이 불안정한 비정규직을 상대로 인격권을 침해하는 발언을 하는 등 괴롭힘 행위를 하여 그 비위의 정도가 중하다. 더욱이 이 사건 징계사유에 해당하는 원고 A의 행위들은 1년이 넘는 기간 동안 지속적·반복적으로 이어졌고, 특정 직원을 상대로 계속되다가 다시 다른 직원을 상대로 집중적으로 이루어지는 등 의도적으로 행하여진 것으로 보이는 사정도 있으며, 그 대상이 된 직원들의 인격이나 정신적 건강 및 근무효율성에 미치는 부정적 영향도 중하였을 것으로 보인다. 원고 A는 비위행위의 상대방이 된 직원들을 상대로 용서를 구하거나 자신의 잘못을 진지하게 반성하고 성찰하는 태도를 보이지 아니하였고, 오히려 감사 과정에서 자신에게 유리한 진술을 하도록 강요하는 한편 피해 사실을 보고한 직원을 상대로 고발과 비난을 하는 등 자신의 비위사실을 감추기에 급급하였다. 이에 비추어 보면 원고 A가 앞으로 직원들을 지휘·감독하여야 할 중간관리자로서 역할을 성실히 이행하고 직위에 걸맞은 수준의 책임과 능력을 보일 수 있다고 평가하기 어렵다.

(5) 근무장소의 분리

조사결과 직장 내 괴롭힘 행위가 확인된 경우에는 행위자를 다른 근무장소로 이동하여 분리조치 시켜주는 것이 바람직하다. 이때 행위자를 피해근로자로부터 근무장소를 분리시켰음에도 불구하고 피해근로자의 업무보고라인이 행위자에게 그대로 유지된다든지, 소속부서를 달리하였어도 장소적으로 매우 근접하여 서로 계속적으로 마주치게 되는 상황이라면 근무장소 분리조치가 제대로 이루어졌다고 볼 수 없다.

(6) 기타 적절한 조치

사용자는 징계조치, 근무장소 변경, 부서이동 등 이외에도 직장 내 괴롭힘 예방, 리더십 개선, 직장예절 등의 교육을 이수하도록 추가 조치할 수 있다. 또한 직장 내 괴롭힘이 발생된 원인이 조직적 측면에 있다면 이를 개선할 필요도 있다. 예컨대 직무 재조정, 장시간근로 개선, 근무환경 개선, 조직문화 개선 등이 이에 해당된다.

6. 사건처리 완료 후 피해근로자에 대한 조치

(1) 피해근로자에게 사건처리결과 통보

사용자는 사건처리가 완료된 직후에는 그 처리결과를 피해근로자에게 통보하여 주어야 한다. 통보형태는 내용이 명확히 전달될 수 있도록 가능한 서면으로 작성하고, 통보방식은 비밀이 유지될 수 있도록 등기우편, 이메일 등을 통해 개인에게 직접 전달되도록 한다.

한편 신고인이 조사결과에 반발하여 피신고인의 진술조사서 또는 조사결과보고서를 보여 달라고 요청하는 경우 이를 허용하여야 하는지가 문제이다. 근로기준법 제76조의3제7항은 피해근로자의 의사에 반한 비밀유출을 차단함으로써 피해근로자를 2차 피해로부터 보호하고자 하는 조항이므로 신고인에게 조사관련 서류를 공개하는 것은 비밀유지의무를 위반한 것으로 볼 수는 없다 할 것이다. 그러나 그렇다고 하여 사용자가 신고인의 조사관련 서류 공개 요구에 반드시 응하여야 할 법적인 의무까지는 부담하지 않는다. 따라서 사용자는 직장 내 괴롭힘 사건처리에 대한 신고인의 자료열람 요구에 응할 것인지 여부를 직장 내 괴롭힘 관련 규정에 자유롭게 정하여 시행할 수 있을 것이다. 만약 사용자가 신고인에게 조사자료를 공개하는 경우에는 피신고인의 개인정보 및 사적인 내용에 대해서는 비식별 처리를 하여야 하며, 신고인이 피신고인이 누구인지를 특

〈직장 내 괴롭힘 신고사건 처리결과 통보서 작성예시〉

직장 내 괴롭힘 신고사건 처리결과 통보서

이○○ 사원 귀하

1. 귀하가 2021.12.5.에 영업2팀 정○○대리를 상대로 한 직장 내 괴롭힘 신고건에 대하여 2021.12.12.~2021.12.21 동안 당사자 및 참고인들을 대상으로 조사를 실시하였습니다.
2. 본 신고사건을 조사한 결과, 영업2팀 정○○대리가 2021.6.1.~2021.12.3. 동안 귀하에게 업무배제, 험담 등의 직장 내 괴롭힘 행위를 한 것으로 판단되었습니다. 다만 따돌림에 대해서는 업무관련성이 부정되어 직장 내 괴롭힘으로 인정되지 않았습니다. 본 사건에 대한 사후조치로서, 당사에서는 2022.1.7.에 징계위원회를 개최하여 행위자 정○○대리에 대하여 "정직 1개월"의 징계를 의결하고(시행일 : 2022.1.17.), 행위자 정○○대리의 근무부서를 ○○팀으로 변경하기로 조치하였습니다(시행일 : 2022.1.17.).
3. 기타 궁금한 사항은 인사팀 홍○○과장(전화 : 내선 ○○○○)에게 문의주시기 바랍니다.

2022. 1. 8.

(주)○○상사

대표이사 ○○○ (인)

정하여 괴롭힘 행위내용을 SNS 등을 통해 알리는 경우에는 형법상 명예훼손의 책임이 발생될 수 있다는 점을 주지시킬 줄 필요가 있다.[94]

(2) 피해근로자에게 불리한 처우 금지

1) 의 의

사용자는 직장 내 괴롭힘 발생 사실을 신고한 근로자 및 피해근로자등에게 해고나 그 밖의 불리한 처우를 하여서는 아니 된다(근로기준법 제76조의3제6항). 이를 위반한 경우에는 3년 이하의 징역 또는 3천만원 이하의 벌금에 처해진다(근로기준법 제109조). 불리한 처우 금지조항은 신고인의 신고내용이 조사결과 비록 직장 내 괴롭힘이 아닌 것으로 판단되는 경우에도 적용된다. 해고나 그 밖의 불리한 처우라 함은 부당한 인사조치, 급여・복지 또는 교육기회 차별 등을 말하며, 구체적으로 남녀고용평등법 제14조제6항에 규정된 직장 내 성희롱 발생 시 불리한 처우 예시가 모두 포함된다. 다만 피해근로자에 대해 업무상 필요에 따라 합리적으로 부서이동을 시키거나 공정한 성과평가에 의해 성과급이 낮아진 경우는 불리한 처우에 해당되지 아니 한다.

2) 불리한 처우 여부 판단기준

사용자가 인사권 행사를 통해 피해근로자에게 은밀하게 보복을 행한 경우에는 그것이 불리한 처우에 해당되는지를 판단하기 어려울 때가 있다. 대법원(2017.12.22. 선고 2016다202947 판결)은 직장 내 성희롱 신고자에 대한 불리한 처우 관련 사건에서, “사업주의 조치가 피해근로자등에 대한 불리한 조치로서 위법한 것인지 여부는 불리한 조치가 직장 내 성희롱에 대한 문제 제기 등과 근접한 시기에 있었는지, 불리한 조치를 한 경위와 과정, 불리한 조치를 하면서

94) 일반적으로 당사자의 동의 없이 사건내용 및 인적사항을 공연하게 다수인에게 알리는 경우에는 형법상 명예훼손 또는 개인정보보호법 위반의 문제가 발생될 수 있다. 형법 제307조(명예훼손)는 공연히 사실 또는 허위의 사실을 적시하여 사람의 명예를 훼손하는 행위를 명예훼손죄로 처벌하고 있다.

사업주가 내세운 사유가 피해근로자등의 문제 제기 이전부터 존재하였던 것인지, 피해근로자등의 행위로 인한 타인의 권리나 이익 침해 정도와 불리한 조치로 피해근로자등이 입은 불이익 정도, 불리한 조치가 종전 관행이나 종전 사안과 비교하여 이례적이거나 차별적인 취급인지 여부, 불리한 조치에 대하여 피해근로자등이 구제신청 등을 한 경우에는 그 경과 등을 종합적으로 고려하여 판단해야 한다."라고 판단기준을 제시하고 있다. 고용노동부도 내부지침에서 직장 내 괴롭힘 신고인에 대한 불이익조치 여부 판단 시 대법원이 제시한 직장 내 성희롱 신고인에 대한 불리한 처우 판단기준을 동일하게 적용하고 있다.

또한 직장 내 괴롭힘 피해자에 대한 불리한 처우인지를 판단할 때에는 피해근로자의 주관적 의사를 가장 중요한 요소로 고려해야 한다. 사용자는 외견상 피해근로자를 위한 조치라고는 하나 정작 피해근로자가 원치 않는 조치는 상황에 따라 불리한 처우가 될 수 있다. 예컨대 업무부담 감소를 위한 원치 않는 업무로의 변경, 근무시간 감소 조치로 인한 임금감소, 행위자와 전혀 마주치지 않기 위한 원격지로의 근무장소 변경 등이 이에 해당된다. 청주지방법원 충주지원(2021.4.6. 선고 2020고단245 판결)은 직장 내 괴롭힘을 신고한 피해근로자를 동의 없이 다른 근무지로 전보 조치한 사건에서 사용자는 전보조치 된 L구내식당은 시설, 노동강도 등에서 더 낮기 때문에서 불리한 처우가 아니라고 주장하였으나 이는 인정되지 않았다. 해당 법원은 "근로기준법 제76조의3제3항에서 사용자의 사전 임시조치 시 '피해근로자의 의사'에 반하는 조치를 금지한 점, 제4항에서 직장 내 괴롭힘이 인정된 후 사용자는 '피해근로자가 요청하는 경우'에 근무장소 변경, 배치전환 등으로 조치할 수 있는 점, 제5항에서 행위자(가해자)에 대한 징계 시 '피해근로자의 의견'을 들어야 하는 점 등에 비추어 보면, 불리한 처우인지를 판단함에 있어 피해근로자의 주관적 의사를 가장 중요한 요소로 고려하여야 함이 타당하다."라고 판시하였다.

7. 조사 관련자의 비밀누설 금지

(1) 의 의

직장 내 괴롭힘 발생 사실을 조사한 사람, 조사 내용을 보고 받은 사람 및 그 밖에 조사과정에 참여한 사람은 해당 조사과정에서 알게 된 비밀을 피해근로자 등의 의사에 반하여 다른 사람에게 누설하여서는 아니 된다. 다만 조사와 관련된 내용을 사용자에게 보고하거나 관계 기관의 요청에 따라 필요한 정보를 제공하는 경우는 제외한다(근로기준법 제76조의3제7항). 이를 위반한 경우에는 위반자에게 500만원 이하의 과태료가 부과된다(근로기준법 제116조). 직장 내 괴롭힘 관련 비밀누설 금지는 직장 내 괴롭힘 내용이 타인에게 알려지게 되는 경우 피해근로자에게 발생될 수 있는 2차적인 피해를 막기 위함이다. 비밀유지의무는 조사자는 물론 조사과정에 참여한 신고인, 피신고인, 참고인, 그리고 조사결과를 보고받은 심의위원, 사용자 등 모두가 포함된다. 또한 사용자는 조사 관련자가 비밀누설 행위에 대해 상당한 주의를 주지 않고 방치한 경우에는 민법 제756조의 피용자의 사무집행에 대한 사용자배상책임에 근거하여 피해근로자가 입은 정신적 손해에 대한 민사상 손해배상책임을 지게 된다.[95]

(2) 조사 또는 법적 다툼 시 피해근로자 신분보호 문제

사용자는 직장 내 괴롭힘에 대한 관련자 조사 시 또는 관계기관에서의 법적 다툼 시 피해근로자의 신분이 노출되지 않도록 노력할 필요가 있다. 이는 근로기준법 제76조의3제7항의 비밀누설 금지를 위해서 뿐만 아니라 개인정보보호법 제3장에 규정된 개인정보 보호를 위해서도 필요한 조치이다.[96] 구체적으로

95) 대법원 2017.12.22. 선고 2016다202947 판결. 대법원은 직장 내 성희롱 조사자의 비밀누설행위에 대해 사용자책임을 인정하고 있으며, 이는 직장 내 괴롭힘의 경우에도 동일하게 적용될 수 있다.

살펴보면 다음과 같다.

첫째, 사용자는 직장 내 괴롭힘 참고인 또는 피신고인 조사 시 피해근로자의 신분과 신고내용에 대해서는 필요한 한도 내에서 가능한 최소한으로 공개하여 진행할 필요가 있다. 이는 행위자에 대한 징계절차에서도 마찬가지이다. 최근 B지방검찰청이 다수의 여직원을 성희롱하거나 언어폭력을 한 상급자 A를 해고 처분을 한 사건에서, 대법원(2022.7.14. 선고 2022두33323 판결)은 "각 징계혐의 사실이 서로 구별될 수 있을 정도로 특정되어 있고, 징계대상자가 징계사유의 구체적인 내용과 피해자를 충분히 알 수 있다고 인정되는 경우에는 징계대상자에게 피해자의 '실명' 등 구체적인 인적사항이 공개되지 않는다고 하더라도, 그와 같은 사정만으로 징계대상자의 방어권 행사에 실질적인 지장이 초래된다고 볼 수 없다. 특히 성희롱 피해자의 경우 2차 피해 등의 우려가 있어 실명 등 구체적 인적사항 공개에 더욱 신중을 기할 필요가 있다는 점에서 더욱 그러하다."라고 판시한 바 있다.

둘째, 행위자가 회사를 상대로 노동위원회 또는 법원에서 부당해고구제신청을 제기하는 경우에는 당사자가 아닌 피해근로자의 신분을 굳이 밝힐 필요가 없다. 이 경우 사용자는 피해근로자의 인적사항이 공개되지 않도록 가명 또는 기호를 사용할 필요가 있다. 현재 노동위원회를 포함한 정부기관에서는 개인정보 보호를 위한 비식별화 정책에 따라 자료제출 시 당사자가 아닌 제3자에 대해서는 익명 처리할 것을 요구하고 있다.

(3) 행위자 징계사례 사내게시의 문제

회사는 징계사례가 발생하였을 때 유사한 사고가 재발되지 않도록 관련내용을 사내 게시판에 게시하거나, 각 팀장에게 공문을 보내어 팀원에게 예방교육을

---

96) 개인정보란 성명, 주민등록번호 및 영상 등을 통하여 개인을 알아볼 수 있는 정보를 말하며, 이에는 해당 정보만으로 특정 개인을 알아볼 수 없더라도 다른 정보와 쉽게 결합하여 누구인지를 알아볼 수 있는 것도 포함된다(개인정보보호법 제2조제1호).

〈직장 내 괴롭힘 징계사례 게시문 작성예시〉

직장 내 괴롭힘 징계사례 공지

1. 당사에서는 최근 ○○○팀 팀장 A가 부하사원 팀원 B에게 업무수행 중에 실적향상을 위해 욕설, 모욕감을 주는 행위, 왕따 행위 등을 6개월 동안 반복적으로 하여 팀원에게 정신적 고통을 준 사건이 발생하였음. 해당 팀장 A는 팀원 B에게 "이게 보고서야?! 돌대가리냐!"라는 말을 3차례 하였고, 다른 사원들이 보는 앞에서 똑바로 세우고 보고서류를 던지는 행위를 2차례 하였으며, 팀 회식자리에 팀원 B를 의도적으로 배제시키는 행위를 2차례 하였음. 이에 당사 인사팀에서는 동 사건을 조사한 후 징계위원회를 열어 팀장 A에 대해 취업규칙 제52조(직장 내 괴롭힘 금지) 규정 위반에 대해 "정직 1개월"의 중징계를 부여하였습니다.

2. 회사의 동료는 온전한 인격체를 지닌 우리의 가족입니다. 전 사원들은 향후 같은 사건이 발생되지 않도록 직장예절과 복무질서를 엄수하여 주시기 바랍니다. 아울러 직장 내 괴롭힘 행위를 당하거나 목격한 사원은 지체 없이 당사 인사팀으로 신고하여 주시기 바랍니다.

2022. 12. 31.

(주)○○○ 대표이사 ○○○

시키도록 하는 경우가 있다. 이 경우 직장 내 괴롭힘 징계사례를 근로자들에게 공지하는 것이 근로기준법 제76조의3제7항의 비밀누설 금지 조항에 위반되는지가 문제이다. 그러나 직장 내 괴롭힘 징계사례를 사건 당사자가 누구인지를 알 수 없도록 하여 공지한다면 비밀누설 금지 조항을 위반한 것으로 볼 수는 없다. 고용노동부는 「개인정보보호 가이드라인」 지침에서 징계처분, 해고 등 불이익 처분은 원칙적으로 비공개하며, 불가피한 경우 근로자의 동의를 받아 공개하고, 직원 윤리교육 등을 위한 징계사례 전파는 개인 식별이 불가능하도록 하여 실시하도록 할 것을 권고하고 있는데 비밀누설 금지와 관련하여서도 같은 취지로 해석될 수 있다.[97] 따라서 사용자는 순수하게 유사사례 예방을 위한 교육적 목적에서만 징계사례를 공지하여야 하며, 특히 관련자들이 누구인지 알 수 없도록 가명 또는 기호를 사용하고 사건내용은 괴롭힘 행위와 징계결과만으로 최소화 하여 공개하여야 한다. 또한 사용자는 사전에 피해근로자에게 징계사례 게시의 목적과 필요성에 대하여 알려주고, 징계사례 게시에 대한 피해근로자의 의견을 청취할 필요가 있다.

8. 조사 및 조치과정에서의 「2차 가해」 금지

(1) 의 의

사용자는 피해근로자가 직장 내 괴롭힘 신고 이후에 2차 피해를 입지 않도록 주의를 기울어야 한다. 2차 피해라 함은 피해근로자가 신고 이후에 행위자로부터 협박·회유를 받거나, 주변인으로부터 험담을 듣거나, 회사로부터 불이익 처우를 받는 등 추가적인 피해를 당하는 경우를 말한다. 피해근로자가 2차 피해를 받게 되면 문제가 해결되리라는 기대가 좌절되어 분노·무력·우울 등의 정신적 스트레스가 더욱 악화되고 심한 경우에는 자살과 같은 극단적인 선택을 하기도 한다. 2014년 10월에 압구정 아파트 경비원이 입주민 갑질에 대해 회사에

97) 행정안전부·고용노동부, 「개인정보보호 가이드라인-인사·노무편-」, 2012.8, 32면.

고충을 이야기하고 근무지 변경을 요청하였으나, 회사로부터 이를 묵살 당하고 보호조치를 제대로 받지 못하다가 분신자살하게 된 사건과 2021년 5월에 공군 제15비행단 소속 여중사가 선임중사로부터 성추행을 당한 후 즉시 상급자에게 신고하였으나, 소속 대대 및 가해자로부터 회유와 압박을 당하다가 결국 자살에 이르게 된 사건 등은 모두 2차 가해가 빚어낸 비극이다. 이와 같이 2차 가해는 1차 가해 못지않게 심각한 피해를 일으킨다. 따라서 사용자는 조사 및 조치의 전 과정에서 스스로가 2차 가해자가 되어서는 안 될 뿐만 아니라, 행위자 및 다른 근로자들이 피해근로자에 대하여 험담하거나 따돌리는 행위 등을 하지 못하도록 통제하여야 한다.

(2) 2차 가해 유형과 피해사례

직장 내 괴롭힘 2차 가해를 유형별로 살펴보면, 첫째, 행위자가 고소 협박, 사건무마 강요, 모욕 또는 음해를 하는 것, 둘째, 주변 근무자로부터 공감 또는 지지 없이 의심을 받거나 직장 내 괴롭힘 또는 성희롱 피해자로 낙인찍혀 따돌림 받는 것, 셋째, 신고 후 회사의 사건처리 지연과 조사 후 미조치, 넷째, 신고 후 회사가 신고인에게 불리한 처우를 하거나 제3자에게 신상공개를 하여 소문에 휩싸이게 만드는 것 등이 있다.

산업현장에서 실제 발생된 피해신고인에 대한 2차 가해 사례를 살펴보면 다음과 같다.

[사례1] "꽃뱀한테 걸렸다" 회사 내 소문 … 여직원의 2차 피해

2017년 1월, 가구업체 H사 신입 여직원 A씨는 사내 교육담당자에게 성폭행을 당하였다고 경찰에 고소하자, 이후 인사팀장이 "덮어라. 이렇게 가면 너도 해고 당하고 너한테 좋을 게 없다"라고 하였고, 가해자는 하루가 멀다 하고 전화하고 찾아왔다. 사측의 가이드라인을 받은 후 10월까지 휴가를 받았던 A씨는 복귀시점에 황당한 소문을 접하였는데, 가해자가 "내가 재수 없어서 꽃뱀한테 걸렸다"는 이야기를 하고 다닌다는 것이었다. 〈JTBC뉴스 2017.11.7.〉

[사례2] "남 인생 망쳤다" 2차 가해…직장 내 괴롭힘 신고 3명 중 1명 불이익

직장인 ㄱ씨는 부서장에게 당한 갑질을 노동부에 신고해 갑질 사실을 인정받았지만, 사내에서 '별일도 아닌데 신고해 남 인생을 망쳤다'는 소문에 시달렸다. 가해자와 분리조치 또한 이뤄지지 않은 채 인사평가에서 홀로 최하위 점수를 받고 난 뒤 그는 2021년 7월 '직장갑질119'를 찾았다. ㄱ씨는 "회사는 신고를 이유로 한 불이익이 아니라 정당한 평가라고 하는데, 너무 부당하고 억울하다"고 토로했다. 직장갑질119는 '고용노동부 또는 재직 회사에 괴롭힘을 신고했다'고 밝힌 제보 278건(1~7월) 중 '신고를 이유로 불이익을 받았다'고 언급한 제보가 33.1%(92건)으로 집계됐다고 밝혔다. 〈한겨레신문 2021.8.29.〉

[사례3] "저는 사건을 겪을 때마다 회사에 알렸고 조치를 요청하였지만, 즉각적인 조치가 이루어지지 않았습니다." 이에 노조는 2차 가해를 주장하였다.

2021년 10월부터 온라인판매업체 K사 창원 물류센터에 입사한 계약직 A씨는 관리자 B씨로부터 외모비하 발언과 각종 폭언을 들었고 이를 회사에 문제제기 하였다. 그러나 회사는 A씨가 요구하는 근무장소 변경이나 유급휴가 조치를 거부하여 보호조치를 하지 않았다. 또한 회사는 화해목적으로 오히려 가해자와 단둘이 만나도록 하였고, A씨는 그 자리에서 "제가 성소수자인 걸 알고 있다는 말까지 듣게 되어 큰 상처를 받았다"고 말했다. K사 본사는 직장 내 괴롭힘을 일부 인정하였으나 가해자인 B씨에 대해선 서면경고 조치만 하였다.

〈MBC경남뉴스 2022.1.10.〉

[사례4] "직장 괴롭힘 조사만 두 달, 서면만 100쪽 썼는데… 이젠 지쳤어요"

2021년 12월, ○○대학 계약직 연구원 ㄱ씨는 ㄴ교수를 직장 내 괴롭힘으로 학교측에 신고하였으나, 이후 학교관계자는 '좋게 해결하라'라는 취지로 이야기 하였고, 직장 내 괴롭힘 조사가 두 달 동안 진행되는 동안 서면을 제출한 것만 100쪽에 달하였다고 한다. 학교와 실랑이로 조사가 지연되는 동안 연구원 ㄱ씨는 정신과 치료까지 받았다고 토로하였다.

〈한겨레신문 2022.2.28.〉

제2절 직장 내 괴롭힘 조사보고서 작성실무

1. 조사보고서 작성방법

(1) 개 요

조사자는 직장 내 괴롭힘 조사가 끝나면 조사보고서를 작성하여 사용자에게 보고하여야 한다. 조사보고서는 당사자 주장과 사실관계 등을 객관적으로 파악하고 기재하여 사용자가 직장 내 괴롭힘 해당 여부를 공정하게 판단할 수 있도록 하는 자료이다. 조사보고서에 포함될 내용은 사건내용, 조사내역 및 피해근로자등 보호조치, 조사결과, 직장 내 괴롭힘 해당 여부에 대한 조사자 의견, 행위자와 피해근로자 조치에 대한 조사자 의견, 증거서류 목록 등이다.

(2) 「사건내용」란의 작성

「사건내용」란은 당사자의 인적사항과 사건경위 등을 기재한다. 당사자의 인적사항은 당사자의 지위 또는 관계에서의 우위성을 살펴볼 수 있도록 입사일, 소속, 직급, 담당업무 등을 기재한다. 사건경위는 사건발생일부터 신고일까지의 사건내용을 육하원칙에 따라 기재하되, 사건내용은 행위자의 괴롭힘 행위를 유형별로 분류하여 기재한다.

(3) 「조사내역 및 피해근로자등 보호조치」란의 작성

「조사내역 및 피해근로자등 보호조치」란은 조사내역과 피해근로자등 보호조치 등을 기재한다. 조사내역은 조사를 진행한 내용을 일자별로 기재한다. 사용자는 조사내역을 통해 조사가 지체 없이 이루어졌는지, 조사대상자를 충분히 포함하고 있는지 등을 확인할 수 있다. 또한 피해근로자등 보호조치는 피해를 입은 근로자 또는 피해를 입었다고 주장하는 근로자에 대해 조사기간 중 보호조치를 행한 사실이 있다면 이를 기재한다.

〈직장 내 괴롭힘 조사보고서의 주요목차〉

직장 내 괴롭힘 조사보고서

1. 사건내용

(1) 당사자 인적사항

(2) 사건경위

2. 조사내역 및 피해근로자등 보호조치

(1) 조사내역

(2) 조사기간 중 피해근로자등 보호조치

3. 조사결과

(1) 당사자의 주장

(2) 참고인 진술

(3) 확인되는 사실

4. 직장 내 괴롭힘 해당여부에 대한 조사자 의견

(1) 판단근거

(2) 직장 내 괴롭힘 판단요소별 검토

① 지위 또는 관계에서의 우위 이용여부

② 업무상 적정범위 초과여부

③ 신체적·정신적 고통 또는 근무환경 악화여부

(3) 종합적 판단

5. 행위자와 피해근로자 조치에 대한 조사자 의견

(1) 행위자에 대한 조치

(2) 피해근로자에 대한 조치

[증거서류 목록]

(4) 「조사결과」란의 작성

「조사결과」란은 조사자가 조사한 내용을 당사자의 주장, 참고인 진술, 확인되는 사실 등으로 구분하여 기재한다.

이를 구체적으로 살펴보면, 첫째, '당사자의 주장'은 신고인이 주장한 내용을 먼저 기재하고 그 주장에 대한 피신고인의 주장을 기재하여 서로 비교할 수 있도록 한다. 이 때 주의할 점은 당사자의 주장이 서로 상반된다 할지라도 그 주장을 그대로 기재하고 어느 일방의 주장만을 강조하지 않는다. 둘째, '참고인 진술'은 당사자 간 주장이 상반된 부분에 대해 이를 확인해 줄 수 있는 참고인이 있는 경우에 참고인의 진술을 기재하는 것이다. 셋째, '확인되는 사실'은 조사결과 당사자 간 다툼이 없는 주장, 각종 입증자료의 기재내용, 조사 시 진술내용 등을 바탕으로 객관적으로 인정되는 사실들을 기재하는 것이다. 이 경우 ① 당사자 간 다툼이 없는 주장이라 함은 쟁점이 된 사항에 대해 신고인과 피신고인이 모두 인정하거나 서로 부인하지 않는 사항을 말한다. ② 각종 입증자료의 기재내용이라 함은 문서, 카톡・메일 등 입증자료에 의하여 객관적으로 확인된 사항을 말한다. ③ 조사 시 진술내용은 대면 진술조사 시 피조사자가 진술한 사항을 말한다. '확인되는 사실'의 내용은 가능한 직장 내 괴롭힘 판단에 필요한 사항들을 위주로만 기재한다.

(5) 「직장 내 괴롭힘 해당 여부에 대한 조사자 의견」란의 작성

「직장 내 괴롭힘 해당 여부에 대한 조사자 의견」란은 조사한 내용을 바탕으로 피신고인의 행위가 직장 내 괴롭힘에 해당되는지에 대해 실제 조사를 담당한 자로서의 의견을 기재한다. 조사자 의견은 사용자 또는 심의위원회가 직장 내 괴롭힘 해당 여부를 판단하는데 도움을 주기 위함이다. 기재할 내용을 구체적으로 살펴보면, 첫째, 직장 내 괴롭힘 판단의 근거가 되는 규정을 먼저 제시한다. 일반적으로 근로기준법 제76조의2 또는 회사 취업규칙 내 직장 내 괴롭힘 금지 조항이 이에 해당된다. 둘째, 직장 내 괴롭힘의 성립요건 3가지 즉 ① 피신고인이 지위 또는 관계의 우위성이 있는지, ② 피신고인의 행위가 업무상 적정범위를 넘어섰는지, ③ 신고인에게 신체적·육체적 고통 또는 근무환경의 악화가 있었는지 등을 검토하고, 특히 '업무상 적정범위 초과여부'란은 신고인이 괴롭힘 행위라고 주장하는 피신고인의 각각의 행위에 대하여 그것이 직장 내 괴롭힘에 해당되는지에 대한 종합적인 검토의견을 기재한다. 셋째, 직장 내 괴롭힘의 3가지 성립요건으로 모두 종합하여 최종적인 검토의견을 제시한다. 이와 같이 조사자가 제시한 의견은 사용자의 종국적 판단에 있어 매우 중요한 영향을 미치므로 신중히 작성되어야 하고, 주의할 점은 조사자는 직장 내 괴롭힘 해당 여부 등에 대해 판단이 아닌 의견을 제시하는 것이므로 조사보고서상에는 "~라고 판단된다."가 아닌 "~라고 사료된다."라는 방식으로 작성될 필요가 있다. 한편 조사자가 직장 내 괴롭힘 해당여부에 대한 의견제시가 어려운 경우에는 고용노동부 근로감독관과의 상담 또는 공인노무사·변호사 등 전문가의 의견을 구하여 이를 기재할 수도 있다.

(6) 「행위자와 피해근로자의 조치에 대한 조사자 의견」란의 작성

「행위자와 피해근로자의 조치에 대한 조사자 의견」란은 직장 내 괴롭힘 판단 결과를 바탕으로 행위자와 피해근로자에 대한 사후조치를 어떻게 할 것인가에 대해 조사자로서 의견을 기재한다. 이와 같은 조사자 의견은 사용자가 행위자와 피해근로자의 사후조치를 어떻게 할 것인가에 대한 의사결정에 도움을 주기 위함이다.

1) 행위자에 대한 조치

직장 내 괴롭힘 해당 여부에 대한 판단이 끝난 후에는 행위자에 대한 사후조치를 어떻게 할 것인지에 대한 조사자 의견을 기재한다. 첫째, 직장 내 괴롭힘에 해당되는 경우에는 피신고인은 괴롭힘 행위자로서 합당한 조치가 이루어져야 하며, 징계, 근무장소 변경 등 필요한 조치에 대한 의견을 제시한다. 이 경우 필요한 조치에 대하여 피해근로자의 의견을 들어야 하므로 사전에 조사과정에서 확인된 피해근로자의 의견을 조사보고서에 기재한다. 둘째, 직장 내 괴롭힘에 해당되지 않는 경우에는 피신고인은 괴롭힘 행위자에 해당되지 않아 통상적으로는 특별한 조치가 요구되지 않는다. 다만 직장 내 괴롭힘에는 해당되지 않는다 할지라도 조직 내 상하 간에서 갈등이 발생된 만큼 관리자 리더십 개선, 장소적 분리조치, 직장예절 교육 등의 의견을 제시할 수도 있다.

2) 피해근로자에 대한 조치

직장 내 괴롭힘 해당 여부에 대한 판단이 끝난 후 행위자에 이어 피해근로자에 대한 보호조치를 어떻게 할 것인지에 대해 조사자 의견을 기재한다. 첫째, 직장 내 괴롭힘에 해당되는 경우에는 신고인은 괴롭힘의 피해근로자로서 적절한 보호조치가 요구된다. 피해근로자가 요청하면 근무장소의 변경, 배치전환, 유급휴가명령 등 적절한 조치를 하여야 하므로 조사보고서에는 사전에 조사된 피해근로자의 요청사항을 기재하고 그 요청사항을 바탕으로 보호조치를 어떻게 할 것인지에 대한 의견을 기재한다. 둘째, 직장 내 괴롭힘에 해당되지 않는 경우에는 신고인은 피해근로자에 해당되지 않아 특별한 조치가 요구되지 않는다. 다만 직장 내 괴롭힘에는 해당되지 않는다 할지라도 신고인의 애로사항이 확인된 만큼 필요한 경우 부서이동, 직무조정 등의 의견을 제시할 수도 있다.

(7) 「증거서류 목록」란의 작성

「증거서류 목록」란은 조사결과 당사자 · 참고인 등이 제출한 증거 또는 조사자가 직접 수집한 증거 등 각종 증거서류들을 기재한다. 예컨대 신고인의 진술조사서, 피신고인의 진술조사서, 참고인의 진술조사서, 카톡 · 메시지 · 이메일 · 녹취록, 기타 물적증거들이 이에 해당된다. 또한 조사자는 필요한 경우 각 증거서류의 신뢰성에 대한 의견을 기재할 수 있다. 이와 같이 증거서류 목록에 기재된 자료들은 모두 조사보고서 뒷면에 반드시 첨부하여야 한다. 이때 주의할 점은 당사자가 제출한 증거는 사건과 무관한 자료가 아닌 한 모두 첨부하는 것이 원칙이며, 조사자가 임의대로 선별하거나 누락시켜 당사자 일방에게 유리하도록 하여서는 아니 된다.

2. 직장 내 괴롭힘 조사보고서 작성사례

(1) 직장 내 괴롭힘이 인정된 작성사례

문서번호 : ○○상사 인사팀-22
시행일자 : 2022.1.25
수　　신 : 대표이사

담 당 자	관리이사	대표이사
홍길동		

제　　목 : **「영업2팀 직장 내 괴롭힘 신고사건」 조사보고서**

2021.12.5.에 당사 인사팀에 접수된 「영업2팀 직장 내 괴롭힘 신고사건」에 대하여 조사한 결과를 아래와 같이 보고합니다.

– 아　　래 –

1. 사건내용

(1) 당사자 인적사항

① 신고인 : 영업2팀 이○○사원(입사일 : 2021.5.1. 담당직무 : 배송/영업)
② 피신고인 : 영업2팀 정○○대리(입사일 : 2018.7.1. 담당직무 : 주문접수/경리)
※ 당사자 관계 : 신고인은 피신고인이 거래처로부터 접수한 상품주문서를 전달받아 배송과 영업업무를 행하고 있으며, 서로 업무적 협력관계임.

(2) 신고내용

2021.12.5.에 신고인이 피신고인으로부터 업무배제, 험담, 따돌림 등의 직장 내 괴롭힘을 당하였다고 인사팀에 신고하였으며, 구체적인 신고내용은 아래와 같음.

① (업무배제) 2021.6.1.부터 2021.12.3. 동안 피신고인이 자신의 자리에서 팩스로 접수한 상품주문서들을 대부분 김○○사원에게만 전달하여 배송업무를 하도록 하였고, 자신에게는 상품주문서를 제대로 전달해주지 않아 배송업무를 정상적으로 수행하지 못하도록 하였음.

② (험담) 2021.8초, 피신고인이 영업2팀 팀장에게 "이○○씨는 일은 안하고 맨날 놀기만 한다."라고 험담하였고, 또한 같은 부서의 김○○사원에게 7월중순에 "팀장에게는 깍듯하다. 속이 응큼하다."라고, 11월초에는 "이○○는 여자친구가 있는 것 같더라. 얼굴은 그닥 아닌 것 같은데"라고 험담하였음.

③ (따돌림) 2021.6.1.부터 2021.12.3.동안 피신고인은 자신보다 1개월 늦게 입사한 김○○사원에게는 출근 시 아침인사를 받아주었으나, 자신에게는 아침인사를 외면하거나 근무 중에 말을 걸어도 말대꾸를 잘 하지 않는 등 따돌림을 행하였음.

2. 조사내역

(1) **조사자** : 인사팀 홍○○과장(징계담당)

(2) **조사기간** : 2021.12.12.~2021.12.21

(3) **조사대상자 및 조사일정**

-2021.12.12. 신고인 이○○사원 조사
-2021.12.14. 참고인 김○○사원(영업2팀 사원) 조사
-2021.12.16. 참고인 차○○과장(영업2팀 팀장) 조사
-2021.12.18. 피신고인 정○○대리 조사

(4) **조사기간 중 피해근로자등 보호조치**

조사기간 중 피신고인과의 업무적 대면으로 인한 피해 등을 고려하여 신고인에게 2021.12.12.~2021.12.18.까지 7일간의 재택근무를 실시함.

3. 조사결과

(1) **당사자의 주장**

	신고인	피신고인
업무배제	2021.6.1.~2021.12.3. 동안 정○○대리는 접수한 상품주문서들을 김○○사원에게만 대부분 전달하여 상품배송일을 하도록 하였고, 본인에게는 상품주문서를 제대로 전달해주지 않아 업무를 정상적으로 수행하지 못하도록 하였다.	상품주문서를 의도적으로 김○○사원에게만 전달한 것이 아니라, 상품주문서들이 접수될 때마다 김○○사원이 근처에 있었기 때문에 상대적으로 이○○사원에게 조금 덜 배당된 것이다.

	신고인	피신고인
험담	-2021년 8월초에 영업2팀 팀장에게 자신에 대해 "일은 안 하고 놀기만 한다."라고 험담하였다. -2021년 7월에는 김○○사원에게 팀장에게 잘 보이려고 한다고 험담하였고, 11월에는 김○○사원에게 본인의 외모에 대해 험담하였다.	영업2팀 팀장에게 8월초에 이○○사원의 근무수행태도에 대해 말한 바는 있으나 그것은 험담이 아니다. 7월과 11월에 김○○사원에게 이○○사원에 대해서 이야기한 것도 단순히 농담이었지 험담이 아니었다.
따돌림	2021.6.1.~2021.12.3. 동안 김○○사원의 아침인사를 잘 받아주는 반면, 본인의 아침인사는 외면하였고, 근무 중에도 말대꾸도 잘 하지 않는 등의 따돌림을 당하였다.	이○○사원의 아침인사는 목소리가 작아 구별하기가 어려웠고, 근무 중에 서로 대화가 많지 않은 것은 사실이나 따돌림을 하지는 않았다.

※ 괴롭힘의 원인에 대하여, 신고인은 2021.5.15.에 정○○대리에게 연차사용 문제로 갈등이 있었던 이후부터 본인을 탐탁치 않게 여겨서 괴롭히기 시작하였다고 진술한 반면, 피신고인은 특별히 괴롭힐 이유가 없다고 진술함.

(2) 참고인 진술내용

	차○○과장(영업2팀 팀장)	김○○사원(영업2팀 사원)
업무배제	정○○대리가 접수한 상품주문서들은 김○○사원에게만 대부분 전달하고 있었는지에 대해서는 잘 몰랐다.	2021.6.1.~2021.12.3.동안 상품배송이 이○○사원을 건너뛰고 본인이 연속하여 배당받은 경우가 많았다.
험담	2021년 8월초에 정○○대리가 이○○사원에 대해 "일은 제대로 하지 않는다."라고 들은 적이 있고, 이에 대해 정○○대리에게 "정대리가 잘 지도해주어라"라고 이야기한 적이 있다. 그리고 당시에 이○○사원에게 "일은 스스로 찾아서 해야지?!"라고 지적하기도 하였다.	-2021년 7월 중순 정○○대리가 "이○○씨는 팀장에게는 깍듯하더라. 속이 좀 응큼하네^^"라는 카톡을 저에게 보낸 적이 있다. -2021년 11초에 정○○대리가 "이○○는 여자친구가 있는 것 같더라. 얼굴은 그닥 아닌 것 같은데.. 안그래?!"라는 말을 들은 적이 있다. 그런 내용을 이○○사원과 술자리에서 이야기해준 적이 있다.
따돌림	정○○대리와 이○○사원이 개인적으로 자주 대화하지는 않았다. 그러나 정○○대리가 이○○사원을 팀원들로부터 따돌리는 행위를 본 적은 없다.	정○○대리가 다른 사원들에게 이○○사원을 따돌림 하는 지시를 본 적은 없다.

(3) 확인되는 사실

당사자 간 다툼이 없는 주장, 각종 입증자료의 기재내용, 조사 시 진술내용 등을 바탕으로 다음과 같은 사실을 확인함.

가. 신고인은 2021.5.1.에 입사한 후 영업2팀에 배치되었고, 김○○사원은 2021.6.1.에 입사한 후 같은 팀에 배치되었다. 두 명 모두 피신고인이 고객사로부터 접수한 상품주문서를 배당받아 상품배송 업무를 하고, 배송지 사업장을 대상으로 영업관리 활동도 부가적으로 수행하고 있음. [증빙 : 영업2팀 업무분장표]

나. 신고인은 2021.5.15.에 피신고인에게 "다음주 월요일과 화요일에 연차를 사용하려고 한다."라고 하자, 피신고인이 "지금 한창 바쁠 시기에 연차를 사용하면 어떡하냐?!"라고 하였고, 이에 신고인이 "연차는 자유롭게 사용하는 것 아닌가요?! 이미 팀장님께 말씀드렸습니다."라고 말하는 등 다소의 언쟁을 벌인 일이 있음. [증빙 : 신고인, 피신고인 등 각 진술조사서]

다. 영업2팀 상품운송일지를 통해 확인한 결과, 2021.6.1.~2021.12.3. 동안 상품배송량은 김○○사원은 총 240건이고, 신고인은 총 168건으로 두 사원간 약 30% 정도 차이가 있는 것으로 나타났고, 전년도 2020.6.1.~2020.12.3.까지 전임근무자였던 최○○사원과 전○○사원의 상품배송량의 차이는 약 9%로 나타남. [증빙 : 2020년도~2021년도 영업2팀 상품운송일지]

※ 당사 영업팀 작업지침 제8조에 따르면, "상품주문서 접수담당자는 고객사로부터 접수된 상품주문서를 소속 배송/영업사원들에게 순차적으로 전달하여 배송 및 현장설치가 원활히 진행되도록 한다."라고 규정되어 있음.
[증빙 : 영업팀 작업지침]

라. 2021.8.20.에 신고인이 카톡을 통해 피신고인에게 "운송업무가 김○○사원에게 너무 편중되는 것 같다. 일이 없어 멀뚱멀뚱 사무실에서 쉬는 경우가 있다."라고 고충을 호소한 적이 있음. [증빙 : 신고인 진술조사서, 신고인 카톡]

마. 2021년 8월초에 피신고인이 차○○팀장에게 "이○○씨는 일은 안하고 놀기만 한다."라고 이야기를 한 바 있다. 또한 2021년 7월중순에 같은 팀 김○○사원에게 "이○○씨는 팀장에게는 깍듯하더라. 속이 좀 응큼하네^^"라는 카톡을 보낸 적이 있고, 11월초에 "이○○는 여자친구가 있는 것 같더라. 얼굴은 그닥 아닌 것 같은데... 안그래 ?!"라는 말을 한 적이 있음. [증빙 : 신고인, 참고인 차○○과장, 참고인 김○○사원 등 각 진술조사서, 김○○사원 카톡내용]

바. 피신고인은 신고인과 아침인사를 나누거나, 서로 대화를 자주 나누지는 않았다. 그러나 피신고인은 신고인을 다른 사원들로부터 따돌림을 행하거나 회의 또는 회식에 배제시킨 적은 없음.

[증빙 : 신고인, 피신고인, 참고인 김○○사원 등 각 진술조사서]

사. 신고인은 피신고인의 괴롭힘 행위로 인해 정신적 스트레스가 심하여 ○○병원 신경정신과에서 총 3일간의 통원치료를 받은 바 있음.

[증빙 : 신고인 진술조사서, 병원진단서]

4. 직장 내 괴롭힘 판단에 대한 조사자 의견

(1) 판단기준

당사 취업규칙 제42조에서 "직장 내 괴롭힘이라 함은 사용자 또는 근로자가 직장에서의 지위 또는 관계 등에 우위를 이용하여 업무상 적정범위를 넘어 다른 근로자에게 신체적·정신적 고통을 주거나 근무환경을 악화시키는 행위"라고 규정하고 있음. 이에 따라 본 직장 내 괴롭힘 신고사건에서 피신고인이 신고인에게 행한 행위가 지위 또는 관계에서의 우위성 이용여부, 업무상 적정범위 초과 여부, 신체적·정신적 고통 또는 근무환경 악화 여부 등 3가지 요소를 모두 충족하는지를 살펴봄.

(2) 직장 내 괴롭힘 판단요소별 검토

가. 피신고인이 지위 또는 관계에서의 우위성이 있는지 여부

피신고인은 신고인에게 직접 업무지시를 하는 직속상사는 아니나, 같은 부서에서 직급이 상위에 있고, 신고인의 상품배송 업무량을 좌우할 수 있는 위치에 있어 지위 또는 관계상 우위성이 있다고 사료됨.

나. 피신고인의 행위가 업무상 적정범위를 초과하였는지 여부

피신고인의 행위가 업무상 적정범위를 초과하였는지를 살펴본 바, 신고인과 참고인들의 일관된 진술과 카톡내용, 영업2팀의 상품운송현황 등을 근거로 볼 때, 2021.6.1.~2021.12.3.동안 피신고인이 신고인에게 행한 업무배제, 험담 등의 행위는 업무상 적정범위를 초과하였다고 사료됨. 구체적인 내용은 아래와 같음.

첫째, 업무배제와 관련하여, 피신고인은 2021.6.1.~2021.12.3.동안 상품주문서들이 접수될 때마다 신고인이 근처에 있었기 때문에 신고인에게 조금 덜 배당되었을 뿐 의도적으로 업무를 배제한 적이 없었다고 주장하나,

① 신고인과 참고인 김○○사원은 2021.6.1.~2021.12.3.동안 상품주문서가 순차적으로 배당되지 않았다고 일관되게 진술하고 있다는 점, ② 당사 영업팀 작업지침 제8조에서는 상품주문서 접수담당자는 상품주문서를 소속 영업사원들에게 순차적으로 전달하도록 규정하고 있다는 점, ③ 2021.6.1.~2021.12.3. 동안 영업2팀 상품운송일지에서 상품배송량은 김○○사원(총 240건)에 비해 신고인(총 168건)이 약 30%가 적은 것은 전년도 같은 기간에 다른 영업사원들의 근무 시 약 9%가 차이가 있었던 것에 비추어 볼 때 매우 이례적인 현상이라고 볼 수 있다는 점, ④ 신고인이 2021.8.20.에 피신고인에게 "운송업무가 김○○사원에게 너무 편중되는 것 같다. 일이 없어 멀뚱멀뚱 사무실에서 쉬는 경우가 있다."라고 고충을 호소하였음에도 불구하고 피신고인이 이를 개선하지 않았다는 점 등 제반 상황을 종합하여 판단하였을 때, 피신고인이 신고인에게 할당되어야 할 상품주문서를 의도적으로 배제시켰다고 봄이 타당하다고 사료됨.

둘째, 험담과 관련하여, 피신고인은 "8월초에 영업2팀 팀장에게 신고인의 근무수행 태도에 대해 말하였던 것이고, 7월중순과 11월초에 참고인 김○○사원에게 신고인에 대해 말한 것은 단순히 농담이었을 뿐 험담한 것이 아니다."라고 주장하나,

① 피신고인이 신고인의 업무량을 의도적으로 축소시켜 그로 인해 사무실에서 대기하도록 만들었음에도 불구하고 소속팀장에게는 신고인에 대해 "일은 안하고 놀기만 한다."라고 말한 것은 순수한 의미의 근무수행 태도를 언급한 것으로 보기 어렵다는 점, ② 2021.7월 중에 피신고인이 김○○사원에게 "이○○씨는 팀장에게는 깍듯하더라. 속이 좀 응큼하네^^"라는 말한 것은 직장생활에 대한 근거없는 비난에 가깝고, ③ 2021.11초에 피신고인이 김○○사원에게 "이○○는 여자친구가 있는 것 같더라. 얼굴은 그닥 아닌 것 같은데… 안그래?!"라는 말은 업무수행에 불필요한 사적인 외모를 언급한 것으로 이들은 모두 단순한 농담으로 치부하기는 어렵다는 점 등 제반 상황을 종합하여 판단하였을 때, 피신고인이 신고인에게 정신적 고통을 줄 정도의 험담을 하였다고 봄이 타당하다고 사료됨.

셋째, 따돌림과 관련하여, 신고인은 피신고인이 김○○사원과 차별하여 아침인사와 대화에 잘 응하지 않는 것은 따돌림이라고 주장하나,

① 피신고인이 신고인의 아침인사 목소리가 작아 인사를 받기가 어려웠다는 진술이 사회통념상 비합리적이라고 볼 수 없다는 점, ② 피신고인이 신고인을 다른 사원들로부터 따돌리거나 회의 또는 회식에 배제시킨 적이 없었다는 점,③ 피신고인이 신고인과의 대화에 적극적으로 응하지 않은 것이 반드시 업무와 관

련되었다고 보기 어렵고 순수하게 사적인 인간관계에서 비롯될 수도 있다는 점 등을 종합하여 판단할 때, 피신고인이 신고인에게 따돌림을 행하였다고 볼 수는 없다고 봄이 타당하다고 사료됨.

다. 신체적·정신적 고통 또는 근무환경 악화여부

신고인은 피신고인의 직장 내 괴롭힘 행위로 인해 정신적 스트레스를 심하게 받았다고 진술하였고, 그와 관련하여 ○○병원에서 총 3일간 신경정신과 치료를 받은 사실이 있는 바, 정신적 고통이 있었음이 인정된다고 사료됨.

(2) 결 론

결론적으로 2021.6.1.~2021.12.3.동안 피신고인이 신고인에게 행한 업무배제, 험담 등의 행위는 지위 또는 관계에서의 우위성, 업무상 적정범위 초과, 정신적 고통 발생 등의 측면에서 직장 내 괴롭힘 행위로 인정되고, 이는 당사 취업규칙 제42조에서 금지하는 직장 내 괴롭힘 금지조항을 위반한 것이라고 사료됨. 다만 따돌림 행위는 그 성격, 횟수, 업무관련성 등을 고려할 때 직장 내 괴롭힘 행위로 인정되지 않는다고 사료됨.

5. 행위자와 피해근로자의 조치에 대한 조사자 의견

(1) 행위자에 대한 조치

가. 신고인 요구

- 신고인은 피신고인의 행위가 직장 내 괴롭힘에 해당되는 경우에는 그에 합당한 징계를 바란다고 의사를 표하였음.

나. 조사자 의견

- 최근 직장 내 괴롭힘은 사회적으로 비난이 높고 사업장 내 근무질서에도 미치는 해가 크므로 엄중하게 다루어야 할 것임. 따라서 피신고인에게 당사 취업규칙 제42조(직장 내 괴롭힘 금지) 위반의 책임을 물어 징계조치가 있어야 하며, 징계수위는 부서 내 상급자로서 갓 입사한 신입사원을 더욱 잘 지도해 주어야 함에도 불구하고 개인적 감정으로 인해 약 6개월간 지속적으로 괴롭혀서 신고인이 사직까지 고려할 정도로 정신적 고통을 주었다는 점에서 정직 1개월 이상의 중징계 조치가 필요하다고 사료됨. 다만 조사과정에서 피신고인이 반성과 함께 신고인에게 사과를 한 점은 참작할 필요가 있음.
- 징계조치 이외에 피신고인에게 타부서로의 이동과 직장 내 괴롭힘 금지 교육이

수를 거치도록 할 필요가 있다고 사료됨.

(2) 피해근로자에 대한 조치

가. 신고인 요청

- 신고인으로부터 피해근로자 보호조치에 대한 요청은 특별히 없음.

나. 조사자 의견

- 근무상황 등 추후 지속적인 모니터링이 필요하다고 사료됨.

[첨부자료]

1. 신고인 진술조사서(이○○사원) 1부
2. 신고인의 카톡 자료 1부
3. 참고인 진술조사서(차○○과장, 김○○사원) 1부
4. 참고인 김○○사원의 카톡 자료 1부
5. 피신고인 진술조사서 (정○○대리) 1부
6. 영업2팀 상품운송일지 1부
7. 당사 영업팀 작업지침 1부

(2) 직장 내 괴롭힘이 불인정된 작성사례

구매팀 직장 내 괴롭힘 조사보고서

1. 사건내용

(1) 사건 당사자

- 신고인 : 구매팀 이○○ (직급 : 대리, 성별 : 여성)
- 피신고인 : 구매팀 정○○ (직급 : 팀장, 성별 : 남성)
  ※ 피신고인은 신고인의 부서 내 직속상사임

(2) 신고인 신고내용

- 2022.5.17.에 구매팀 소속 이○○대리(이하 "신고인"이라 함)가 같은 팀 정○○팀장(이하 "피신고인"이라 함)으로부터 사생활 침해, 모욕, 차별 등의 직장 내 괴롭힘을 당하였다며 인사팀에 신고함. 신고내용은 아래와 같음.
- ① (사생활 침해) 2021.11.24.에 피신고인이 연차휴가 신청 시 사유를 집요하게 캐물어 사생활을 침해하였음.
  ② (모욕) 2022.1.20.에 피신고인이 여러 사원이 참여하는 팀 메신저 대화방에서 신고인에게 "대답 안하냐?! 업무에 집중 안하고 뭐해?!"라고 다그치면서 모욕감을 주었고, 2022.2.2.에 신고인이 개인 카톡으로 연차휴가를 신청하자, 피신고인이 ○ 라고만 회신하여 모욕감을 주었음.
  ③ (차별) 2022.3.26.에 피신고인은 신고인이 팀 메신저 대화방에서 퇴근인사 시 다른 여사원에게는 "수고했어"라고 한 반면, 본인에게는 "네"라고 하면서 차별적으로 대하였음.

2. 조사내역 및 피해근로자등 보호조치

(1) 조사내역

- 2022.5.23. : 사건 조사착수, 신고인에게 조사개시 안내
- 2022.5.23.~5.25. : 신고인의 신고자료 및 회사자료 검토
- 2022.5.26. : 신고인 이○○대리 조사

- 2022.5.27. : 참고인 최○○과장, 설○○사원 조사
- 2022.5.29. : 피신고인 정○○팀장 조사

※ 조사 관련자들에게 사전에 비밀보호서약서를 제출받음

(2) 피해근로자등 보호조치

- 신고인이 조사기간중 피신고인을 대면하기가 힘들다고 하여, 보호차원에서 신고인에게 2022.5.23.부터 2022.5.29까지 총 7일의 유급휴가를 부여하였음.

3. 조사결과

(1) 당사자 주장

가. 연차휴가 사용 사유를 집요하게 캐물었다는 점에 대하여

신고인은 「2021.11.24.에 정○○팀장에게 연차휴가를 신청하였는데, 정○○팀장은 다른 사원들과 달리 본인에게만 연차휴가 사용 사유를 집요하게 캐물어 사생활을 침해하였다」라고 주장함. 반면 피신고인은 「이○○대리가 11월에 연차휴가를 이미 2일을 사용하고도 같은 달 27일에 또 다시 사용한다고 해서 "무슨 일 있어? 사유가 뭔데?"라고 연차휴가 사용 사유를 두 번 정도 물었을 뿐 집요하게 캐묻지 않았고 연차휴가 사용을 막지도 않았다.」라고 진술함.

나. 업무수행과정에서 모욕감을 주었다는 점에 대하여

① 신고인은 「2022.1.20.에 재택근무 중 팀 메신저 대화방에서 정○○팀장이 메신저로 업무지시를 하였고 본인이 이에 대한 답변을 작성하고 있는 중이였는데, 정○○팀장이 업무지시 후 1분 만에 "대답 안하냐! 업무에 집중 안하고 뭐해?!" 라고 팀원들 앞에서 질책한 것은 모욕감을 준 것이다.」라고 주장함. 반면, 피신고인은 「당시 코로나-19로 재택근무가 계속되어 메신저로 업무지시를 내려야 하는 상황에서, 업무지시의 내용이 즉답이 필요한 것인데 최○○대리는 바로 대답한 반면 이○○대리가 대답이 없어서 대답을 촉구한 것뿐이다.」라고 진술함.

② 신고인은 「2022.2.2.에 개인 카톡으로 정○○팀장에게 "병원에 갈 일이 있어 2월 7일 연차를 사용하려고 합니다."라고 연차휴가 사용신청의 글을 보냈는데, 정○○팀장이 아무런 설명도 없이 ○라고만 회신을 보내와서 매우 모욕감을 느꼈다.」라고 주장함, 반면 피신고인은 「평소에도 팀원들과 카톡으로 대화할 때 "네", "알겠습니다.", ○ , ○○ 등의 표현을 사용하였으며, ○는 '오케이~'의 약자일 뿐입니다. 이○○대리가 그로 인해 모욕감을 느끼게 될 줄은 전혀 몰랐다.」 라고 진술함.

다. 퇴근인사 시 다른 사원과 차별적으로서 대하였다는 점에 대하여

신고인은 「2022.3.26.에 팀 메신저 단체방에서 정○○팀장에게 퇴근인사를 하였는데 설○○사원에게 "응, 수고했다"라고 대답하였으나 본인에게는 "네."라고 대답하였다. 팀원이 함께 있는 단체방에서 유독 자신에게만 다른 반응을 보인 모습에 소외감을 느끼게 하였다.」라고 주장함. 반면, 피신고인은 「평소 부서원들이 퇴근인사를 하면 '네', "수고했다" 등 다양하게 대답하였고, 바쁠 때는 아예 답변을 안하고 넘어간 적도 있었다. 이○○대리만 차별적으로 대하지 않았다.」라고 진술함.

※ 한편 괴롭힘의 원인에 대하여, 신고인은 「정○○팀장이 자신을 싫어해서 다른 사원과 차별하거나 모욕감을 주었다.」고 주장함. 반면 피신고인은 「이○○대리를 특별히 차별하거나 모욕감을 준 적이 없고, 본 신고사건이 발생된 것은 2022년 3월 초에 이○○대리에게 전년도 업무실적평가를 낮게 준 것에 대한 불만 때문이다.」라고 주장함.

(2) 참고인 진술

가. 참고인 설○○사원은 2021.11.04.에 피신고인이 신고인에게 연차휴가 사용에 대해 언성을 높인 모습을 보았으나, 연차휴가 사용 사유를 계속적으로 집요하게 캐묻지는 않았다고 진술함.

나. 참고인 최○○대리, 설○○사원 등은 평소 피신고인이 신고인을 다른 사원과 차별하거나 회의, 회식 등에서 따돌림을 한 것을 본적이 없다고 진술함.

(3) 확인되는 사실

당사자 간 다툼이 없는 주장, 각종 입증자료의 기재내용, 조사 시 진술내용 등을 바탕으로 다음과 같은 사실이 확인됨.

가. 이 사건 신고인과 피신고인이 이 사건 신고 이전에는 업무적 관계에서 서로 갈등을 일으킨 적이 없음. 다만 2022.3.20.에 신고인이 전년도 업무실적평가 결과에 대해 피신고인에게 "저의 전년도 업무평가가 왜 이전 년도보다 더 낮습니까?!"라고 따진 적이 있음. [증빙 : 신고인, 피신고인의 각 진술조사서]

※ 피신고인이 신고인의 2021년도 업무평가에서 평가등급을 직전년도보다 낮게 부여한 것은 신고인의 근태가 좋지 못한 부분이 반영되었다고 진술함. 2021년도 구매팀 사원들의 근태현황표 확인결과, 신고인의 지각·결근 등의 근태등급이 구매팀 팀원 중에서 가장 낮았음.

[증빙 : 신고인의 2021년도 업무실적평가표/구매팀 소속사원 2021년도 근태현황표]

나. 구매팀 사원들의 연차휴가 신청방식을 확인한 바, 팀원들은 팀장에게 사전에 카톡 등으로 사용가능 여부를 문의한 후, 연차휴가 사용 1일전에 연차휴가 신청서를 다시 제출함. 팀장은 업무상 큰 지장이 없는 한 부하사원들의 연차휴가를 대부분 허용하고 있음. 한편 2021년도 구매팀 개인별 연차휴가 사용현황을 살펴본 바, 신고인이 2021년도 사용가능한 연차휴가 16일을 모두 소진하였고 팀원 중 가장 많이 사용한 것으로 확인됨.

구분	입사일	2021년도 연차휴가 사용현황		
		발생일수(이월포함)	사용일수	잔여일수
정○○팀장	2011.10.18	19일	14일	5일
최○○과장	2014.10.01	17일	12일	5일
이○○대리	**2016.10.26**	**16일**	**16일**	**0일**
김○○사원	2019.06.21	15일	11일	4일
설○○사원	2019.11.01	15일	10일	5일
조○○사원	2021.12.01	0일	0일	0일

[증빙 : 2021년도 구매팀 사원 연차휴가 사용 현황표]
[증빙 : 참고인 최○○과장, 설○○사원의 각 진술조사서]

다. 2021.11.24.에 신고인이 11월에 3번째 연차휴가를 신청할 때 피신고인은 신고인에게 "무슨 일 있어? 사유가 뭔데?", "나도 남은 연차를 다 못쓰는데, 너만 쓰려고 하냐?!"라고 말하면서 언성을 높인 사실이 있음. 피신고인은 언성을 높인 이유에 대해서는 당시 팀업무가 바쁜 시기에 모든 팀원들이 목표를 달성하기 위해 노력하는 상황에서 신고인의 평소의 근태불량 등이 생각났기 때문이다고 함. 한편 피신고인은 당시 연차휴가 사용 사유를 2회 정도 강하게 물은 사실이 있으나 신고인의 2021.11.27.자 연차휴가 사용을 최종적으로 허용하였음.

[증빙 : 피신고인 진술조사서, 참고인 설○○사원 진술조사서]

라. 2022.1.20.에 팀 메신저 단체방에서 피신고인이 메신저로 "최과장은 F4 파이프 잔여수량 확인하고, 이대리는 ○○아파트공사 소요 자재량 총현황표 확인바랍니다."라고 업무지시를 하였고, 이에 최○○과장이 30초정도 지나서 "넵 오늘중 처리하겠습니다."라고 대답하였고, 이후 1분정도 지나 피신고인이 신고인에게 "이대리는 대답 안하냐! 업무에 집중 안하고 뭐해?!"라고 하였고, 이후 2분정도 지나서 신고인이 "아 네 알겠습니다."라고 대답하였음.

[증빙 : 구매팀 단체방 메신저 대화내용]

마. 2022.2.2.에 신고인이 개인 카톡으로 피신고인에게 "병원에 갈 일이 있어 2월 7일 연차를 사용하려고 합니다."라고 연차휴가 사용신청의 글을 보냈는데, 피신고인이 아무런 설명도 없이 ○라고만 회신을 하였음.

[증빙 : 신고인 2022.2.2.자 카톡 내용]

바. 피신고인은 신고인에게뿐만 아니라 평소 팀원과 카톡으로 대화할 때, ○, ○○ 등의 문자를 사용하였음. 2020.2.23.에 최○○과장에게 ○ 라고 회신한 적이 있고, 2021.3.5.에는 설○○사원에게 ○○라고 회신한 적이 있음.

[증빙 : 2020.2.23.자 최○○과장 카톡내용, 2021.3.5.자 설○○사원 카톡내용]

사. 2022.03.26.에 피신고인은 팀 메신저 단체방에서 퇴근인사 시 설○○사원에게 "응, 수고했다"라고 대답하였고, 신고인에게는 "네."라고 대답하였음. 그러나 2021.5.14.에 피신고인은 팀 메신저 단체방에서 퇴근인사 시 신고인에게 "네"라고 대답한 반면, 설○○사원에게는 대답자체를 하지 않은 적이 있음.

[증빙 : 구매팀 메신저 단체방 대화내용]

아. 최○○과장, 설○○사원 등이 진술한 바에 따르면, 피신고인은 평소 신고인을 다른 사원과 차별하거나 회의, 회식 등에서 따돌림을 한 것을 본적이 없다고 함. [증빙 : 참고인 최○○과장, 설○○사원의 각 진술조사서]

4. 직장 내 괴롭힘 해당 여부 판단

(1) 판단근거

근로기준법 제76조의2 및 당사 취업규칙 제50조제1항에서 "직장 내 괴롭힘이라 함은 사용자 또는 근로자가 직장에서의 지위 또는 관계 등에 우위를 이용하여 업무상 적정범위를 넘어 다른 근로자에게 신체적·정신적 고통을 주거나 근무환경을 악화시키는 행위"라고 규정하고 있는 바, 본 신고사건에서 피신고인이 신고인에게 행한 행위가 ① 지위 또는 관계에서의 우위성 이용여부, ② 업무상 적정범위 초과 여부, ③ 신체적·정신적 고통 또는 근무환경 악화여부 측면에서 직장 내 괴롭힘에 해당하는지를 검토함.

※ 업무상 적정범위를 넘는 것인지 여부는 당사자의 관계, 행위가 행하여진 장소 및 상황, 행위에 대한 상대방의 명시적 또는 추정적인 반응의 내용, 행위의 내용 및 정도, 행위가 일회적 또는 단기간의 것인지 아니면 계속적인 것인지 여부 등의 구체적인 사정을 참작하여 종합적으로 판단함(고용노동부 2019년 매뉴얼 직장 내 괴롭힘 판단 및 예방대응 매뉴얼 14면 참조함).

(2) 직장 내 괴롭힘 판단요소별 검토

가. 지위 또는 관계에서의 우위성 여부

피신고인은 신고인에게 직접 업무지시를 하는 직속상사로서, 지위에서 우위성이 있다고 사료됨.

나. 업무상 적정범위 초과여부

신고인이 피신고인을 대상으로 사생활 침해, 모욕, 차별 등을 당하였다고 신고한 행위에 대하여 그 행위가 업무상 적정범위를 초과하였는지를 살펴본 바, 당사자의 주장 및 참고인들의 일관된 진술, 개인별 연차사용 현황 등 각종 입증자료 등을 종합하여 볼 때 업무상 적정범위를 초과하지 않았다고 봄이 타당하다고 사료됨. 구체적인 내용은 아래와 같음.

첫째, 사생활 침해 행위와 관련하여, 신고인은 2021.11.24.에 피신고인이 다른 사원들과 달리 본인에게만 연차휴가 사용 사유를 집요하게 물어 사생활을 침해하였다」라고 주장하나,

법률상 근로자의 연차휴가 자유 사용 원칙에 비추어 볼 때 피신고인이 신고인의 연차휴가 사용 사유를 물어본 것과 그 과정에서 언성을 높인 것은 부적절하나, 그 이유가 신고인이 팀 업무가 가장 바쁜 시기에 연차휴가를 많이 사용한 것을 책망하는 과정에서 비롯되었다는 점, 참고인 설○○사원은 당시 피신고인이 연차휴가 사용 사유를 2회 정도 강하게 물어본 것 외에 계속하여 집요하게 물어보지 않았다고 진술하고 있다는 점, 피신고인이 신고인의 2021.11.27.자 연차사용을 최종적으로 허용하였다는 점 등 제반 상황을 종합하여 볼 때, 이를 연차휴가 사용 사유를 2회 물어본 것이 사생활을 침해한 정도라고 보기는 어렵다고 봄이 타당하다고 사료됨.

둘째, 모욕감을 준 행위와 관련하여, 신고인은 2022.1.20.에 피신고인이 팀원 모두가 참여하는 팀 메신저 단체방에서 업무지시 후 1분 만에 대답을 재촉하며 질책한 행위와 2022.2.2.에 개인 카톡으로 연차휴가를 신청하자 ○ 라고만 회신하는 것은 모욕감을 준 행위라고 주장하나,

① 대답 재촉 행위와 관련하여, 당시 피신고인이 신고인에게 대답을 재촉할 업무상 필요성이 있었다는 점, 팀원들 앞에서 "대답 안하냐! 업무에 집중 안하고 뭐해?!"라는 말이 당황스러울 수는 있으나 일반인 입장에서 볼 때 모욕적이라고 볼 수준까지는 아니다는 점, 대답 재촉 행위가 그 이후 지속적·반복적으로 행하

여지지 않았다는 점 등을 볼 때 피신고인이 신고인을 팀원들 앞에서 모욕을 주었다고 볼 수 없다고 사료됨.

② 연차휴가 신청 시 ○ 라고 회신한 행위와 관련하여, 피신고인은 신고인 외에도 평소에도 다른 팀원들과 카톡으로 대화할 때, ○ , ○○ 등의 문자를 사용한 적이 있다는 점, 직장 동료간에 ○라는 대화법은 적절하지 않으나 일반인 입장에서 볼 때 모욕적이라고 볼 수준까지는 아니다는 점 등을 볼 때 피신고인이 신고인에게 모욕을 주었다고 볼 수 없다고 사료됨.

셋째, 차별행위와 관련하여, 신청인은 2022.3.26.에 퇴근인사 시 다른 사원에게는 "수고했어"라고 한 반면 자신에게는 "네"라고 한 것은 차별행위라고 주장하나,

2022.5.14. 퇴근인사 시 피신고인이 신고인에게는 "네"라고 대답한 반면, 설○○사원에게는 대답자체를 하지 않은 경우도 있어 특별히 신고인만을 퇴근인사 시 비호의적으로 대하였다고 볼 수 없다는 점, 참고인 최○○과장, 설○○사원은 피신고인이 신고인을 차별적으로 대하거나 따돌리는 행위를 본적이 없다고 일관되게 진술하고 있다는 점, 인사를 비호의적으로 주고받는 문제는 반드시 업무와 관련된다고 볼 수 없다는 점 등 제반 상황을 종합하여 볼 때, 피신고인이 신고인에게 한 행위는 차별행위에 해당되지 않는다 라고 봄이 타당하다고 사료됨.

다. 신체적 · 정신적 고통 또는 근무환경 악화여부

신고인은 피신고인의 행위로 인해 정신적 스트레스를 받았다고 진술하였고, 실제 ○○병원에서 우울증으로 정신과 치료를 받은 진단서를 제출하였기에 정신적 고통이 있었음이 인정된다고 사료됨.

(2) 종합적 판단

신고인이 직장 내 괴롭힘 행위라고 주장하는 총 3가지 사안을 종합적으로 살펴본바, 비록 피신고인이 지위에서의 우위성을 갖고 있고 신고인이 피신고인의 행위로 인해 정신적 고통을 겪은 것은 사실은 인정되나, 그 원인으로 신고된 피신고인의 사생활 침해, 모욕, 차별 등 행위들은 그 성격과 정도, 그리고 횟수 등을 볼 때 업무상 적정범위를 초과하였다고 볼 수는 없다고 사료됨. 따라서 신고인이 괴롭힘 행위로 신고한 피신고인의 행위는 근로기준법 제76조의2 및 당사 취업규칙 제50조제1항에서 규정한 직장 내 괴롭힘에 해당된다고 볼 수 없다고 사료됨.

5. 피신고인 사후조치에 대한 조사자 의견

(1) 신고인은 본 신고사건이 직장 내 괴롭힘으로 확인되는 경우 피신고인에 대해 징계조치와 부서이동을 바란다고 의견을 표하였음.

(2) 그러나 본 신고사건이 직장 내 괴롭힘이 아닌 것으로 판단된 경우 피신고인에 대한 특별한 조치가 필요하지 않은 상황임. 다만 피신고인에게 팀장으로서 신고인과의 관계 개선을 주문하고, 앞으로는 부하 사원들에게 부적절한 언어 및 표식을 사용하지 못하도록 하는 등의 직장예절 교육이 필요하다고 사료됨.

6. 신고인 사후조치에 대한 조사자 의견

(1) 신고인은 본 신고사건이 직장 내 괴롭힘으로 확인되는 경우, 본인의 보호조치에 대한 요청은 없었음.

(2) 본 사건이 직장 내 괴롭힘이 아닌 것으로 최종 판단된 경우, 신고인에게 본 사건 처리결과를 안내하고, 만약 신고인이 타부서로의 이동을 희망하는 경우에 관련자들의 원만한 근무를 위해 이를 검토할 필요는 있다고 사료됨.

[첨부자료]

1. 신고인 이○○대리 진술조사서 1부
2. 신고인 추가 증빙서류(카톡 및 메시지, 진단서 등) 1부
3. 참고인 최○○과장, 설○○사원의 각 진술조사서, 카톡 자료 1부
4. 피신고인 정○○팀장 진술조사서 1부
5. 구매팀 메신저 단체방 대화 내용 1부
6. 2021년도 구매팀 소속사원 연차휴가 사용 현황표 1부
7. 2021년도 구매팀 소속사원 근태현황표 1부
8. 신고인 2021년도 업무실적평가표 1부

2022. 5. 31

조사자 과장 홍길동

제2장

국가기관에 의한 조사 및 조치

제1절 고용노동부에 의한 조사 및 조치

1. 고용노동부의 조사 및 판단 권한

근로자는 근로과정에서 문제가 발생되면 사업장 내에서 해결하기 보다는 고용노동부에 진정을 제기하여 해결하려는 경향이 크다. 이는 근로자가 제기한 문제를 사용자가 제대로 처리해 주지 않기 때문인데, 특히 직장 내 괴롭힘 경우에는 사용자가 편파적으로 판단을 하거나 적절한 조치를 해주지 않을 것 같다는 선입견이 있어서 처음부터 고용노동부에 신고를 하는 경우가 있다. 피해근로자는 근로기준법 위반 사실이 있으면 당연히 고용노동부에 이를 신고하여 적절한 해결을 요청할 수 있다.[98] 이 경우 각 사업장 내에서 발생하는 직장 내 괴롭힘 신고사건에 대한 고용노동부의 권한과 역할은 어디까지인가를 살펴볼 필요가 있다. 우선 고용노동부는 사용자가 직장 내 괴롭힘을 한 경우와 사용자가 피해신고자등에게 불리한 처우를 한 경우에는 과태료 등의 제재를 위해 사용자를 상대로 직장 내 괴롭힘 여부에 대한 직접적인 조사 및 조치의 주체가 된다. 다음으로 사용자 이외의 자가 직장 내 괴롭힘을 하는 경우에는 고용노동부의 권한과 역할은 다소 제한된다. 근로기준법 제76조의3제1항 내지 제2항에서 직장 내 괴롭힘 조사의 주체를 사용자로 규정하고 있고, 제3항 내지 제5항에서 행위자에 대한 적절한 조치의 주체도 사용자로 규정하고 있다. 이는 사업장 내에 직장 내 괴롭힘이 발생하였을 때는 사용자가 직장 내 괴롭힘 사건처리의 집행기관으로서 우선적인 역할을 해야 함을 의미한다. 이 경우 고용노동부는 사업장의 근로조건의 기준을 확보하기 위한 감독기관으로서 사용자가 직장 내 괴롭힘 사건을

98) 근로기준법 제104조(감독기관에 대한 신고) ① 사업 또는 사업장에서 이 법 또는 이 법에 따른 대통령령을 위반한 사실이 있으면 근로자는 그 사실을 고용노동부장관이나 근로감독관에게 통보할 수 있다.

관련법에 어긋나지 않게 제대로 처리하였는지를 감독하는 역할을 수행한다.

2. 고용노동부의 「직장 내 괴롭힘 신고사건」 처리절차

고용노동부는 국가의 직장 내 괴롭힘 예방에 대한 주무부서로서 법집행의 실효성을 담보하기 위하여, 2019년 하반기에 「직장 내 괴롭힘 신고사건 처리지침」을 마련하여 진정사건 등에 대응하고 있다.[99] 2022년도 개정된 업무지침(근로기준정책과-498. 2022.2.15.)의 주요내용을 살펴보면 다음과 같다.

(1) 직장 내 괴롭힘 신고사건 처리방향

1) 직장 내 괴롭힘 사건을 개인의 일탈에 따른 단일사건이 아니라, 조직문화 관련 유기적 상황으로 인식하여 재발방지에 주력한다.

가. 근로감독관 조사 전 권리구제지원팀이 법 제도 안내, 상담, 사내신고·조사 여부를 확인하여 이행하고 안내한다.

나. 조직문화 진단을 지방관서의 진단으로 적극 활용한다.

다. 필요시 컨설팅 연계를 통한 조직문화 중심의 궁극적 해결을 도모한다.

2) 진정 등 신고는 없으나, 사회적 이슈가 된 사업장에 대해서는 근로감독, 확인조사, 조직문화 진단 등을 실시한다.

(2) 담당 근로감독관의 지정

1) 직장 내 괴롭힘 사건 피해근로자는 정신적·신체적 고통을 받는 상황에 있어, 조사의 전문성과 공감 능력이 필요하므로 지방관서별로 사건처리 담당 근로감독관을 지정하여 신고사건을 처리함을 원칙으로 한다. 직장 내 괴롭힘 여부

99) 근로기준정책과-5343. 2019.10.22.「직장 내 괴롭힘 신고사건 처리지침」. 동 지침은 이후 직장 내 괴롭힘 법 개정(2021.4.13)의 내용을 반영하여 2021.4.13.과 2022.2.15.에 일부 변경됨.

판단에 전문성·공정성을 요하는 경우에는 지방관서 자체적으로 「직장 내 괴롭힘 판단 전문위원회」를 구성, 운영, 활용한다.

2) 직장 내 성희롱이 함께 신고된 사건은 제재규정이 있는 남녀고용평등법을 우선 적용하여 직장 내 성희롱 담당자가 처리한다. 수개의 행위 중 일부 행위는 성희롱, 일부 행위는 괴롭힘으로 신고한 경우 사건을 분리하여 처리가 가능하다.

(3) 직장 내 괴롭힘 진정사건 처리절차

1) 모든 직장 내 괴롭힘 사건 접수 시 피해근로자에게 신고사건화 의사를 반드시 확인하고, 신고사건화 의사가 없더라도 취업규칙 필수기재 사항 규정 여부 및 사업장의 직장 내 괴롭힘 예방·대응 체계에 대해서 점검하고, 취업규칙 미반영이 확인된 경우 시정지시를 한다. 불이행 시에는 과태료를 부과한다.

2) 진정사건 처리 절차

가. (1단계) 피해자의 신고사건화 의사 및 취업규칙을 확인한다. 피해자의 신고사건화 의사가 있는 경우에는 2단계로 진행하고, 신고사건화 의사가 없는 경우에는 권고문 송부 후 행정종결을 한다.

나. (2단계) 사업장 조사여부 확인 및 불이익한 처우여부를 확인한다. 사업장이 자체 조사를 이미 실시한 경우 3단계로 진행하고, 이행하지 않은 경우에는 피해근로자등이 사업장에 신고하였는지를 확인하여 시정지시 또는 개선지도를 한다. 또한 진정인이 불이익한 처우를 주장하는 경우에 한해 조사함이 원칙이나, 근로감독관 조사과정에서 불이익한 처우 사실을 인지 시에는 조사를 실시한다.

다. (3단계) 사건조사를 실시한다. 진정인의 문제제기 내용을 확인하여 괴롭힘 여부, 조사 중 보호조치, 비밀누설 금지 의무 위반을 우선 확인한다. 다만 과태료가 있는 조치의무 위반 조항(제76조의3제4항·제5항)을 주장하는 경우 우선 직장 내 괴롭힘 여부에 대한 조사를 선행한다.

〈직장 내 괴롭힘 신고사건 처리절차〉

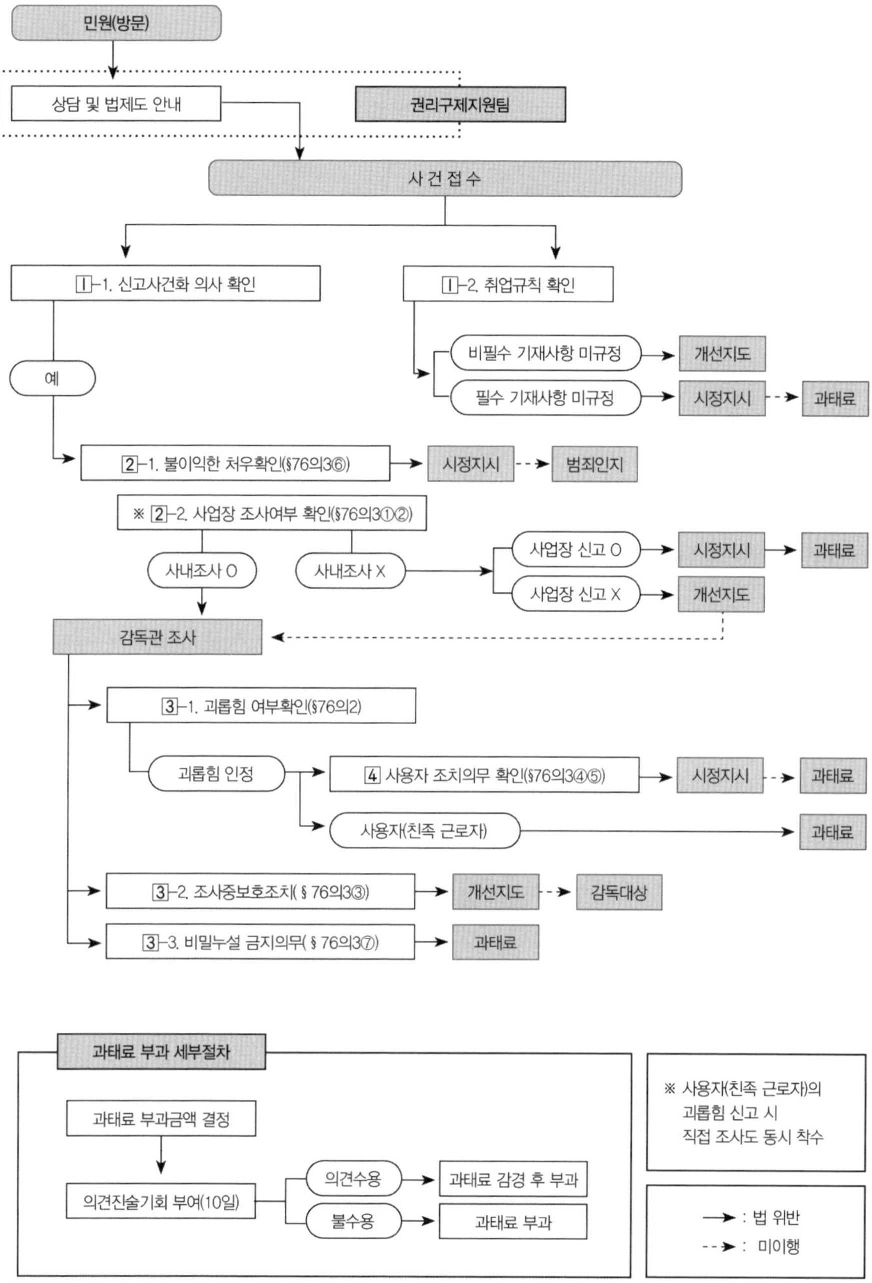

(4) 직장 내 괴롭힘 신고 유형별 처리절차

1) 직장 내 괴롭힘 일반 사건

가. 사업장에 신고 없이 지방관서에 처음 신고한 경우 : 진정인에게 진정사건 처리절차 안내 후, 처리 의사를 확인한다.

① 진정인이 직접 사업장에 신고할 의사를 표하고 지방관서의 별도 조치 등을 원하지 않는 경우 : 제도 안내 후 종결한다.

② 지방관서 조치를 원하는 경우에는 사용자에게 조사 및 적절한 조치를 취하도록 개선지도. 개선지도 후 이행결과를 보고받아 조사・조치의무 미이행 등 법위반이 확인된 경우에는 시정지시를 실시한다.

나. 사업장에 신고하였으나, 사용자가 조사・조치를 실시하지 않음을 이유로 신고한 경우

① 조사하지 않음을 진정한 경우 : 사용자에게 해당 사건을 조사하도록 시정지시, 미이행 시 과태료를 부과한다.

② 조사를 통해 괴롭힘이 인정되었으나, 행위자 및 피해자에 대해 조치하지 않음을 진정한 경우 : 사용자에게 해당 사건에 대한 적절한 조치를 취하도록 시정지시, 미이행 시 과태료를 부과한다.

다. 사업장 자체 조사・조치 결과에 대한 불만족을 이유로 신고한 경우 : 진정인이 제시하는 주장(증거)을 통해, 사업장에서 실시한 조사(판단)・조치・결과 등에 명백히 불합리한 사정이 있는지를 조사한다.

① 사업장의 조사・조치 등이 명백히 불합리한 경우 : 첫째, 조사가 명백히 불합리한 경우 근로감독관이 직접조사를 실시하고, 둘째, 조사결과에는 만족하나, 조치가 명백히 불합리한 경우에는 "조사를 통해 괴롭힘이 인정되었으나, 조치하지 않음을 진정한 것"과 동일하게 처리한다.

② 사업장 조사・조치 등이 합리성을 일부 결여하였으나, 판단결과에 영향을

미칠 정도에 이르지 않는 경우 : 개선지도를 실시한다.

③ 사업장의 조사·조치 등이 합리적인 범위 내에서 이루어진 경우 : 직장 내 괴롭힘에 해당되는 경우에는 향후 직장 내 괴롭힘 예방 또는 재발방지 등을 위한 단순 행정지도를 실시한 후 종결하고, 직장 내 괴롭힘에 해당되지 않는 경우에는 행정종결 처리하되, 권고문 송부가 가능하다.

〈명백히 불합리한 사정이 있는지 여부의 판단 기준(예시)〉
① 조사·조치 과정에서 근기법 제76조의3제2항부터 제5항, 또는 취업규칙에 규정된 절차를 위반한 사실이 입증된 경우 ※ 제3항(조사기간 중) 피해근로자등에 대한 적절한 조치는 피해자 의사에 반해서는 안됨, 제4항 및 제5항(괴롭힘 판단 이후) 피해근로자가 요청할 경우 피해근로자에게 적절한 조치, 피해근로자의 의견을 청취하여 행위자 조치 ② 조사과정에서 진정인이나 주요 참고인에게 진술 기회가 주어지지 않거나, 진정인이 제시하는 주장이나 증거가 합리적인 이유 없이 배제된 것이 확인된 경우 ③ 판단과정에서 행위자가 개입하였다는 사정이 확인된 경우 ④ 판단의 사실관계를 확정하는 증거가 허위임이 입증된 경우 등

2) 신고에 따른 불리한 처우를 신고한 경우

가. 아래 불리한 처우 여부의 판단기준에 따라 조사하고 확인한 불리한 처우는 시정지시, 미이행 시 입건 후 수사사건 처리절차에 따라 처리한다.

나. 다만, 보충적으로 불리한 처우 여부를 판단하기 위해서 직장 내 괴롭힘 인정여부를 확인해야 하거나, 직장 내 괴롭힘 여부도 조사하고자 하는 피해근로자의 의사가 확인된 경우에는 사업장 조사여부와 조사결과를 확인하고, 필요한 경우 직장 내 괴롭힘 해당여부 등을 직접 조사한다.

〈'불리한 처우' 여부의 판단 기준(예시)〉

※ 근로기준법 제76조의2제6항과 유사하게 규정되어 있는 남녀고용평등법 제14조제6항과 관련한 판례(대법원 2017.12.22. 선고 2016다202947판결)에서 제시한 '불리한 처우' 판단 기준을 참조

- 직장 내 괴롭힘을 신고한 근로자 및 피해근로자등에게 해고나 그 밖의 불리한 처우를 한 경우 근로기준법 제76조의2제6항 위반에 해당. 다만 아래의 경우에는 법 위반에 해당되지 않음
  - 사업주의 조치가 직장 내 괴롭힘 피해나 그와 관련된 문제 제기와 무관한 경우
  - 사업주의 조치가 직장 내 괴롭힘과 별도의 정당한 사유가 있는 경우
- 사업주의 조치가 피해근로자등에 대한 불리한 조치로서 위법한 것인지 여부는 아래 기준을 종합적으로 고려하여 판단
  ① 불리한 조치가 직장 내 괴롭힘에 대한 문제 제기 등과 근접한 시기에 있었는지
  ② 불리한 조치를 한 경위와 과정
  ③ 불리한 조치를 하면서 사업주가 내세운 사유가 피해근로자등의 문제 제기 이전부터 존재하였던 것인지
  ④ 피해근로자등의 행위로 인한 타인의 권리나 이익 침해 정도와 불리한 조치로 피해근로자등이 입은 불이익 정도
  ⑤ 불리한 조치가 종전 관행이나 동종 사안과 비교하여 이례적이거나 차별적인 취급인지 여부
  ⑥ 불리한 조치에 대하여 피해근로자등이 구제신청 등을 한 경우에는 그 경과

※ 불리한 처우의 예는 남녀고용평등법 제14조제6항을 참조

남녀고용평등법 제14조제6항 : 사업주는 성희롱 발생 사실을 신고한 근로자 및 피해근로자등에게 다음 각 호의 어느 하나에 해당하는 불리한 처우를 하여서는 아니 된다.

1. 파면, 해임, 해고, 그 밖에 신분상실에 해당하는 불이익조치
2. 징계, 정직, 감봉, 강등, 승진 제한 등 부당한 인사조치
3. 직무미부여, 직무 재배치, 그 밖에 본인의 의사에 반하는 인사조치
4. 성과평가 또는 동료평가 등에서 차별이나 그에 따른 임금 또는 상여금 등의 차별 지급
5. 직업능력 개발 및 향상을 위한 교육훈련 기회의 제한
6. 집단 따돌림, 폭행 또는 폭언 등 정신적·신체적 손상을 가져오는 행위를 하거나 그 행위의 발생을 방치하는 행위
7. 그 밖에 신고를 한 근로자 및 피해근로자등의 의사에 반하는 불리한 처우

3) 사업장 내 자체조사 지도와 함께 직접 조사할 사건

가. 괴롭힘 행위자가 근로기준법 제2조제1항제2호의 사업주, 사업경영담당자이거나 그 배우자·4촌 이내의 혈족·인척인 경우

① 직장 내 괴롭힘에 해당하는 경우 : 시정지시 없이 과태료를 부과한다.
② 직장 내 괴롭힘에 해당되지 않는 경우 : 행정종결 한다.

나. 사업장의 직장 내 괴롭힘 조사를 피해근로자가 원하지 않는다고 명확하게 의사를 밝힌 경우

① 직장 내 괴롭힘에 해당되는 경우 : 개선지도를 실시한다.
② 직장 내 괴롭힘에 해당되지 않는 경우 : 행정종결 처리를 한다.

4) 비밀누설 금지사건

가. 조사과정에 참여한 모든 사람에게 적용되고, 비밀을 누설하여 법을 위반한 모든 사람에게 500만원 이하의 과태료를 부과한다.

나. 조사보고는 사업장에서 사용자를 통하여 법상 적절한 조치의무 이행을 도모하기 위한 것으로서, 법상 조치의무가 있는 사용자에게 조사내용을 보고하는 것은 원칙적으로 비밀누설 행위에 해당하지 않는다. 피해근로자와 행위자(사용자 포함)는 사내 조사결과에 따른 조치의 대상이 되므로 이들에 대해서는 조사결과가 공지될 필요가 있다.

5) 타사 근로자·사용자 등의 행위(용역·도급 등)

가. 원청 소속 근로자(사업주)와 용역·도급 근로자(사업주)간에 발생한 괴롭힘 행위는 근로기준법상 '직장 내 괴롭힘'에 해당하지는 않으나, 행위자 측 사용자에게 직장 내 괴롭힘 신고 접수사실을 알리고, 조직문화 점검, 자율개선 등의 조치를 취하도록 권고문을 송부한다.

나. 파견근로자 사용사업주도 사용자로서 근로기준법상 조치의무 등을 부담한다. 실질적으로 사용사업장에서 근로를 제공하던 중 발생한 사안인 만큼, 사용사업장에서의 예방·대응 체계에 따라 처리할 것을 권고한다.

6) 기 타

가. 고객 등 제3자의 폭언

고객 등 제3자의 폭언 등 신고사건은 단순 행정종결을 하기보다는 산업안전보건법에 따른 처리를 검토할 수 있도록 담당과로 이송한다.

나. 제3자 신고

사건처리 전 반드시 피해근로자의 의사를 확인한다. 피해자가 신분 노출을 원하지 않거나 본인 사안에 대한 진정사건 처리를 원하지 않는 경우에는 진정인(제3자)에게 설명하고 행정종결 한다.

다. 익명신고

신고자의 신분공개 등 신고사건화 의사 등을 확인한다. 의사를 확인하기 어려운 경우에는 행정지도를 실시하고, 의사를 확인한 결과 신고자가 신분노출을 원하지 않는 경우에는 최대한 신분노출이 되지 않도록 조사한다.

라. 퇴직자 신고

신고자의 의사를 우선 확인하고, 신고자가 퇴직한 사업장의 사내 불합리한 조직문화의 개선을 요구하는 경우에는 행정지도 실시 후 종결한다. 신고자가 진정사건 처리를 요구하는 경우에 현행 내부지침에 따라 처리한다.

마. 공무원 신고

공무원은 국가공무원법, 공무원 행동강령 등이 우선 적용되므로, 고용노동부가 아닌 관할 부처 감사실, 인사혁신처 등에서 처리한다.

(5) 과태료 부과기준

1) 과태료는 2021.10.14. 이후 발생한 직장 내 괴롭힘의 경우부터 적용한다.

2) 2021.10.14. 이전에 발생한 직장 내 괴롭힘의 경우의 과태료 부과는 다음과 같다.

① 사업장 또는 지방노동관서로의 최초 신고도 2021.10.14. 이전인 경우 : 종전과 같이 조사하여 법 위반 사실이 있으면 개선지도를 한다.

② 사업장 또는 지방노동관서로의 최초 신고가 2021.10.14. 이후인 경우 : 사건을 조사하여 법 위반 사실(조사·조치의무 위반)이 있으면 시정지시 후 미이행시 과태료를 부과한다.

3) 형사처벌·과태료 부과 대상 시효기간은 각 5년이므로 5년이 지난 건에 대해서는 형사처벌 및 과태료 부과는 불가하다(형사소송법 제249조의 규정에 따라 '장기 5년 미만의 징역에 해당하는 범죄의 공소시효는 5년임을 준용. 또한 질서위반규제법 제15조 과태료 소멸시효도 5년임).

〈근로감독관 직장 내 괴롭힘 관련 위반사항 조치 기준〉

구분	법조문	위반사례	조치기준
근로기준법	제76조의2 제116조	사용자의 직장 내 괴롭힘 금지(사용자의 ① 배우자, ② 4촌 이내의 혈족, ③ 4촌 이내의 인척이 근로자인 경우를 포함)	즉시 과태료
	제76조의3 제2항	직장 내 괴롭힘 발생사실 확인을 위한 조사의무 위반	시정기간 25일 이내 (미시정시 과태료)
	제76조의3 제4항	직장 내 괴롭힘 피해근로자 요청시 근무장소의 변경 등 적절한 조치 의무위반	시정기간 14일 이내 (미시정시 과태료)
	제76조의3 제5항	직장 내 괴롭힘을 한 자에 대한 징계 등 조치 위반	시정기간 25일 이내 (미시정시 과태료)
	제76조의3 제6항	직장 내 괴롭힘 발생 사실을 신고한 근로자 및 피해근로자등에게 해고 등 불리한 처우	시정기간 14일 이내 (미시정시 과태료)
	제76조의3 제7항	직장 내 괴롭힘 조사 중 알게된 비밀 누설	즉시 과태료

제2절 국가인권위원회에 의한 조사 및 조치

1. 국가인권위원회의 조사 및 판단 권한

국가인권위원회는 국가 공권력과 사회적 차별행위에 의한 인권침해를 구제하는 것을 주된 목적으로 설립된 독립적인 국가기관이다.[100] 근로자가 사업장에서 차별행위에 속하는 직장 내 괴롭힘을 당한 경우에는 국가인권위원회에 진정을 제기할 수 있다(국가인권위원회법 제30조제1항). 직장 내 괴롭힘이 국가인권위원회에 진정대상이 되려면 첫째, 괴롭힘의 유형이 국가기관이나 지방자치단체, 각급학교, 공직유관단체 등에서 인권침해 행위 또는 차별행위에 속한 경우와 둘째, 괴롭힘의 유형이 법인, 단체 또는 사인으로부터 차별행위에 속한 경우이다. 예컨데 국가기관이나 지방자치단체, 각급학교, 공직유관단체 등에서 상급자가 지속적 폭언, 욕설이나 위협적 언동으로 인격상 피해를 미친 경우에는 인권침해 행위로 진정할 수 있고, 일반사업장에서 근로자가 어떠한 차별사유(집단적 속성)로 인한 불리한 대우로 볼 수 있는 것이거나 근로자가 성적 언동 또는 요구에 불응하였다는 이유로 고용상 불이익을 받았다면 평등권 침해의 차별행위 또는 성희롱으로 진정할 수 있다.[101]

---

100) 국가인권위원회는 2001.11.25.에 출범한 장관급 행정위원회로서 입법, 사법, 행정에 소속되지 않는 인권전담 독립 국가기관이다. 국가인권위원회는 위원장 1명과 상임위원 3명을 포함한 11명의 인권위원으로 구성되며, 주요업무는 인권관련 정책 개선업무, 인권침해・차별행위에 대한 조사와 구제업무, 인권관련 교육과 홍보, 인권관련 국제교류 등이다.

101) 국가인권위원회 홈페이지(https://case.humanrights.go.kr)>진정제도 안내>자주 묻는 질문 8번 항목.

[국가인권위원회법]

제2조 【정 의】 이 법에서 사용하는 용어의 뜻은 다음과 같다.

1. "인권"이란 「대한민국헌법」 및 법률에서 보장하거나 대한민국이 가입·비준한 국제인권조약 및 국제관습법에서 인정하는 인간으로서의 존엄과 가치 및 자유와 권리를 말한다.
2. (생략)
3. "평등권 침해의 차별행위"란 합리적인 이유 없이 성별, 종교, 장애, 나이, 사회적 신분, 출신 지역(출생지, 등록기준지, 성년이 되기 전의 주된 거주지 등을 말한다), 출신 국가, 출신 민족, 용모 등 신체 조건, 기혼·미혼·별거·이혼·사별·재혼·사실혼 등 혼인 여부, 임신 또는 출산, 가족 형태 또는 가족 상황, 인종, 피부색, 사상 또는 정치적 의견, 형의 효력이 실효된 전과(前科), 성적(性的) 지향, 학력, 병력(病歷) 등을 이유로 한 다음 각 목의 어느 하나에 해당하는 행위를 말한다. 다만, 현존하는 차별을 없애기 위하여 특정한 사람(특정한 사람들의 집단을 포함한다. 이하 이 조에서 같다)을 잠정적으로 우대하는 행위와 이를 내용으로 하는 법령의 제정·개정 및 정책의 수립·집행은 평등권 침해의 차별행위(이하 "차별행위"라 한다)로 보지 아니한다.
   가. 고용(모집, 채용, 교육, 배치, 승진, 임금 및 임금 외의 금품 지급, 자금의 융자, 정년, 퇴직, 해고 등을 포함한다)과 관련하여 특정한 사람을 우대·배제·구별하거나 불리하게 대우하는 행위
   나. 재화·용역·교통수단·상업시설·토지·주거시설의 공급이나 이용과 관련하여 특정한 사람을 우대·배제·구별하거나 불리하게 대우하는 행위
   다. 교육시설이나 직업훈련기관에서의 교육·훈련이나 그 이용과 관련하여 특정한 사람을 우대·배제·구별하거나 불리하게 대우하는 행위
   라. 성희롱[업무, 고용, 그 밖의 관계에서 공공기관(국가기관, 지방자치단체, 「초·중등교육법」 제2조, 「고등교육법」 제2조와 그 밖의 다른 법률에 따라 설치된 각급 학교, 「공직자윤리법」 제3조의2제1항에 따른 공직유관단체를 말한다)의 종사자, 사용자 또는 근로자가 그 직위를 이용하여 또는 업무 등과 관련하여 성적 언동 등으로 성적 굴욕감 또는 혐오감을 느끼게 하거나 성적 언동 또는 그 밖의 요구 등에 따르지 아니한다는 이유로 고용상의 불이익을 주는 것을 말한다] 행위

4.~5. (생략)

제30조 【위원회의 조사대상】 ① 다음 각 호의 어느 하나에 해당하는 경우에 인권침해나 차별행위를 당한 사람(이하 "피해자"라 한다) 또는 그 사실을 알고 있는 사람이나 단체는 위원회에 그 내용을 진정할 수 있다.

1. 국가기관, 지방자치단체, 「초·중등교육법」 제2조, 「고등교육법」 제2조와 그 밖의 다른 법률에 따라 설치된 각급 학교, 「공직자윤리법」 제3조의2제1항에 따른 공직유관단체 또는 구금·보호시설의 업무 수행(국회의 입법 및 법원·헌법재판소의 재판은 제외한다)과 관련하여 「대한민국헌법」 제10조부터 제22조까지의 규정에서 보장된 인권을 침해당하거나 차별행위를 당한 경우
2. 법인, 단체 또는 사인(私人)으로부터 차별행위를 당한 경우

②~④ (생략)

2. 국가인권위원회에 진정신고 시 처리절차

(1) 진정제기

1) 국가인권위원회(이하 "위원회"라고 함)의 진정은 차별행위가 있은 날로부터 1년 이내에 제기하여야 한다. 다만, 진정의 원인이 된 사실에 관하여 공소시효 또는 민사상 시효가 완성되지 아니한 사건으로서 위원회가 조사하기로 결정한 경우에는 그러하지 아니하다(법 제32조).

2) 진정의 내용이 위원회의 조사대상에 해당하지 아니하는 경우, 진정이 위원회가 조사하는 것이 적절하지 아니하다고 인정되는 경우, 법률에 의거 다른 기관에서 같은 진정원인 사실에 대해 권리구제 절차가 진행중이거나 종결된 경우 등은 원칙적으로 각하된다(법 제32조).

3) 진정의 내용이 다른 법률에서 정한 권리구제 절차에 따라 권한을 가진 국가기관에 제출하려는 것이 명백한 경우 위원회는 그 진정을 그 국가기관으로 이송한다(법 제33조). 위원회가 진정에 대한 조사를 시작한 후에 진정의 원인이

된 사실과 같은 사안에 관한 수사가 피해자의 진정 또는 고소에 의하여 시작된 경우에는 그 진정을 관할 수사기관으로 이송한다.

(2) 조사방법

1) 위원회에 진정서가 접수되면 조사자는 일단 진정인, 피해자, 피진정인 또는 관계인 등에 대해 직접적으로 조사를 착수한다. 조사자는 진정인·피해자·피진정인 또는 관계인에 대한 출석 요구, 진술 청취 또는 진술서 제출을 요구할 수 있고, 진정인·피해자·피진정인, 관계인 또는 관계 기관 등에 대하여 조사사항과 관련이 있다고 인정되는 자료 등의 제출를 요구할 수 있다. 이 경우 진술서 제출을 요구받은 사람은 14일 이내에 진술서를 제출하여야 한다. 또한 피진정인에 대한 출석 요구는 인권침해행위나 차별행위를 한 행위당사자의 진술서만으로는 사안을 판단하기 어렵고, 인권침해행위나 차별행위가 있었다고 볼 만한 상당한 이유가 있는 경우에만 할 수 있다. 조사자는 조사사항과 관련이 있다고 인정되는 장소, 시설 또는 자료 등에 대한 현장조사 또는 감정을 하거나 조사사항과 관련이 있다고 인정되는 사실 또는 정보의 조회 등을 할 수 있다. 이 경우 그 장소 또는 시설을 관리하는 장 또는 직원에게 필요한 자료나 물건의 제출을 요구할 수 있다(법 제36조).

2) 위원회는 일반적으로 진정내용에 대해서 피진정인에게 답변과 관련 자료의 제출을 요구하고, 이후 진정제기 시 접수된 자료와 피진정인이 제출한 자료를 비교 검토한 후, 필요한 경우 추가 자료제출 요구, 참고인 조사, 현장조사, 감정 등을 통해서 사실관계를 확인한다.

(3) 구제방법

위원회 조사자의 조사가 완료되면 조사결과보고서를 심의위원회에 상정하고, 심의위원회는 권고, 기각 또는 각하, 합의권고, 이송 등의 결정을 내린다.

1) 위원회는 진정인에게 인권침해 또는 차별행위로 인한 직장 내 괴롭힘의 피해가 있었다고 인정되는 경우에는 피진정인에게 구제조치나 관련 법령, 제도, 정책, 관행의 시정 또는 개선을 권고한다. 행위자에게는 손해배상이나 인권교육 수강 권고를 할 수 있고, 소속된 기관, 법인, 단체의 장에게는 행위자 징계, 재발방지 대책을 수립하도록 권고할 수 있다. 다만 위원회의 권고는 법적 구속력은 없어서 사업장은 그 권고를 받아들이지 않는다고 하여도 이를 제재할 수단은 없다. 그러나 사실상 위원회의 결정은 그 권위와 조사의 전문성이 인정되어 권고사항이 대부분 수용되고 있다.[102] 또한 위원회는 진정을 조사한 결과 진정의 내용이 폭행, 강제근로, 피해근로자 불이익처분 등 범죄행위에 해당하고 이에 대하여 형사처벌이 필요하다고 인정하면 검찰에 수사를 의뢰하거나 고용노동부로 이관시켜 추가 조사하도록 조치할 수도 있다.

2) 위원회는 진정을 조사한 결과 진정의 내용이 사실이 아님이 명백하거나 사실이라고 인정할 만한 객관적인 증거가 없는 경우, 인권침해나 차별행위에 해당하지 아니하는 경우, 이미 피해 회복이 이루어지는 등 별도의 구제 조치가 필요하지 아니하다고 인정되는 경우 등에 해당되면 진정을 기각한다(법제39조).

3) 위원회는 조사 중이거나 조사가 끝난 진정에 대하여 사건의 공정한 해결을 위하여 필요한 구제 조치를 당사자에게 제시하고 합의를 권고할 수 있다(법제40조). 조정위원회의 조정에 갈음하는 결정에는 조사대상 인권침해나 차별행위의 중지, 원상회복, 손해배상, 그 밖에 필요한 구제조치, 동일하거나 유사한 인권침해 또는 차별행위의 재발을 방지하기 위하여 필요한 조치 등이 포함될 수 있다(법 제42조제4항).

102) 2012년부터 2016년까지 국가위원회 차별행위 진정사건 권고 수용률은 85.1%에 이른다(국가인권위원회, 2017년 직장 내 괴롭힘 실태조사, 224면).

제3절 사용자와 국가기관과의 조사중복의 문제

1. 의 의

근로자에 의한 직장 내 괴롭힘을 당한 피해근로자는 해당 문제에 대해 사업장 내에서 원만하게 해결하는 것이 가장 바람직하다. 그러나 피해근로자가 반드시 사업장 내 제도를 먼저 거쳐야 하는 것은 아니며, 스스로 판단하여 사용자, 고용노동부 또는 국가인권위원회 중 한 곳을 선택하여 접수를 할 수도 있다. 이 경우 사업장과 국가기관에 동시에 또는 순차적으로 진정신고가 접수되면 조사 및 판단에 있어 중복의 문제가 발생된다.

2. 국가기관에 최초 진정신고를 한 경우

근로자에 의한 직장 내 괴롭힘을 당한 피해근로자가 사업장 내 제도를 거치지 않고 고용노동부 또는 국가인권위원회에 먼저 진정서를 접수한 경우 직장 내 괴롭힘 조사는 누가 우선적으로 착수하고 판단하여야 하는지를 살펴본다.

(1) 고용노동부에 진정신고 시

고용노동부의 경우에는 현행 직장 내 괴롭힘 금지 제도를 사업장 내 자율적 예방 및 대응조치에 중점을 둔 제도로 이해하고 진정서가 접수된 직장 내 괴롭힘 사건에 대해 회사의 조사자체가 없는 경우에는 먼저 회사로 하여금 조사를 실시하고 그 처리결과를 보고하도록 행정지도를 하고 있다. 따라서 근로자에 의한 직장 내 괴롭힘 사건은 사용자가 1차적인 조사 담당자가 된다. 다만 사용자에 의한 직장 내 괴롭힘 행위와 사용자의 피해근로자등에 대한 불이익 처분 신고사건에 대해서는 고용노동부가 직접 사용자를 상대로 조사를 실시하고, 사용자의 괴롭힘 행위에 대해서는 즉시 과태료 처분을, 피해신고자등의 불리한 처우에 대해서는 조사 후 검찰에 송치하여 형사처벌이 부과되도록 하고 있다.

(2) 국가인권위원회에 진정신고 시

국가인권위원회의 경우에는 접수된 진정서가 진정 및 조사대상에 해당되는 이상 비록 소속 기관, 법인, 단체의 장이 조사를 실시하지 않은 것이 확인되더라도 국가인권위원회가 직접 진정인, 피해자, 피진정인 또는 관계인 등에 대해 조사를 착수하고 권고조치 등의 구제절차를 이행한다. 다만 진정사건의 성질이 국가인권위원회가 담당하기 부적절하다고 판단되는 경우에는 진정인의 동의를 얻어 고용노동부로 이관할 수 있다.

3. 사업장 조치결과에 이의제기 후 국가기관에 진정신고 한 경우

근로자에 의한 직장 내 괴롭힘을 당한 피해근로자가 사용자에 의한 직장 내 괴롭힘 판단 및 조치를 수용하지 않고 고용노동부 또는 국가인권위원회에 다시 조사하여 달라고 진정을 하는 경우에는 어떻게 되는지를 살펴본다.

(1) 고용노동부에 진정신고 시

고용노동부는 “직장 내 괴롭힘 신고에 대하여 회사가 조사를 실시하였고, 그 결과에 따라 합리적인 절차와 방법으로 적절한 조치를 취하였다면 그 자체로는 유효하다”고 밝히고 있다.[103] 이는 회사의 자율적 분쟁해결시스템을 우선적으로 존중하겠다는 취지로 해석된다. 다만 고용노동부는 사업장에서 이미 조사를 실

103) 고용노동부 보도자료(2019.07.18), 「직장 내 괴롭힘 제도 관련 주요 질의 응답」.

시하였으나 불안전한 조사나 명백히 잘못된 판단이 의심된 경우에는 '재조사 및 사후조치 개선지도' 명령을 내려서 사용자가 합리적인 조치를 할 수 있도록 하고 있다. 또한 사용자의 적절한 조사・조치를 기대하기 어려운 경우(예컨대 사업주・경영담당자가 괴롭힘 행위자인 경우, 사업장의 조사 및 조치결과 명백히 불합리한 경우 등)에는 근로감독관이 직접 조사를 실시한다.

(2) 국가인권위원회에 진정신고 시

국가인권위원회법 제39조에서는 이미 피해회복이 이루어지는 등 별도의 구제조치가 필요하지 아니하다고 인정되는 경우에는 그 진정을 기각하고(제1항), 진정의 당사자에게 그 결과와 이유를 통지하여 주는 것으로 규정하고 있다(제2항). 이는 직장 내 괴롭힘 신고에 대하여 회사가 조사를 실시하였고, 그 결과에 따라 합리적인 절차와 방법으로 적절한 조치를 취하였다면 그 자체로는 유효하다는 고용노동부의 입장과 동일하다고 볼 수 있다. 다만 국가인권위원회도 소속기관, 법인, 단체의 조사 및 조치결과가 명백히 불합리한 경우라고 판단되면 위원회가 직접 조사를 착수하고 권고 등의 구제조치를 행할 수 있다.

4. 직장 내 괴롭힘 판단에 있어 사업장과 국가기관 간 이견이 발생한 경우

직장 내 괴롭힘 여부의 판단이 매우 애매하여 사업장과 고용노동부간, 또는 소속 기관, 법인, 단체와 국가인권위원회 간에 이견이 발생한 경우에는 어느 판단결과에 따라야 할지가 문제이다. 직장 내 괴롭힘 문제에 대해서는 현행법이 기업 내 자율규제 원칙을 도입하고 있다는 점과 사업장이 조직내부의 고유한 사정을 반영하여 내린 결론을 존중할 필요가 있다는 점에서 사업장 또는 소속기관, 법인, 단체의 판단에 명확한 잘못이 없는 한 그 조직의 판단이 최대한 존중되어야 할 것이다.

제3장

피해근로자에 대한 지원과 보상

제1절 피해근로자에 대한 지원

1. 개 요

직장 내 괴롭힘을 경험한 근로자는 괴롭힘을 당한 기간뿐만 아니라 사후조치가 이루어진 후에도 상당기간 외상 후 스트레스가 지속될 수 있다. 따라서 사용자는 피해근로자에게 근무환경 개선 외에도 건강회복 등을 위한 지원을 병행할 필요가 있다. 일반적으로 피해근로자에게 사회・심리적 치료서비스 제공, 장기간의 휴가부여, 의료비 및 건강증진활동 지원 등을 통해 건강을 회복하고 다시 업무에 집중할 수 있도록 도와줄 수 있다. 만약 피해근로자가 퇴직하게 되는 경우에는 실업급여, 산재보상 등을 수령할 수 있도록 안내하여 준다.

2. 근로자지원프로그램 지원

(1) 의 의

사용자는 근로자지원프로그램(EAP : Employee Assistance Program)을 도입하여 직장 내 괴롭힘과 같은 사고가 발생하였을 때 피해근로자의 부정적인 스트레스를 감소시키기 위해 지원할 필요가 있다. 근로자지원프로그램이란 생산성에 영향을 미치는 근로자의 제반문제(건강, 부부・가족생활 문제, 법률・재정문제, 알코올・약물남용, 정서적 문제, 직무 스트레스 등)를 해결하기 위해 개발된 사업장 기반의 프로그램이다. 근로자지원프로그램은 문제를 가진 근로자, 가족, 친지, 직무조직, 지역사회 전체를 포괄하며 전문가 상담 등 조직 내・외부의 자원을 이용하여 사회・심리적 서비스를 제공할 수 있도록 설계되어야 한다. 우리나라 근로복지기본법 제83조에서는 사업주가 근로자지원프로그램을 시행하도록 노력할 것을 규정하고 있다.

> **[근로복지기본법]**
>
> **제83조 【근로자지원프로그램】** ① 사업주는 근로자의 업무수행 또는 일상생활에서 발생하는 스트레스, 개인의 고충 등 업무저해요인의 해결을 지원하여 근로자를 보호하고, 생산성 향상을 위한 전문가 상담 등 일련의 서비스를 제공하는 근로자지원프로그램을 시행하도록 노력하여야 한다.
> ② 사업주와 근로자지원프로그램 참여자는 제1항에 따른 조치를 시행하는 과정에서 대통령령으로 정하는 경우를 제외하고는 근로자의 비밀이 침해받지 않도록 익명성을 보장하여야 한다.

(2) 근로복지공단의 근로복지넷 EAP 서비스

사업장 내에 근로자지원프로그램이 도입되어 있지 않다면 근로복지공단에서 제공하는 근로복지넷 EAP 서비스를 활용할 수 있다. 근로복지공단은 근로자의 직무스트레스 등을 해결하기 위해 근로복지공단에서 온・오프라인 EAP 서비스를 무료로 제공하고 있다. 서비스 분야는 직무스트레스, 조직 내 소통능력(동료, 상하 간 갈등), 업무역량(리더십) 강화, 불만고객 등 응대, Work-Life Balance(장시간, 육아휴직 등), 직장 내 괴롭힘, 성격진단, 스트레스 관리, 정서문제(우울, 불안, 장애, 분노, 강박 등), 생활습관 관리(금연, 절주, 비만 등), 대인관계, 자살, 부부(관계갈등, 성문제, 맞벌이, 주말부부), 자녀(학습코칭, 또래관계, 발달, ADHD 등), 기타(가족 내 정신질환, 부모봉양 등) 등 다양하다. 지원대상은 상시근로자수 300인 미만 중소기업과 소속 근로자이며, 상담절차는 근로복지넷(www.workdream.net)에서 회원가입 후 상담을 신청하여 온라인 상담 또는 오프라인 상담을 선택할 수 있다. 온라인 상담은 게시판 상담, 모바일 상담, 전화상담 등을 시행하며, 15개 분야별로 전문 상담가에게 상담신청이 가능하며 24시간 이내 답변을 제공받을 수 있다. 오프라인 상담은 근로자 개인상담(1:1대면) 또는 기업상담(집단프로그램, 교육/상담)을 시행한다.

(3) 공공 심리치료기관 활용안내

국내에는 근로자에게 심리상담・치료와 법률상담을 지원하는 공공기관들이 다수 있어 직장 내 괴롭힘 피해근로자가 이를 활용할 수 있도록 도움을 줄 수 있다. 공공 심리상담・치료기관으로는 안전보건공단이 운영하는 '근로자건강센터'와 각 지방 자치단체에서 운영하는 '정신건강복지센터'등이 있다. 또한 고용노동부가 지정한 '고용평등상담실(전국 21개소)'과 '직장 내 괴롭힘 상담센터(전국 8곳)'는 법률상담과 대처방안들을 상담해 줄 수 있는 기관이다.

3. 장기휴가제도 지원

직장 내 괴롭힘으로 인해 신체적・정신적 손상을 입은 근로자에게 사업장을 떠나 장기간의 휴식 기회를 제공하면 상처를 빨리 치유하고 근무 활력을 되찾는 데 많은 도움이 될 수 있다. 미국의 경우, 1993년에 가족의료휴가법(Family Medical Leave Act)을 통과시켜 남성이든 여성이든 자격이 되는 직원에게 가족문제를 처리하기 위하여 매년 최소 12주 이상의 무급휴가를 가질 수 있는 권리를 보장하고 있는데, 그 대상은 출산・입양, 가족 돌봄 이외에도 직원 본인이 직무를 수행할 수 없게 만들 정도의 심각한 건강문제를 가지고 있는 경우를 포함하고 있다. 우리나라도 2007.12.21.에 남녀고용평등법 제22조의2에서 가족돌봄휴가제도를 신설하여 근로자가 조부모, 부모, 배우자, 배우자의 부모, 자녀 또는 손자녀 등의 질병, 사고, 노령으로 인하여 그 가족을 돌보기 위한 휴직을 신청하는 경우 사업주는 최장 90일간 무급휴가를 허용하도록 규정하고 있으나, 직원 본인의 질병에 대하여는 포함하고 있지 않다. 직장 내 괴롭힘으로 인한 질병은 업무상 질병에 속하므로 근로복지공단으로부터 요양승인을 받을 수 있으나, 현실적으로 정신적 스트레스에 대해서는 장기간 요양승인을 받기는 쉽지 않다. 따라서 사용자는 직장 내 괴롭힘의 피해 정도가 심대한 경우에는 피해근로자가 충분한 재충전의 기회를 갖을 수 있도록 회사차원의 장기휴가제도를 도입하여 시행할 필요가 있다.

4. 의료비 및 건강증진활동 지원

직장 내 괴롭힘 피해근로자에게 의료기관의 치료가 필요한 경우, 피해근로자에게 추가적인 비용부담은 새로운 스트레스의 원천이 될 수 있다. 이 경우 회사차원의 의료비 지원은 피해근로자에게 경제적 측면에서 큰 도움이 된다. 또한 기업복지제도로서 건강정보 제공, 건강검진 프로그램 제공, 금연 프로그램 제공, 헬스클럽 비용보조, 체중감소 프로그램 제공, 사내 헬스클럽 제공, 스포츠팀 후원, 스트레스 감소 프로그램 제공 등을 시행하여 건강증진 활동을 지원하는 것도 피해근로자에게 도움이 된다.

5. 퇴직에 따른 제반 지원

(1) 고용지원금 관련

청년내일채움공제에 가입한 청년근로자의 경우, 직장 내 괴롭힘으로 퇴직하는 경우에는 청년근로자가 고용지원금을 포함한 해지환급금 전액을 반환받을 수 있다. 청년내일채움공제는 만 15세 이상 34세 이하 중소기업 정규직 취업 청년의 자산형성을 지원하는 제도로, 적립구조는 청년이 매월 12만 5천원씩 2년간 총 300만원을 납입하면 기업기여금 총 300만원과 정부지원금 총 600만원을 더하여 만기 시 총 1,200만원의 목돈을 마련할 수 있는 제도이다. 다만 직장 내 괴롭힘 등 기업귀책에 의한 퇴직으로 중도 해지시에는 기업기여금이 청년에게 반환된다.

(2) 실업급여 수령 안내

근로자가 직장 내 괴롭힘으로 인해 자발적 이직을 선택한 경우에는 고용보험법에 의한 실업급여를 수령할 수 있다. 고용보험법 제58조제2호다목에서는 자발적으로 이직한 경우라 할지라도 고용노동부령으로 정한 정당한 이직사유에 해당되는 경우에는 수급자격이 제한되지 아니하는 예외 규정을 두고 있는 바, 고용보험법시행규칙 [별표2] 제3의2호에 「근로기준법 제76조의2에 따른 직장 내 괴롭힘을 당한 경우」를 예외 사유에 포함하고 있다. 고용보험법상 실업급여(구직급여)는 고용보험 신고 사업장에서 실직 전 18개월 중 피보험단위기간이 통산하여 180일 이상 근무하고 비자발적으로 이직한 자에게 한하여 퇴직 전 평균임금의 50%를 연령과 가입기간에 따라 120일 내지 270일의 일수만큼 지급받을 수 있다. 따라서 사용자는 피해근로자가 직장 내 괴롭힘이 원인이 되어 퇴직하게 되는 경우에는 4대 보험 상실신고 시 이직사유를 '직장 내 괴롭힘에 의한 퇴직'이라고 기재하여 피해근로자가 실업급여를 수급할 수 있도록 조치하여야 한다.

제2절 피해근로자에 대한 보상

1. 개 요

최근 직장 내 괴롭힘으로 인한 산재신청이 점점 증가하고 있다. 직장 내 괴롭힘을 당한 피해근로자는 단순한 정신적 스트레스를 넘어서 뇌기능 이상 등의 정신장애를 입거나 심한 경우 자살을 하기도 한다. 이 경우 피해근로자에게는 신체·정신적 손상에 대한 금전적 피해보상이 중요한 문제가 된다. 직장 내 괴롭힘으로 인해 피해를 입은 근로자는 근로기준법상 또는 산업재해보상법상 산재보상을 받을 수 있고, 또는 행위자 또는 사용자를 상대로 민사상 손해배상을 청구할 수도 있다.

2. 근로기준법상 사용자의 재해보상

근로기준법 제8장에서는 사용자는 근로자가 업무상의 사유로 부상, 질병, 신체장해 또는 사망한 경우에 요양보상, 휴업보상, 장해보상, 유족보상 및 장의비 등을 피재근로자나 그 유족에게 재해보상책임을 지도록 규정하고 있다. 그러나 사용자가 자금능력이 없거나 사업장이 도산·폐업된 경우 근로자는 보상을 받을 길이 없게 된다. 이러한 문제점을 개선하기 위하여 1963년에 사회보험방식으로 근로복지공단이 보상하도록 하는 산업재해보상보험법이 제정·시행되었다. 이에 따라 산재보험급여를 받을 권리를 가진 자가 산업재해보상보험법에 의한 보험급여를 받은 때에는 사용자는 동일한 사유에 대하여 근로기준법에 의한 모든 재해보상책임이 면제받게 된다(근로기준법 제87조, 산업재해보상보험법 제80조). 다만, 산업재해보상보험법에 의한 산재보상은 4일 이상의 요양이 필요한 업무상 부상 또는 질병인 경우에 대해서 적용되는 바, 만약 근로자가 직장 내 괴롭힘으로 인하여 3일 이하의 요양이 필요한 부상 또는 질병을 당한 경우에는 사용자가 이에 사용된 치료비 또는 휴업급여를 직접 보상하여야 한다.

3. 산업재해보상보험법상 산재보상

(1) 의 의

산업재해보상보험법(이하 "산재보험법"이라 함)에 의한 산재보상은 업무상 재해를 당한 피해근로자와 그 가족에게 4일 이상의 치료가 필요한 부상 또는 질병의 치료에 필요한 요양급여, 휴업급여, 장해급여, 유족급여, 장의비, 상병보상연금, 간병급여 등이 근로복지공단에 의해 지급된다. 산재보상은 민사상 손해배상에 비해 보상범위가 넓고, 신속하게 처리된다는 장점 때문에 업무상 재해를 당한 근로자가 가장 우선적으로 신청하는 제도이다. 산재보상은 피해근로자가 근로복지공단에 요양승인신청서를 접수하고, 근로복지공단은 업무상 재해에 대한 사실관계를 조사하여 그 승인여부를 결정한다. 사용자는 근로자 또는 근로복지공단의 자료요청이 있는 경우 최대한 이에 협조하여야 한다. 또한 사업주는 근로자가 산재보상을 신청한 것을 이유로 근로자를 해고하거나 그 밖에 근로자에게 불이익한 처우를 하여서는 아니 된다(산재보험법 제111조의2). 산재보험법에 의한 보험급여를 받은 경우는 그 금액의 한도 안에서 민법이나 그 밖의 법령에 따른 손해배상의 책임이 면제되며(산재보험법 제80조제1항 내지 제2항), 민법이나 그 밖의 법령에 따라 보험급여에 상당하는 금품을 받은 경우에는 동일한 사유에 대하여 법령에 따라 환산한 금액의 한도 안에서 산재보험급여를 지급하지 아니한다(산재보험법 제80조제3항).

(2) 업무상 재해 인정기준과 승인사례

1) 업무상 재해 인정기준

산재보험법상 업무상 재해는 업무수행성과 업무기인성을 중심으로 재해가 업무와 상당한 인과관계가 있는 경우에 인정된다(산재보험법 제37조제1항). 업무상 재해는 업무상 사고와 업무상 재해를 모두 포함한다. 그 동안 근로복지공단은 직장 내 괴롭힘 관련 산재보상 신청 건에 대해서는 업무와의 상당인과관계가 입증되는 경우에 한하여 업무상 질병으로서 승인하였고, 자살 등에 대하여도 업무관련성이 입증되는 경우에는 업무상 재해로 인정하여 왔다. 그러나 2019.1.15. 직장 내 괴롭힘 관련법 도입 시 산재보상법 개정을 통해 '근로기준법 제76조의2에 따른 직장 내 괴롭힘, 고객이 폭언 등으로 인한 업무상 정신적 스트레스가 원인이 되어 발생한 질병'을 산재보험법 제37조제1항제2호다목에 업무상 질병으로 명시적으로 추가함에 따라 피해근로자가 직장 내 괴롭힘을 당하였다는 사실만 입증한다면 업무상 질병으로 인정받을 수 있게 되었다. 또한 직장 내 괴롭힘 행위로 인해 발생될 수 있는 질병의 범위에 있어서도 더 넓게 인정될 것으로 기대할 수 있다.

일반적으로 근로자의 고의·자해행위나 범죄행위 또는 그것이 원인이 되어 발생한 질병 또는 사망에 대해서는 업무상 재해로 보지 아니한다(동법 제37조 제2항 및 같은법시행령 제36조). 다만, 그 부상·질병·장해 또는 사망이 정상적인 인식능력 등이 뚜렷하게 저하된 상태에서 한 행위로 발생한 경우로서 대통령령으로 정하는 사유가 있으면 업무상의 재해로 본다. 따라서 직장 내 괴롭힘으로 인한 자살의 경우에도 그것이 괴롭힘으로 발생된 정신적 이상 상태에서 자해행위를 하였다는 상당인과관계가 입증되어야 업무상 재해로 인정된다. 이 경우 상당인과관계는 반드시 의학적·자연과학적으로 명백히 증명되어야 하는 것이 아니며 규범적 관점에서 상당인과관계가 인정되는 경우에는 증명이 되었다고 본다.[104)]

[산업재해보상보험법]

1. **정신질환**(법 제37조제1항 및 시행령 [별표3])

○ 법 제37조(업무상의 재해의 인정기준) ① 근로자가 다음 각 호의 어느 하나에 해당하는 사유로 부상·질병 또는 장해가 발생하거나 사망하면 업무상의 재해로 본다. 다만, 업무와 재해 사이에 상당인과관계(相當因果關係)가 없는 경우에는 그러하지 아니하다.

1. (생략)
2. 업무상 질병

다. 「근로기준법」 제76조의2에 따른 직장 내 괴롭힘, 고객의 폭언 등으로 인한 업무상 정신적 스트레스가 원인이 되어 발생한 질병

○ 시행령 [별표3] 제4호

바. 업무와 관련하여 정신적 충격을 유발할 수 있는 사건에 의해 발생한 외상 후 스트레스장애

104) 대법원 2017.5.31. 선고 2016두58840 판결.

사. 업무와 관련하여 고객 등으로부터 폭력 또는 폭언 등 정신적 충격을 유발할 수 있는 사건 또는 이와 직접 관련된 스트레스로 인하여 발생한 적응장애 또는 우울병 에피소드

2. 자해행위, 자살(법 제37조제2항 및 시행령 제36조)

○ 법 제37조(업무상의 재해의 인정기준) ② 근로자의 고의·자해행위나 범죄행위 또는 그것이 원인이 되어 발생한 부상·질병·장해 또는 사망은 업무상의 재해로 보지 아니한다.
- 다만, 그 부상·질병·장해 또는 사망이 정상적인 인식능력 등이 뚜렷하게 저하된 상태에서 한 행위로 발생한 경우로서 대통령령으로 정하는 사유가 있으면 업무상의 재해로 본다.

○ 시행령 제36조(자해행위에 따른 업무상의 재해의 인정기준) 법 제37조제2항 단서에서 "대통령령으로 정하는 사유"란 다음 각 호의 어느 하나에 해당하는 경우를 말한다.
- 업무상의 사유로 발생한 정신질환으로 치료를 받았거나 받고 있는 사람이 정신적 이상 상태에서 자해행위를 한 경우
- 업무상의 재해로 요양 중인 사람이 그 업무상의 재해로 인한 정신적 이상 상태에서 자해행위를 한 경우
- 그 밖에 업무상의 사유로 인한 정신적 이상 상태에서 자해행위를 하였다는 상당인과관계가 인정되는 경우

2) 최근 5년 업무상 재해 주요 승인사례

가. 2017년도 장학재단 N소속 A여직원 직장 내 성희롱 및 괴롭힘 사건

2014.4.부터 10월까지 장학재단 N에서 근무한 A여직원은 직속상사 B부장으로부터 수차례 성추행과 성희롱을 당하자 국가인권위원회에 진정을 넣었고, 이후 각종 괴롭힘과 2차 가해에 시달리다가 정신적 스트레스로 인한 우울장애와 불안장애 등 정신질환 진단을 받았다. 이에 A여직원은 2017.1.에 근로복지공단에 산재를 신청하였고, 2017.7.6.에 승인을 받았다.

나. 2019년도 S의료원의 신입 간호사 자살사건

2013.3.부터 2018.12.까지 서울 소재 S의료원에서 5년간 근무한 서○○간호사가 직장 내 괴롭힘으로 인해 2019.1.5.에 자살한 사건에 대하여 유족은 2020.2.20.에 근로복지공단에 산재를 신청하였고 공단은 업무상재해로 인정하였다. 근로복지공단은 "업무와 직장 내 상황과 관련돼 정신적 고통을 겪었음이 인정되고, 업무상 과로와 스트레스가 누적됨에 따라 정상적인 인식능력이 저하된 상태에서 극단적 선택을 한 것으로 봄이 타당하다. 고인의 사망은 업무와 상당인과관계가 인정된다."라고 밝혔다.

다. 2020년도 A제과업체 익산공장 근무자 자살사건

A제과업체 익산공장에 근무하다 상급자들의 직장 내 괴롭힘으로 고통을 겪다가 2020.3.17에 자살한 서○○사원의 유족이 2020.6.9.에 근로복지공단에 산재를 신청하였고 근로복지공단은 업무상재해로 인정하였다. 서씨가 작성한 유서에는 “너무 싫다. 다닐 곳이 아니다. 나 좀 그만 괴롭혀라. 적당히 해라.” 등이 적혀 있었고, 고용노동부의 특별근로감독 결과 직장 내 괴롭힘 사실이 있었던 것으로 밝혀졌다.

(3) 근로복지공단의 정신질병 업무관련성 조사지침

1) 의 의

근로복지공단은 정신질병에 대한 조사의 공정성과 객관성을 확보하기 위하여 2006.9.29.에 「정신질병 업무 관련성 조사지침」을 제정하여 적용하고 있다. 동 지침은 최초 요양(유족)급여 신청(청구) 질병 중 업무와 관련한 심리적 스트레스와 관련이 있다고 주장하는 기능성 정신질병을 대상으로 적용하고 있다. 직장 내 괴롭힘으로 인해 발생된 정신질병(자살사고 포함)에 대해 근로복지공단에 산재를 신청한 경우에는 근로복지공단은 동 지침에 따라 조사를 실시하고 업무상 질병의 승인 여부를 판단한다.

2) 신청가능한 주요정신질병

근로복지공단이 직장 내 괴롭힘으로 인한 질병에 대해 요양승인 여부를 조사함에 있어 그 시작은 의무기록지에 나타난 질병명부터 확인한다. 질병명은 한국표준질병·사인분류(KCD)에 의한 질병명으로 나타나야 업무상 질병으로 인정된다. 예컨대 우울증이라 하더라도 F32(우울에프소드) 와 같이 의학적인 질병명으로 진단되어야 하며, 단순한 감정상 우울감은 산재보상 대상이 아니다. 따라서 산재승인을 위해서는 가장 먼저 의료기관으로부터 정확한 진단을 받은 것이 중요하다.

근로복지공단 정신질병 업무 관련성 조사지침에 따르면 대표적 정신질병으로 우울에피소드, 불안장애, 적응장애, 외상 후 스트레스 장애와 급성스트레스 반응, 자해행위 및 자살, 수면장애 등을 들고 있다.

〈업무상 질병에 포함되는 대표적인 정신질병〉

질병명	정 의
우울에피소드 (DSM-5에 따른 진단명 : 주요우울장애)	의욕 저하와 우울감을 주요 증상으로 하여 다양한 인지 및 정신 증상을 일으켜 동기(motivation)·인지기능·정신운동 활동·일상 기능의 저하를 가져오는 질병.
불안장애	다양한 형태의 비정상적, 병적인 불안과 공포로 인하여 일상 생활에 장애를 일으키는 정신질병을 통칭하는 것으로 생물학적 요인, 사회 심리적 요인, 개인의 감수성이 상호작용하여 발생하는 질병
적응장애	동반하는 주요 증상의 양상에 따라 불안장애 또는 우울에피소드 등으로 진단이 가능한 경과적 진단명
외상 후 스트레스 장애와 급성스트레스 반응	자연재해, 사고 등의 심각한 사건을 경험한 후 그 사건에 공포감을 느끼고 사건 후에도 계속적인 재경험을 통해 고통을 느끼는 질병
자해행위, 자살	산재보험법에서는 자해행위와 이로 인한 결과인 자살 자체는 원칙적으로 업무상 질병으로 보기 어려우나 예외적으로 인정함
수면장애	수면의 연속성과 질, 입면에 문제가 있는 장애로써 불면증이 대표적인 질병

3) 주요 조사내용

가. 조사원칙

① (조사기간) 증상 발생 이전 6개월 동안 '주요 업무상 스트레스 요인'과 '개인적 요인 및 특성'을 조사하고, 이후 심각도를 높일 수 있는 추가사건(소송 등)의 진행경과를 파악한다.

② (업무관련 위험요인 확인) 정신질병 유형에 상관없이 '주요 업무상 스트레스 요인'을 조사한 후 해당 스트레스 요인의 '주요 업무상 스트레스 요인의 심각도'를 확인하여 업무관련 위험요인을 집중적으로 조사한다.

③ (자해행위 및 자살의 업무관련성 조사) 자해행위(자살)에 이르기까지의 재해자의 정신적 이상 상태 확인을 위한 포괄적인 조사가 필요하므로 과거병력, 상병상태, 행동 및 심리적인 변화 등에 대하여 조사한다.

나. 세부 조사내용

직장 내 괴롭힘과 관련된 산재신청 시, 근로복지공단은 신청 상병의 확인, 사업장 및 근무내용 확인, 자해행위 신청 건 추가확인, 주요 업무상 스트레스 요인 및 심각도 확인, 개인적 요인 및 특성 확인 등을 각각 조사한다.

그 중에서 '주요 업무상 스트레스 요인 및 심각도 확인' 중에서 '괴롭힘 · 차별'이 포함되어 있고, 이에 대한 조사는 근로자에 대한 지속적이고 반복적인 집단 괴롭힘, 따돌림, 차별, 헛소문 등이 있었는지를 확인한다.

다시 세부적으로 확인하는 내용은 첫째, 근로자가 괴롭힘 또는 차별이라 주장하는 이유, 경과, 내용, 정도 등을 확인하고, 둘째, 근로자가 괴롭힘 · 차별에 대해 회사에 제기한 민원, 고충처리내용, 상담내용과 상황 및 회사의 대응과 그 결과, 회사의 지원 · 협력 등을 확인하고, 셋째, 직장 내 인간관계에 대한 기본 분석 등을 실시한다.

정신질병 업무관련성 조사지침(2021.1.13. 지침 제2021-05호) 붙임 4-10 '괴롭힘 · 차별의 심각도 파악 체크사항'은 다음과 같다.

〈괴롭힘 · 차별의 심각도 파악〉

1. 괴롭힘 · 차별 자체의 심각성 파악

1-1. 따돌림이나 괴롭힘, 차별이 있었다면 그 내용을 구체적으로 기술

1-2. 따돌림이나 괴롭힘, 차별이 도덕 · 사회통념을 벗어나는 수준인지?

1-3. 폭언, 폭행, 위협 등이 동반되었는지?

1-4. 따돌림, 괴롭힘, 차별의 시작 시기와 지속기간

1-5. 기타 심각도를 평가할 수 있는 사실과 근거

2. 괴롭힘 · 차별 전후의 스트레스 가중 요인

2-1. 괴롭힘 · 차별 등이 발생한 배경

2-2. 괴롭힘 · 차별 등에 대한 회사의 조치와 해결 노력 내용

2-3. 괴롭힘 · 차별 이후 신청 근로자의 심리적 고통이나 스트레스를 가중시키는 요인이 어떤 상황이었는지 구체적으로 추가 기술

4) 정신질병 조사 및 판정절차

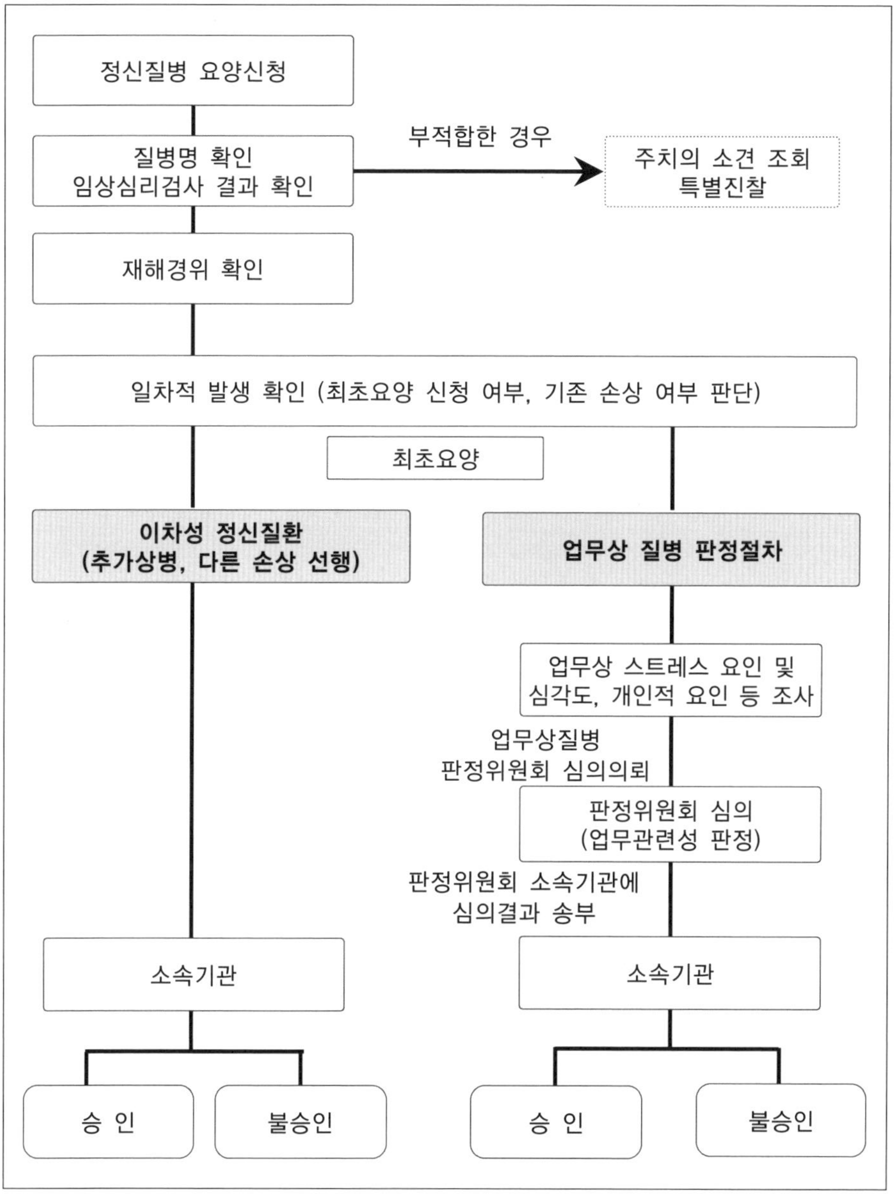

※ 자살의 경우는 별도의 조사절차를 따름

4. 불법행위에 기한 민사상 손해배상

(1) 의 의

사용자는 사업장에 고용된 근로자가 직장 내 괴롭힘으로 신체적 또는 정신적 피해를 입게 되면 행위자와 연대하여 민사상 손해배상책임을 진다. 민법 제750조에 "고의 또는 과실로 인한 위법행위로 타인에게 손해를 가한 자는 그 손해를 배상할 책임이 있다"라고 규정하고 있고, 민법 제756조에 "타인을 사용하여 어느 사무에 종사하게 한 자는 피용자가 그 사무집행에 관하여 제3자에게 가한 손해를 배상할 책임이 있다."라고 규정하고 있다. 이 경우 사용자에게는 사용자책임 또는 근로자 보호의무 위반에 기한 손해배상책임이 발생되고, 행위자에게는 직장 내 괴롭힘 금지 규정 위반에 대한 손해배상책임이 발생된다.

(2) 손해배상 판결사례

판결법원	행위내용	손해배상금액
대법원 2020.4.29. 선고 2019다220007판결	▶ 상급자가 여사원에게 언어적 성희롱을 함 ▶ 회사의 조사의무 미이행으로 보호조치 위반	회사, 행위자에게 공동으로 금 200만원 위자료 선고
대구지방법원 서부지원 2020.2.13. 선고 2019가합310 판결	▶ 상급자가 부하 여직원에게 직장 내 성희롱 내지 모욕적 행위를 함 -신체적 특징 내지 자세를 수차례 언급함 -다른 직원들과 함께 있는 사무실에서 "정신병원에 가보라."며 모욕적 발언을 함	행위자에게 금 400만원 위자료 선고
서울중앙지방법원 2018.6.21. 선고 2017가합539658 판결	▶ 회사가 부장에게 가학적인 인사권 행사 -대기발령 후 이석장부 작성하게 하고 많은 이들이 볼 수 있는 곳에 비치하도록 함 -다른 직원들이 '급식충'이라는 명예훼손의 글을 사내 게시판에 올린 것을 방치함	회사에게 금 2,500만원 위자료 선고

판결법원	행위내용	손해배상금액
서울중앙지방법원 2017.3.10. 선고 2014가단5356072 판결	▶ 경비원 A가 입주민의 갑질로 자살한 사건 -입주민인 행위자가 폭력, 폭언 등 갑질행위를 함 -회사는 경비원 A가 과도한 스트레스를 받고 있으니 근무지를 옮겨 달라는 요청을 무시하는 등 보호조치 위반	회사, 행위자에게 공동으로 금 2,500만원 위자료 선고
대법원 2009.5.14. 선고 2009다2545 판결	▶ 사용자 및 상급자가 회사 감사실에 내부비리제보를 한 근로자 A를 따돌림 함 -근로자 A를 고립시켜 인격적 모멸감을 주고 책상을 회수하는 등 정상적으로 근무할 수 없도록 지속적으로 괴롭힘	회사, 행위자들에게 공동으로 금 2,000만원 위자료 선고

(3) 손해배상금액의 산정

1) 신체적 손상에 대한 보상금

신체적 손상에 대한 손해배상금은 일실소득과 지출손해금을 합한 금액에다 과실과 손익을 상계하여 최종 산정된다. 이 경우 일실소득은 노동가동기간까지의 기대소득에 노동상실률을 곱한 금액을 현가한 금액을 말하며, 지출손해금은 신체사고로 인해 발생된 치료비, 개호비, 장례비 등의 금액을 말한다. 또한 과실상계는 피해자에게 손해발생 및 손해발생에 책임이 있는 만큼 금액을 경감시키는 것을 말하며, 손익상계는 손해배상에서 그 손해와 같은 원인에 의하여 발생한 다른 이익을 공제하는 것을 말한다. 직장 내 괴롭힘으로 인한 신체적 손상의 정도가 장해가 없는 질병에 속하는 경우라면 신체적 손상에 대한 보상금은 질병치료비 수준에서 그치게 된다. 이 경우 산재보험법상 이미 수령한 산재보상금이 있다면 그 금액이 민사배상금 산정에서 다시 공제되므로 금전적인 측면에서는 민사소송이 큰 실익이 없게 될 수도 있다.

2) 정신적 고통에 대한 위자료

피해근로자는 신체적 손상에 대한 보상금과 별도로 정신적 고통에 대한 위자료를 사용자에게 청구할 수 있다. 민법 제751조제1항은 "타인의 신체, 자유 또는 명예를 해하거나 기타 정신상 고통을 가한 자는 재산 이외의 손해에 대하여도 배상할 책임이 있다."라고 규정하고 있고, 동법 제752조에서는 "타인의 생명을 해한 자는 피해자의 직계존속, 직계비속 및 배우자에 대하여는 재산상의 손해가 없는 경우에도 손해배상의 책임이 있다."라고 규정하여 위자료를 인정하고 있다. 이와 같이 위자료란 재산상 손해가 아닌 손해로서 정신적 고통을 위로하기 위한 배상금을 의미한다. 위자료 청구권은 타인의 불법행위로 인해 생명 또는 신체에 대하여 침해를 받은 피해자 본인뿐만 아니라 그로 말미암아 정신적 고통을 입은 근친자 또는 그에 준하는 자도 행사할 수 있다.

법원의 위자료 산정 금액은 실무적으로 정형화 되고 있는 경향이다. 2022년 현재 교통사고·산업재해 등으로 사망할 경우 위자료 지급의 상한선은 1억으로 정하고 있다.[105] 부상의 경우에는 1억원을 기준으로 노동능력상실율을 곱하여 피해자 측의 전체적인 위자료를 산정하고 있다. 최종적인 위자료 액수는 여러 가지 참작사유를 반영하여 조정한다. 위자료 액수의 참작사유에는 제한이 없고, 일반적으로 피해자 측에 대해서는 상해의 부위 및 정도, 피해자의 나이, 성별, 직업, 재산 및 교육정도 등을 고려하고, 가해자 측에 대해서는 가해자의 고의 또는 과실의 정도, 직업, 재산상태 등을 감안한다. 실제 직장 내 괴롭힘에 대한 법원의 위자료 금액은 200만원에서 2,500만원 사이에서 다양하게 결정되고 있는 바, 이는 직장 내 괴롭힘으로 인해 정신적 피해가 장해로 인정되지 않거나, 사망의 경우라도 타력이 아닌 자살에 기하였다는 점에서 위자료 금액이 비교적 낮게 인정되고 있는 실정이다.

3) 민사상 합의를 통한 분쟁해결

행위자인 사용자 또는 상급자가 피해근로자와 합리적인 수준에서 직장 내 괴

105) 법원의 위자료 수준은 서울중앙지법 소속 민사법관들이 기준을 정한 뒤 전국 재판부가 실무상 참고자료로 활용되고 있다. 2022년 6월 현재 인신사고의 손해배상 위자료는 1억원이다.

롭힘으로 인한 민사상 보상금액을 정하여 합의하고 지급하면 피해근로자의 손해배상청구권은 소멸된다. 실무적으로는 타인의 불법행위로 인한 손해배상 사건의 경우 당사자의 합의에 의하여 종결되는 경우가 많다. 가해자의 입장에서는 불법행위로 인한 형사처벌을 감면받으려는 목적에서라도 피해자와의 합의의 필요성이 있고, 피해자 입장에서는 가해자로부터 일찍 손해배상금을 지급받을 수 있기 때문에 합의를 할 필요성이 있게 된다. 이와 같이 합의가 성사되면 당사자는 법원의 종국적인 판결선고까지 가지 않고 조속하게 분쟁을 종식시킬 수 있게 된다. 직장 내 괴롭힘 사건의 경우에도 당사자가 사업장에서 다시 근무하여야 하는 상황을 고려한다면 법원에서 소송을 통한 해결보다는 당사자 간 사과 및 재발방지 약속과 함께 합의를 통해 적절한 수준의 보상금을 지급함으로써 민사상 손해배상금에 대한 분쟁을 원만하게 해결하는 것이 더 바람직하다고 볼 수 있다.

제3부

직장 내 괴롭힘 예방대책

제1장

직장 내 괴롭힘 예방활동 개요

제1절 직장 내 괴롭힘 예방활동의 필요성

1. 근로자의 인격권과 건강보호

직장 내 괴롭힘으로 인해 손상된 피해근로자의 신체적·정신적 상처는 처음부터 없었던 것처럼 완벽하게 회복되기는 매우 어렵다. 따라서 직장 내 괴롭힘 문제에 대해서는 사후적 구제보다는 사전적인 예방이 더 중요하다. 우리나라 산업안전보건법 제5조제1항에서는 "사업주는 근로자의 안전 및 건강을 유지·증진시키고 국가의 산업재해 예방정책을 따라야 한다."라고 규정하고 있고, 또한 사용자는 근로계약상으로도 근로자가 근로를 제공하는 과정에서 생명, 신체 및 건강을 해치는 일이 없도록 인적·물적 환경을 정비하여야 하는 안전보호의무를 부담하고 있다.[106] 사용자가 이와 같은 책임을 다하지 못한 경우에는 피해근로자에게 손해배상책임을 지게 된다. 따라서 사용자는 스스로가 괴롭힘 행위자가 되어서는 안 될 뿐만 아니라 근로자가 다른 조직 구성원 또는 외부 고객으로부터 괴롭힘의 피해를 입지 않도록 노력하여야 한다.

2. 기업의 경영과 조직문화 보호

직장 내 괴롭힘은 조직성과와 조직문화에도 매우 부정적인 영향을 미친다. 직장 내 괴롭힘을 당한 피해근로자는 업무에 집중하지 못해 노동생산성이 감소된다. 이는 사건과 관련된 행위자, 주변 동료들에게도 마찬가지이다. 특히 최고경영자 또는 경영진이 심각한 수준의 괴롭힘 행위를 하거나 그로 인해 피해근로자가 자살을 하는 등 사회적으로 큰 물의를 일으키는 경우에는 기업의 대외적

106) 대법원 2001.7.27. 선고 99다56734 판결.

신뢰도가 악화되고 이는 매출감소로도 이어질 수 있다. 또한 직장 내 괴롭힘은 경영비용 손실까지도 발생시키는 것으로 보고되고 있다. 2013년도에 한국직업능력개발원이 국내기업의 직장 내 괴롭힘 피해근로자의 결근과 근무태도 불성실, 대체인력, 조사비용 등을 바탕으로 비용손실을 계산한 결과, 직장 내 괴롭힘 1건당 1,548만원 이상의 비용이 발생하는 것으로 추산되었다.[107] 법적분쟁 비용까지 감안한다면 손실비용은 더 증가된다고 볼 수 있다.

제2절 직장 내 괴롭힘 예방활동의 구분

2021년 고용노동부가 실시한 직장 내 괴롭힘 금지제도 실태조사(복수응답)에 의하면, 직장 내 괴롭힘 행위자의 유형은 사업주 또는 임원이 27.2%, 상사가 77.6%, 동료가 52.1%, 부하직원이 13.1%, 고객이 9.3%, 임원·사업주의 친인척이 2.7% 등 다양하게 나타났다. 이와 같이 행위주체별 발생실태를 감안하면 직장 내 괴롭힘 예방활동은 조직 내 근로자뿐만 아니라 사용자와 고객 등을 대상으로 포괄적으로 이루어져야 종국적으로 실효성 있게 근절될 수 있다 할 것이다. 국제노동기구는 제190호 협약 Ⅲ.핵심원칙 제4조제2호에서 회원국들이 근로세계에서 발생되는 모든 폭력 및 괴롭힘의 예방 및 제거를 위해 포괄적이며 통합적이며 성별-대응적인 접근법을 채택하도록 하고 있는데, 그 대상자는 사업주, 근로자, 제3자 등 모두를 포함하고 있다. 우리나라의 경우 근로자와 고객에 대한 예방활동에 대해서는 근로기준법, 남녀고용평등법, 산업안전보건법 등에서 일부 규정하고 있으나, 사용자에 대한 직장 내 괴롭힘 예방활동에 대해서는 구체적인 규정은 없다.[108] 이상의 논의를 바탕으로 행위자를 기준으로 한 직

107) 서유정, “직장에서의 따돌림 실태”, 한국직업능력개발원, 2013.1.30.

장 내 괴롭힘 예방활동을 구분하면, ① 사용자에 의한 직장 내 괴롭힘의 예방, ② 관리자·근로자에 의한 직장 내 괴롭힘의 예방, ③ 고객 등에 의한 직장 내 괴롭힘의 예방 등으로 나누어 볼 수 있다.

〈행위자 기준 직장 내 괴롭힘 예방활동의 구분〉

예방활동 구분	예방활동 내용	현행 규제법률
사용자에 의한 직장 내 괴롭힘의 예방	국가의 예방정책 사용자의 자발적 노력 유도	근로기준법 남녀고용평등법
관리자·근로자에 의한 직장 내 괴롭힘의 예방	국가의 예방정책 사용자의 예방관리	
고객 등에 의한 직장 내 괴롭힘의 예방		산업안전보건법 남녀고용평등법

제3절 직장 내 괴롭힘 예방활동의 내용

1. 사용자에 의한 직장 내 괴롭힘의 예방방법

기업 내에서 최고의 의사결정권을 가진 사업주에 의해 이루어지는 직장 내 괴롭힘을 예방하는 시스템을 만드는 것은 쉬운 문제는 아니다. 대체로 사용자에 의한 직장 내 괴롭힘의 경우에는 회사 내부의 자체적인 시스템에 의한 해결은 어렵고 법적·행정적 개입에 중점을 둔 몇 가지 사항들이 제안되고 있다. 예컨

108) 직장 내 성희롱의 경우에는 남녀고용평등법(제13조제2항)에서 사업주에게도 매년 1회 이상 직장 내 성희롱 예방교육을 받도록 의무화 하고 있으나, 직장 내 괴롭힘의 경우에는 근로기준법에서 사용자를 대상으로 하는 이와 같은 예방규정은 없다.

대 행정적으로는 고용노동부 근로감독관의 조사·중재의 역할을 강화시키나, 노동위원회에 의한 판단 및 구제제도를 도입하자고 하는 의견이 있고,[109] 또한 기업차원의 악의적·반복적·지속적인 직장 내 괴롭힘 행위에 대해서는 '명단공개'를 검토할 필요가 있다는 의견도 있다.[110] 법적으로는 2021.4.13. 근로기준법 개정 시에 사용자 또는 사용자의 친인척인 근로자가 직장 내 괴롭힘 가해자인 경우에 사용자의 조치의무를 기대할 수 없다는 현장의 목소리를 반영하여 사용자의 직장 내 괴롭힘 행위 시에는 1천만원의 과태료를 부과하는 규정이 도입되었다. 이로 인해 사용자의 괴롭힘 행위에 대해서는 근로감독관에 의한 직접적인 조사와 과태료 처분이 가능하게 되어 예방측면에서도 진일보하게 되었다. 그러나 제재방식의 예방책들은 사용자의 괴롭힘 행위에 대한 사후적 처방에 관한 것이며, 또한 우리나라 경우에는 직장 내 괴롭힘의 구성요건이 모호하게 규정되어 있다는 점과 폭력 등 특정 행위들에 대해서는 이미 형법을 통해 이를 규제할 수 있다는 점 등을 고려할 때 형사적 제재 수위를 계속 높여가는 데에는 한계가 있다.

사용자에 의한 직장 내 괴롭힘을 예방하기 위해서는 사후적 제재방식 외에도 사전에 사용자 및 경영진의 부정적인 행동을 감소시키는 조직행동 관리적 접근도 동반되어야 한다. 특히 사용자 또는 경영진이 가학적 인사관리의 폐해를 인식하고 자발적으로 직장 내 괴롭힘 행위를 하지 않도록 유도하는 국가의 정책이 중요하다. 예컨대 예방캠페인 등을 통해 사용자의 인식을 전환시키는 것, 사용자에게 합리적인 인사정책 가이드라인을 구체적으로 제시하는 것, 직장 내 괴롭힘 위험성 평가 및 예방모델 도구를 만들어 사업장에 보급하는 것 등이 좋은 방법이 될 수 있다.

---

109) 윤우일, "업무인사권을 악용한 직장 내 괴롭힘에 대한 구제수단", 아주법학 제15권 제3호, 2021.11.22, 173면, 176면. ; 권 혁, 앞의 논문, 99면.

110) 이상곤·이승길, "직장 내 괴롭힘의 법적 쟁점과 개선방안", 한국사회법학회 사회법연구 제39호, 2019.12.20. 249면.

2. 관리자 · 근로자에 의한 직장 내 괴롭힘의 예방방법

사업장 내에서 발생되는 관리자 또는 근로자에 의한 직장 내 괴롭힘의 예방은 국가의 예방정책과 함께 사용자의 관리적 노력에 의해 상당부분 감소될 수 있다. 현행 직장 내 괴롭힘 금지 법률에서는 사용자가 취업규칙에 '직장 내 괴롭힘 예방 및 조치에 관한 사항'을 필수기재 사항으로 포함하도록 하고 있으나 구체적으로 어떤 예방활동을 시행하여야 하는지에 대해서는 언급하고 있지 않다. 이와 같이 예방활동의 내용에 대해서는 사용자가 자체적으로 각 사업장의 특성에 맞는 방법을 찾아서 적용하도록 위임하고 있다. 국제노동기구와 고용노동부가 개략적으로 제시하는 예방방법들은 다음과 같다.

(1) 국제노동기구(ILO)의 예방방법

국제노동기구(ILO) 제206호 권고에서는 사용자가 근로자들 사이에 발생하는 직장 내 폭력과 괴롭힘의 예방을 위해서 취하여야 할 사업장 정책에 대하여 다음과 같이 권고하고 있다.

〈국제노동기구(ILO) 제206호 권고 Ⅲ. 보호 및 예방 제7호〉

회원국은 근로자와 그 대표자가 협약 제9조(a)에 언급된 사업장 정책의 설계, 시행 및 모니터링에 참여해야 한다는 것을 법률과 규정에 명시해야 하며, 이러한 정책은 다음과 같아야 한다.

(a) 폭력 및 괴롭힘이 용인되지 않을 것을 명시
(b) 적절한 경우 측정 가능한 목표를 가진 폭력 및 괴롭힘 방지 프로그램 수립
(c) 근로자와 사용자의 권리와 책임을 명시
(d) 불만사항 및 조사절차에 대한 정보를 포함
(e) 폭력 및 괴롭힘 사건과 관련된 모든 내부 및 외부 커뮤니케이션을 적절히 고려하고 적절한 조치를 취함
(f) 협약 제10(c)조에 언급된 바와 같이 개인의 사생활과 비밀에 대한 권리를

명시하는 동시에 근로자가 모든 위험을 인지할 권리의 균형을 유지
(g) 고발인, 피해자, 증인 및 내부고발자를 희생 또는 보복으로부터 보호하기 위한 조치를 포함

(2) 고용노동부의 예방방법

1) 고용노동부는 「직장 내 괴롭힘 판단 및 예방·대응 매뉴얼(2019.2)」에서 사용자가 직장 내 괴롭힘을 예방하기 위한 총 6가지의 활동을 다음과 같이 제시하고 있다.

〈고용노동부의 직장 내 괴롭힘 예방을 위한 활동〉

1. 최고경영자의 정책선언
2. 직장 내 괴롭힘 발생 위험요인 점검
3. 직장 내 괴롭힘 예방교육
4. 직장 내 괴롭힘 예방·대응 조직(담당자)의 지속적 운영
5. 다양한 방식을 통한 캠페인과 제도 홍보
6. 주기적인 예방정책 및 제도 평가

2) 고용노동부 산하기관인 한국안전보건공단은 「직장 내 괴롭힘으로 인한 건강장해 예방 매뉴얼(2020.12.)」에서 사업주, 근로자 등 각 주체가 직장 내에서 상호존중하고 소통하는 일터를 만들기 위한 예방방법들을 다음과 같이 제시하고 있다.

〈한국안전보건공단의 각 주체별 직장 내 괴롭힘 예방활동〉

[사업주]

1. 직장 내 괴롭힘 예방·대응 프로그램 수립 및 지침 마련하기
2. 직장 내 괴롭힘 정책 알리기
3. 직장 내 괴롭힘 문제 발생 시 해결하기

4. 직장 내 괴롭힘의 위험요인에 대해 주기적 점검·관리하기
5. 직장 내 괴롭힘에 대한 교육 실시 및 주기적인 정보 제공하기

[근로자]

1. 직장 내에서 상호존중하기
2. 상대방 이해하고 공감하기
3. 사업주와 함께 주기적으로 직장 내 괴롭힘에 대해 점검 및 관리하기
4. 근로자가 지켜야 할 내용에 대해 준수하기

[조직적 관리]

1. 직장 내 괴롭힘 예방·대응 프로그램 운영에 대한 지지
2. 직장 내 상호존중하고 소통하는 문화 만들기
3. 직장 내 괴롭힘 위험요인 점검·관리 지원
4. 직무 스트레스 및 정신건강 관리 협조
5. 효과적인 피해자 지원체계 지지
6. 신규직원에 대한 조직적인 지원

3. 고객 등에 의한 괴롭힘의 예방방법

근로자는 사업장 내에 있는 조직구성원에 의해서만 괴롭힘을 당하는 것이 아니라 조직외부에 있는 고객 등에 의해서도 폭언, 성희롱 등의 피해를 입을 수 있다. 현행 근로기준법 제76조2의 직장 내 괴롭힘 금지 규정에서는 행위자를 근로관계가 있는 근로자로 한정하고 있어, 근로관계가 없는 외부 고객 등이 소속 근로자들을 상대로 괴롭힘 행위를 하는 경우에는 이들에 대해 사후적 조치를 하기가 어려운 측면이 있다. 이와 같이 사용자는 고객 등에 의한 괴롭힘에 대해서는 외부 고객에 대하여 직접적인 제재조치를 취할 수가 없으므로 피해자 보호조치에 초점을 맞출 수밖에 없고, 무엇보다 고객 등을 대상으로 한 사전적인 예방활동이 더욱 중요해지게 된다.

현행 산업안전보건법과 남녀고용평등법에서는 사업주에게 고객응대근로자의

사고발생 시 피해근로자의 보호조치와 예방활동을 위한 의무사항들을 부여하고 있다. 주요내용으로는 첫째, 산업안전보건법시행령 제25조의7, 동법시행규칙 제26조의2에서는 사업주에게 고객의 폭언 등으로 인한 건강장해 예방을 위해 안내문구 게시 또는 음성안내 활동, 고객응대업무 매뉴얼 마련, 예방교육 실시 등의 조치를 하도록 하고 있다. 둘째, 산업안전보건법시행령 제41조에서는 고객의 폭언 등으로 인한 건강장해 발생 시에 업무의 일시적 중단 또는 전환, 휴게시간의 연장, 치료 및 상담, 소송지원 등의 보호조치를 하도록 하고 있다. 셋째, 남녀고용평등법 제14조의2에서는 사업주는 근로자가 고객 등에 의한 성희롱 발생 시에는 근무장소 변경, 배치전환, 유급휴가 명령 등의 적절한 보호조치를 취하도록 규정하고 있다.

〈행위자 기준 직장 내 괴롭힘 예방방법〉

행위주체	예방활동 내용
사용자에 의한 직장 내 괴롭힘 예방	1. 가학적 인사관리의 폐해 인식 (1) 직장 내 괴롭힘 예방교육 참여 (2) 직장 내 괴롭힘 전문가 코칭 진행 2. 합리적인 인사관리정책 시행 (1) 합리적인 성과향상촉진 정책 시행 (2) 합리적인 저성과자 관리정책 시행 (3) 합리적인 고용구조조정 정책 시행 (4) 차별 없는 공정한 인사정책 시행
관리자·근로자에 의한 직장 내 괴롭힘 예방	1. 최고경영자의 근절의지 선포 2. 직장 내 괴롭힘 예방조직 구축 3. 직장 내 괴롭힘 발생실태 및 위험성 평가 4. 직장 내 괴롭힘 예방규칙 제정 5. 직장 내 괴롭힘 예방교육 실시 6. 근무환경의 개선과 상호존중의 조직문화 구축 7. 작업현장에서의 직장 내 괴롭힘 예방활동 강화
고객 등에 의한 직장 내 괴롭힘 예방	1. 고객의 폭언 등으로 인한 건강장해 예방조치 2. 고객응대 근로자 건강장해 발생 시 조치 3. 고객 등에 의한 성희롱 예방조치

4. 예방방법의 소결

직장 내 괴롭힘 예방방법은 반드시 정해진 규칙이 있는 것이 아니며 사용자가 각 사업장의 특성에 맞게 효과적인 방법을 찾아 시행하면 될 것이다. 국제노동기구, 고용노동부, 국내 노동법 등에서 제시된 방법들을 참고하여 일반적으로 사용자가 취할 수 있는 예방방법들을 종합하면 다음과 같다. 첫째, 사용자는 스스로 가학적 인사관리의 폐해를 인식하고 예방교육 참여 또는 전문가 코칭 등을 통해 인식전환을 할 필요가 있고, 아울러 임원 및 상급관리자에 의한 조직목적의 괴롭힘 행위가 발생되지 않도록 제도적으로 합리적인 인사관리정책을 규정화 하여야 한다. 둘째, 사용자는 관리자・근로자들에 의한 직장 내 괴롭힘 행위가 발생되지 않도록 하기 위해 예방조직과 예방규칙을 만들고, 주기적으로 예방교육을 실시하며, 작업현장에서의 고충처리, 근무환경 및 조직문화 개선 등의 예방활동을 하여야 한다. 셋째, 사용자는 고객응대근로자에 대해서 고객 등으로부터 폭언과 성희롱의 피해를 입지 않도록 최소한 법률이 요구하는 예방활동들은 반드시 시행하여야 한다.

제2장

사용자에 의한 직장 내 괴롭힘의 예방

제1절 가학적 인사관리의 폐해 인식

제2절 합리적인 인사관리정책 시행

제1절 가학적 인사관리의 폐해 인식

1. 의 의

사용자로부터 발생되는 직장 내 괴롭힘은 일반적으로 인사권을 남용한 가학적인 인사관리를 통해 이루어지고 있다. 가학적 인사관리라 함은 조직 및 경영상 목적으로 인사권한을 수단으로 하여 직장 내외에서 직장 내의 지위나 다수의 우월성을 이용하여 특정 근로자나 특정 집단의 근로자들을 대상으로 의식적·지속적·반복적으로 신체적·정신적 공격을 가하거나 소외시키는 일체의 행위를 말하며, 직장 내 괴롭힘 유형 중 근로자들에게 가장 강한 심리적 압박감을 가

〈직장 내 괴롭힘이 개인과 조직에 미치는 영향〉

구분	내 용	연구자
개인	• 스트레스, 우울증, 트라우마 • 신체부상, 자해, 자살	- Hoel 외(2004) - Rayner 외 (2002)
	• 근로의욕 감소, 업무몰입도 감소 • 직무만족도, 조직만족도 감소	- Lutgen-Sandvik 외 (2007) - Giorgi 외 (2015)
	• 결근 • 이직의도 및 이직증가	- Hoel & Cooper (2000) - Houshmand 외 (2012)
조직	• 조직성과 감소	- Oladapo & Banks (2013) - Hoel & Cooper (2000)
	• 파괴적인 조직문화 형성	- Ramsay 외 (2010)
	• 금전적 비용발생 (의료보험, 대체고용, 사고조사, 법적소송 등)	- Von Bergen 외(2006) - Ayoko 외 (2003) - 서유정·이지은(2013)
	• 기업 평판 감소	- Bartlett & Bartlett(2011)

하는 유형이라 할 수 있다.[111] 사용자가 가학적 인사관리를 추진하는 주된 이유는 유효한 법적요건을 갖추지 못한 상황에서 장시간 근로를 통한 경영성과 향상, 특정 근로자 퇴출, 노동조합의 활동 방해 등의 경영상 목적을 관철시키려고 하기 때문이다. 앞서 언급한 바와 같이 사용자가 가학적인 인사관리를 추진하게 되면 단기적으로는 소기의 경영상 목적을 달성할 수는 있어도 중장기적으로는 기업 신뢰도 추락, 매출감소 등으로 기업 경쟁력이 악화되는 더 큰 위기를 불러올 수 있다는 점을 엄중하게 인식하여야 한다.

2. 사용자의 예방교육 참여를 통한 인식전환

사용자 또는 경영진은 직장 내 괴롭힘 예방교육에 적극적으로 참여하여 직장 내 괴롭힘 행위가 무엇인지, 사용자에 의한 직장 내 괴롭힘이 발생되지 않기 위해서는 어떤 행동을 주의하여야 하는지 등을 학습할 필요가 있다. 직장 내 괴롭힘 예방교육은 한국고용노동교육원, 한국공인노무사회, 사설 교육기관 등에서 실시하는 교육과정을 통해 직접 수강할 수 있고, 간접적으로는 고용노동부가 제공하는 각종 예방교육 자료 등을 통해서도 학습할 수 있다. 또한 필요한 경우 외부 전문강사의 초청강의를 통해서도 예방교육의 참여기회를 갖을 수도 있다.

3. 사용자의 전문가 코칭을 통한 행동수정

직장 내 괴롭힘 예방에 대해 사용자 스스로의 노력으로는 한계가 있다면 사용자는 인식전환과 행동수정을 직접 지도하고 도와줄 전문가로부터 코칭을 받는 것도 고려해 볼 수 있다. 전문가 코칭(Coaching)이란 해당분야 전문가가 최고경영자나 임원 등을 대상으로 원하는 목표를 명확히 하고, 잠재적 방해물들을 해결하며, 성과를 개선시키도록 도와주는 것을 말한다.[112] 1980년대 후반에 미국의 기업

111) 양승엽 · 박수경, 앞의 논문, 90면.

112) 커밍스 · 월리, 「조직개발과 변화」 제8판, 김민수 · 김재구 · 이동명 등 번역, 톰슨코리아(주), 262면, 2007.3.

들이 코칭을 도입하면서 전문적인 비즈니스 코칭이 탄생하였고, 이는 조직변화 기법으로도 활용되어 오고 있다. 전문가 코칭은 최고경영자 또는 임원이 자신의 잘못된 문제를 볼 수 있는 시각을 얻을 수 있도록 도와주며, 그들이 학습한 내용을 조직으로 전이시키도록 도와준다. 사용자는 전문가 코칭을 통해 가학적 인사관리의 폐해를 인식할 수 있고, 직장 내 괴롭힘 예방을 위한 합리적인 인사관리 정책과 조직문화 개선방법 등을 학습할 수 있다. 학습된 결과는 사용자 또는 경영진의 행동수정뿐만 아니라 조직 내에 직장 내 괴롭힘이 없는 건강한 일터로의 변화에도 영향을 미칠 수 있다.

제2절 합리적인 인사관리정책 시행

1. 개 요

(1) 합리적인 인사관리정책의 필요성

기업은 본래 이윤추구와 장기존속을 목표로 하기 때문에 근로자들의 업무성과를 향상시키고 전체 근로자수를 적정수준으로 유지하려는 활동은 지극히 정상적인 경영활동에 속한다. 이와 같은 사용자의 인사행위는 그것이 합리적인 범위 내에 있다면 비록 근로자가 그 과정에서 다소의 정신적 고통을 겪게 되었다 하더라도 이를 두고 괴롭힘의 행위를 하였다고 볼 수 없고, 사회적 비판의 대상이 될 수도 없다. 그러나 사용자가 기업의 성과촉진활동에서 근로자에게 지나치게 높은 목표를 설정하거나, 성과평가 및 승진제도를 불공정하게 운영하여 근로자에게 신체적·정신적 고통 또는 근무환경을 악화시킨 경우에는 업무상 적정범위를 초과한 직장 내 괴롭힘에 해당될 수 있다. 이는 근로기준법에 규정된 직장 내 괴롭힘의 인정범위가 민형사상 위법성이 없는 경우까지 매우 넓게 포섭하고 있어 잘못된 인사관리정책으로 인해 근로자에게 정신적 고통을 주는 것도 직장 내 괴롭힘의 행위가 될 수 있다는 것이다. 따라서 사용자는 이제 이른바 눈에 벗어난 근로자를 사업장 밖으로 내쫓는 등의 악의적이고 적극적인 괴롭힘뿐만 아니라 비합리적인 인사관리정책으로 인해 발생되는 직장 내 괴롭힘의 문제에 대해서도 관심을 기울여야 한다.

(2) 합리적인 인사관리정책의 기준

사용자에 의해 발생된 직장 내 괴롭힘 사례들을 살펴보면, 주로 과도한 성과향상촉진, 강압적인 저성과자 퇴출, 일방적인 고용구조조정, 여성근로자의 차별적 괴롭힘 등에서 많이 발생되고 있다. 따라서 사용자는 성과관리, 저성과자 관리, 고용구조조정, 여성근로자 고용 등에 있어 합리적인 인사관리를 통해 직장 내 괴롭힘의 논란이 발생되지 않도록 더욱 고민하고 주의를 기울여야 한다. 그러나 이와 같은 영역에 있어서 어느 정도가 근로자의 인격권을 침해하지 않는 합리적인 인사관리정책에 속하는지에 대한 일률적인 기준을 제시하기는 쉽지 않다. 이와 관련하여 호주 정부는 직장 괴롭힘 방지 가이드라인(Safe Work Australia, 2016)를 통해 사용자가 직장 내 괴롭힘을 벗어나기 위한 합리적인 인사관리 정책 및 제도운영에 대한 기준을 다음과 같이 제시하고 있다. 이는 국내 사업장의 경우에도 유효하게 적용될 수 있는 기준들로 평가된다.

① 현실적이고 성취가능 한 성과목표, 기준, 마감의 설정
② 정당하고 적절한 근무표와 근무시간을 할당
③ 경영상 이유에 따른 전근 또는 전보
④ 승진은 공정하고 투명해야 하며 근로자를 선별하지 않음
⑤ 불만족스러운 성과에 대해 근로자에게 정직, 공정, 신임할 수 있는 방법으로 공지
⑥ 불합리한 행동을 하는 근로자에게 객관적이고 신뢰감 있게 공지
⑦ 경영상 이유로 인한 변화나 구조조정을 실행하는 것

⑧ 적정하고 공정한 배경에서 정직, 해고 등을 포함한 징계처분을 실시

2. 합리적인 성과향상촉진정책 시행

(1) 의 의

사용자의 성과향상촉진 활동은 근로자의 인격권 보호라는 노동법적 가치가 훼손되지 않도록 제한적으로 운영되어야 한다. 2018년 1월, IT업체인 S사에서 웹디자이너로 근무하던 J사원이 많은 업무로 장시간 노동에 시달리며 괴로워하다가 스스로 목숨을 끊은 사건이 있었고, 그로부터 3년 후인 2022년 4월에도 해군본부 예하 해군수사단 예하 부대 지휘관으로 근무하던 A중령이 상관으로부터의 업무압박과 진급압박에 시달리다가 유서를 남기고 자살한 사건이 있었다.[113] 이 사건들은 모두 사용자의 불합리한 성과촉진정책과 상사의 불합리한 성과촉진방식이 근본적인 원인이라고 볼 수 있다. 사용자는 성과향상촉진과 관련하여 직장 내 괴롭힘의 발생을 예방하기 위해서는 업무목표수준 설정, 업무목표달성 과정, 업무성과 평가와 보상정책 등에 있어 근로자의 인격권이 침해되지 않게 설계하고 운영하여야 한다.

(2) 합리적인 목표관리제도 시행

1) 의 의

현대기업들은 경영성과를 높이기 위하여 목표설정과 결과관리를 포함한 다양한 형태의 목표관리제도(MBO)를 시행하고 있다.[114] 이 경우 사용자의 목표관리

113) 2018년 1월 IT회사 웹디자이너 자살 사건 출처 : 한겨레신문 2018.04.04.자 A13면. "푹 자고 일하고 싶어…" 웹디자이너의 마지막 소원 ; 2022년 4월 해군중령 자살사건 출처 : 중앙일보 신문, 2022.5.3.자 해군수사단 간부 극단선택… 국방부, '상관 압박' 수사 착수.

114) 목표관리제도의 기본개념은 1950년대에 드러커(P. Drucker)에 의하여 제시된 이후

제도가 19세기 테일러의 과학적 관리법 사고방식 하에 높은 업무목표량 달성에만 초점을 맞추고 근로자의 작업행동을 일방적으로 통제하려고 한다면 감독자에 의한 직장 내 괴롭힘 행위가 발생될 가능성은 증가된다. 기존 연구에서도 과도한 업무량, 장시간근로, 의사결정에 대한 참여 부족, 작업관련 피드백 부족 등의 근무환경은 직장 내 괴롭힘을 증가시키는 것으로 나타나고 있다(Notelaers 외, 2010). 따라서 사용자가 직장 내 괴롭힘 행위가 발생되지 않는 가운데 경영성과창출 활동을 효과적으로 하기 위해서는 조직행동학에서 제시하는 인간존중의 가치가 포함된 목표관리제도 방식을 운영하는 것이 바람직하다. 조직행동학에서 말하는 목표관리제도란 상사와 부하사원이 상호 합의하에 연초에 공동업무목표를 설정하고, 이후 중간피드백, 목표수정조정, 코칭 등의 과정을 거쳐 연말에 목표달성도를 평가하고 그에 합당한 보상을 실시하는 방식을 의미한다. 이와 같은 과정에는 업무목표 설정이 상사의 일방적인 결정이 아니라 부하사원과의 상호합의가 바탕이 되어야 하고, 업무달성이 상사의 독촉과 강요가 아닌 부하사원의 자발적인 동기부여에 의하여 이루어지도록 함을 강조하고 있다.

〈목표관리제도의 사이클(Cycle)〉

(타당성조사)		(사전준비)		(목표관리 사이클)						
경영목적, 전략, 방침		목표분야, 측정방법설정		목표설정		중간경과평가		기말평가		차기대책
직무구조 기술환경	⇨	교육훈련	⇨	공동참여 계량화 우선순위	⇨	중간피드백 목표수정 조정 개선책 동기부여	⇨	공동평가 인력개발 개선책	⇨	수 정 보 완
인 력		집행전략 계획수립								

출처 : 이학종, 조직행동론(제3판), 177면.

여러 학자들에 의하여 수정되고 구체화 되었고, 특히 조직행동 전문가들에 의하여 인본주의적 가치, 자율성, 인격 등을 바탕으로 한 행동과학적 접근방법을 많이 보완함으로써 현대조직의 매우 중요한 경영기법으로 활용되고 있다.

2) 적절한 업무목표수준 설정

목표관리제도의 근본적인 목적은 상위관리자와 하위구성원의 공동목표 설정을 통하여 조직체의 경영목적과 구성원 개인의 목적을 통합시키고 나아가서는 조직체와 구성원의 효율적인 통합을 이루는 것이다. 따라서 업무목표수준은 가능한 도전적인 수준에서 설정할 필요가 있다고 하더라도 어디까지나 실현가능한 목표를 설정하되, 상사와 부하 간에 공동합의에 의하여야 한다. 조직구성원에게 감당하기 어려울 정도의 업무량을 부여하는 것은 직장 내 괴롭힘 발생을 증가시킨다. 또한 업무목표의 종류에는 과업목표뿐만 아니라 개인개발목표도 포함되도록 하여 균형을 유지하는 것이 필요하다. 이를 위해서는 업무목표 설정과정에서 상사와 부하간의 적극적인 대화가 이루어지도록 하여야 한다. 이 경우 사용자는 전사차원의 경영목표 수준을 너무 과도하게 설정하지 않도록 하고, 각 부서에도 상사가 부하사원에게 달성 불가능한 업무목표량을 제시하거나 불분명한 업무목표를 제시하지 않도록 한다.

3) 업무목표 달성과정

가. 업무수행자의 직무자율성 존중

업무수행이 상사에 의한 독촉보다는 업무수행자의 자율에 의해 이루어지고 근무시간 통제가 가능할수록 직장 내 괴롭힘 행위의 발생도 감소될 수 있다(Zapf & Osterwalder, 1998). 국내기업을 대상으로 한 연구에서도 직무수행의 자율성이 직장 내 괴롭힘 감소에 영향을 미치는 것으로 나타나고 있다(최항석·박혜상, 2010). 목표관리제도의 업무목표달성 과정은 업무목표를 상사의 지시·독촉에 의해 달성되도록 관리하는 것이 아니라 업무수행자가 성취감, 자율성, 보상이라는 동기부여 요인에 의해 자발적으로 수행하도록 한다는 것이 핵심이다. 따라서 업무수행자는 자기책임 하에 업무일정과 업무속도를 스스로 결정하도록 하고, 그 과정에서 상사는 부하사원의 애로사항을 지원하고 코칭함으로서 업무가 신속히 이루어질 수 있도록 도움을 주어야 한다. 또한 업무수행자에게 성과향상을 위한 충분한 정보와 시간을 제공하고, 업무목표가 효과적으로 달성되기 위해서는 성과향상교육 프로그램 등을 지원하는 것도 바람직하다.

나. 업무지시자의 폭언, 모욕적인 언어 사용금지

사용자 또는 상급자가 업무상 성과향상을 위한다는 명분으로 부하사원에게 폭언이나 모욕적인 말을 아무런 거리낌 없이 하는 경우가 있다. 2019년도 7월부터 2022년 8월까지 최근 3년간 고용노동부에 신고된 직장 내 괴롭힘 유형 중에는 폭언이 34.2%(8,841건)로 전체 유형 중에서 가장 높은 비중을 차지하였다고 발표된 바 있다. 또한 피해근로자들은 폭언 등으로 심한 모욕을 당한 후에는 응급실에 실려 가기도 하고, 정신과에서 우울증, 공황장애, 불안장애 진단을 받거나, 심지어는 극단적인 선택을 고민하는 경우도 있는 것으로 언론에 종종 보도되고 있다.[115] 한편 어떤 사용자 또는 상급자는 '업무를 지시하거나 업무지도를 하다 보면 언성이 다소 높아지거나 야단을 칠 수 있는 것 아니냐?!'라는 항변을 하는 경우가 있다. 그러나 업무지도 및 지적과정에서 욕설이 들어가거나 모욕을 주는 언어가 포함되는 경우, 특히 그러한 언행이 여러 차례 반복된다면 직장 내 괴롭힘 요건을 구성하게 된다. 이제 현대조직에서는 조직의 리더가 성과촉진을 위해 부하사원에게 고성을 지르거나 무례한 말을 던지는 등의 행동은 더 이상 용납되지 않는다. 따라서 사용자는 상급자가 부하사원에게 업무수행 중에 폭언이나 모욕적인 언어를 사용하지 않도록 관리할 필요가 있다.

〈업무지도 또는 지적 시 발생되는 대표적인 폭언 사례〉

- "너 돌대가리냐?! 머리는 뒀다 어디에 쓰냐?!"
- "아이~ 씨팔~ 똑바로 안할래! 이거 처리 못 하면 오늘 퇴근 없다!"
- "아~ 씨~ 열 받게 하네~ 이게 보고서냐!? 쓰레기이지!"
- "야! 인마! 너 회사에 놀러 나오냐?! 이렇게 할 거면 회사 나오지 마!"
- "윗사람 앞에서 태도가 그게 뭐야?! 너희 부모가 그렇게 가르쳤냐?!"

115) 한국일보, "머리는 폼이냐" 직장 내 괴롭힘 10건 중 3건은 '언어폭력', 2022.6.6.자 8면.

다. 업무지시자의 근무시간외 연락 금지

최근 휴대폰, 메시지, 카카오톡 등 IT·통신기술의 발달로 사업장에 근무하는 업무수행자들은 업무적 연락을 언제 어디서든 쉽고 빠르게 할 수 있게 되었다. 그러나 이와 같은 IT·통신기술의 발달로 인해 사용자 또는 상급자가 근무시간 외에도 부하사원에게 업무지시를 하거나 원치 않는 사적인 대화를 이어감으로써 직장 내 괴롭힘의 문제를 발생시키기도 한다. 예컨대 야간이나 휴일같이 근로자가 집중적으로 휴식을 취하여야 할 시간대에 사용자 또는 상급자가 보내는 업무적 또는 개인적 메시지는 부하사원에게는 불편한 일이 될 것이며 그러한 일이 계속 반복되면 정신적으로 매우 고통스러운 상황이 될 수 있다. 특히 상급자와 부하사원이 이성 간이라면 그 불편함은 더욱 심할 것이며 상황에 따라서는 성적 불쾌감까지도 발생될 수 있다. 따라서 사용자 또는 상급자는 긴박한 상황 외에는 근무시간이 아닌 시간에 부하사원에게 업무연락을 취하지 않아야 하며, 다른 조직구성원들 사이에도 근무시간 외에는 업무연락은 하지 않도록 기준을 만들어 이를 통제할 필요가 있다.

(3) 합리적인 성과평가와 보상제도 시행

1) 성과평가 및 보상제도와 직장 내 괴롭힘 문제

일반적으로 조직구성원에 대한 성과평가가 강화되면 조직구성원들에게 상당한 심리적 스트레스를 주고 이는 직장 내 괴롭힘의 발생을 증가시킬 수 있다(송민수·김정우, 2017). 특히 그것이 불공정하게 운영되거나 잘못된 의사결정에 의한 보상이 이루어진다면 직장 내 괴롭힘의 가해자나 피해자가 발생될 수 있다(Bowling & Beehr, 2006).

외국의 판단사례를 살펴보면, 호주에서는 성과평가방법과 관련하여 교사인 근로자가 학교 교장의 성과 모니터링과 멘토링이 결국 직장 내 괴롭힘과 차별행위가 되었고 그로 인해 불안우울증인 적응장애를 겪게 되었다며 손해배상을 청구한 사건이 있었다.[116] 이에 법원은 사용자측이 해당 근로자에게 모니터링과 멘토링에 관한 안내와 피드백이 제공되지 않고 계속 편지로 성과평가를 제공한 점은 인사행위로서의 방법이 합리적이지 않다고 판단하였다.

국내의 경우 불합리한 성과평가 및 보상제도 운영으로 인한 직장 내 괴롭힘 문제는 아직까지 크게 표출되지 않고 있다. 그러나 향후에는 직장 내 괴롭힘에 대한 인식이 점차 확대됨에 따라 이와 같은 문제 제기도 충분히 늘어날 수 있다. 예컨대 평가과정에서 평가자의 갑질 행위가 있거나 평가절차를 비민주적으로 진행하여 객관성을 훼손하거나, 평가결과를 제3자에게 공개하여 피평가자에게 고통을 주는 행위 등이 직장 내 괴롭힘 문제와 관련될 수 있다.

2) 성과평가 및 보상제도의 객관성·공정성 확보

기업이 성과평가 또는 차등적 보상정책의 부정적 측면을 최소화하기 위해서는 공정성 확보가 중요하다. 공정한 성과평가 및 보상제도의 운용은 직장 내 괴롭힘 감소에도 영향을 미친다(이아영 외, 2020). 이를 위해 객관적인 평가과정, 자질 있는 평가자 선정, 평가과정에서의 근로자 참여, 평가결과에 대한 적절한 피드백, 합리적 보상차등 등의 인사제도를 도입하여야 한다. 이와 같이 도입된 평가방법과 절차는 인사규정 등에 규정하여 정형화, 객관화할 필요가 있다. 또한 성과임금에 대한 구성원의 절차 및 분배공정성 인식을 증가시키는 작업도 중요하다. 이를 위해서는 업무수행자의 과업특성을 성과측정이 용이하도록 만들거나 그들의 업무수행에 따른 성과통제력을 증가시켜 주면 평가결과에 대한 객관성이 높아져서 전체적인 평가공정성에 대한 인식이 증가한다.[117]

---

116) Krygsman-Yeates v State of Victoria {2011] VMC 57 (4 November 2011).
117) 손 혁, "과업특성과 임금공정성지각이 경영자신뢰도에 미치는 영향", 고려대 석사논문, 2009.7.16.

3. 합리적인 저성과자 관리정책 시행

(1) 의 의

기업이 경쟁력 강화를 위해 우수한 인재를 확보·유지하는 것이 중요해짐에 따라 저성과자에 대한 관리 문제도 관심이 증가하고 있다. 저성과자라 함은 개인의 업적이 자신에게 주어진 요구수준에 비해 현저히 낮고, 미래 성장을 위한 보유 잠재력도 미흡한 수준에 머물고 있는 자로서 일반적으로 조직 내 하위 10%정도에 속해 있는 구성원을 의미한다.[118] 사용자의 저성과자와 관련된 직장 내 괴롭힘 문제는 저성과자를 어떻게 합리적으로 관리할 것인가에 노력을 기울이기 보다는 손쉽게 근로관계를 정리하고 퇴출시키려 하는데서 발생된다. 청주지방법원은 사용자가 저성과자를 퇴출시키기 위해 퇴출대상자로 미리 정해 놓고 회사가 만든 부진인력프로그램을 통해 고의로 명목상 해고사유를 만들어 해고한 것은 근로자의 인격권을 침해하는 불법행위임을 명확히 인정하고 있다.[119] 따라서 사용자는 저성과자 퇴출의 정당성에 대한 법원의 판단기준을 정확히 이해하고, 합리적인 저성과자 관리정책을 마련하여 시행하여야 한다.

(2) 법원의 저성과자 퇴출에 대한 정당성 판단기준

최근 대법원은 저성과자의 퇴출에 대한 정당성 판단기준을 구체적으로 제시한 바 있다.[120] 그 사건내용과 판결요지를 살펴보면 다음과 같다.

---

118) 윤혜신, "저성과자 관리의 전략적 운영 프레임과 개선과제", 임금연구 2012년 봄호 5면.

119) 청주지방법원 2013.1.8. 선고 2011나3412 판결.

120) 대법원 2021.2.25. 선고 2018다253680 판결.

1) 사건내용 및 판결요지

가. 사실관계

피고 H중공업은 2012년부터 2014년까지 3년 동안 종합인사평가와 성과평가 결과를 기준으로 하위 2%이내에 해당하는 저조한 직무역량을 보인 과장급 이상 직원 65명을 대상으로 2015.2.25.부터 2015.12.31.까지 직무역량 향상과 직무재배치를 위한 직무교육을 실시했는데, 원고 A, B도 그 대상자에 포함되어 있었다. 피고는 직무재배치 교육을 실시한 다음 2016.1.18.경 원고들을 각각 재배치하였는데, 원고들은 재배치 이후 실시된 2016년 상반기 성과평가에서 최저등급인 D등급을 받았다. 피고는 원고들이 근무성적 또는 능력이 현저하게 불량해 직무를 수행할 수 없다는 이유로 2016.8.27.에 원고2를, 2016.9.1.에 원고1을 해고하였다. 이에 원고1과 원고2는 해고처분무효를 구하는 소를 법원에 제기하였다.

나. 대법원 판결요지

저성과자에 대한 해고가 정당성을 인정받기 위해서는 근로기준법 제23조제1항에서 요구하는 정당한 사유가 있어야 한다. 이를 위해서는 인사평가 기준이 공정하여야 하고 근로관계를 계속할 수 없는 정당한 이유가 있어야 한다. 위 사건에 있어서 첫째, 원고들에 대한 인사평가 기준이 불공정했는지 여부에 대하여 ① 피고가 2012년 이후 인사평가의 기준이나 항목을 소속 근로자들에게 공개했고, 2014년 이후 성과평가 결과에 대한 이의 제기 절차를 체계적으로 정비하고 안내하였다는 점, ② 피고가 상대평가 방식을 채택하면서도 인사평가자가 평가를 받는 사람의 자질 등을 감안해 최저등급에 해당하는 C, D등급을 부여하지 않을 수 있는 재량을 부여했던 것으로 보인다는 점, ③ 특정 인사평가자 한명의 판단에 따라 원고들의 인사평가 결과가 정해지는 것이 아니라 복수의 판단에 따라 원고들의 인사평가 결과가 정해지는 것이어서 그 인사평가 결과가 자의적이라고 단정하기 어렵다는 점 등에서 볼 때 인사평가 기준이 불공정하다고 보기 어렵다. 둘째, 이 사건 해고에 정당한 이유가 있는지 여부에 대하여 ① 피고가 2010년부터 2016년까지 실시한 인사평가 결과 원고들은 최하위권에 해당했으며, 각각 3, 4회의 직무경고를 받는 등 장기간 실적이 상당히 부진했던 점, ② 피고는 원고들에게 10개월 동안 직무재배치 교육을 실시하고 원고들 직무를 재배치했으나, 이후 실시된 다면평가에서도 업무역량 부족 및 업무상 잘못 등의 문제점을 지적됐던 점, ③ 원고들은 직무재배치 이후에도 업무능력 향상에 대한 의지 및 열의가 없었으며 개선의지 부족이라는 평가를 받았던 점 등을 고려했을 때 원고들 해고에 정당한 사유가 인정된다.

2) 대법원 판결의 시사점

2021년도 대법원 판결을 통해 확인된 저성과자에 대한 해고가 정당하기 위한 판단기준은 첫째, 성과평가의 근거가 근무성적이나 근무능력에 대한 공정하고 객관적일 것, 둘째, 근로자의 근무성적이나 근무능력이 다른 근로자에 비하여 상대적으로 낮다는 것만으로는 불충분하고, 상당한 기간 동안 일반적으로 기대되는 최소한에도 미치지 못하면서 개선의 가능성이 없어 사회통념상 고용관계를 계속할 수 없을 정도일 것, 셋째, 근로자의 지위와 담당업무의 내용, 그에 따라 요구되는 성과나 전문성의 정도, 근로자의 근무성적이나 근무능력이 부진한 정도와 기간, 사용자가 교육과 전환배치 등 근무성적이나 근무능력 개선을 위한 기회를 부여하였는지 여부, 개선의 기회가 부여된 이후 근로자의 근무성적이나 근무능력의 개선 여부, 근로자의 태도, 사업장의 여건 등 여러 사정을 종합적으로 고려하여 합리적으로 판단할 것 등을 제시하고 있다. 결국 대법원은 특정 근로자가 장기간 반복해 저성과를 기록하였다고 하더라도 이러한 사유만으로는 해고가 불가능하며, 해당 근로자에게 적합한 개선의 기회가 부여되었음에도 불구하고 그 개선 가능성이 없을 때에야 비로소 저성과자 해고가 가능하다는 매우 엄격한 기준을 제시하고 있다.

(3) 합리적인 저성과자 관리방안

종래의 저성과자에 대한 관리방식은 비공식적인 방법으로 퇴출중심형 관리방식이 일반적이었으나, 근래에는 저성과자의 역량을 향상시켜 최대한 다방면의 기회를 부여하고 그럼에도 불구하고 개선되지 않을 경우 퇴출을 시키는 전략적 저성과자 관리방식으로 변모하고 있다.[121] 이러한 관리방식의 변화는 저성과자가 교육훈련 기회를 통해 개선될 수 있거나 그 역량이 담당직무와 매치되지 않았을 뿐 다른 직무에서는 인재가 될 수 있다는 사고로의 전환, 그리고 법원이 사용자가 저성과자에 대해 손쉽게 퇴출부터 추진하려는 것에 대해 법적 정당성을 허용하지 않으려는 경향 등이 영향을 주었다고 볼 수 있다. 사용자가 저성과자들에게 가학적인 방법으로 자진 사직을 유도하거나 해고를 행한다면 직장 내 괴롭힘에 대한 법적제재를 받을 뿐만 아니라 그 인사처분도 무효가 된다. 따라서 사용자는 저성과자에 대해 퇴출에 무게를 두기보다는 기업 내부적으로 역량개발, 직무관리, 관계조정 등을 통해 재기의 기회를 부여할 수 있도록 전략적·체계적으로 관리하는 방향으로 인사관리정책을 유지할 필요가 있다.

〈저성과자에 대한 전략적·체계적 관리방법〉

관리방법	내 용
역량개발	저성과자의 역량을 진단하고 교육훈련을 통해 성과향상을 도모하는 방식
직무관리	저성과자의 현재 역량수준에 맞는 새로운 직무나 역할을 부여하고 이를 거부하거나 새로운 직무나 역할마저도 적응하지 못할 경우 퇴출하는 방식
관계조정	성과부진자의 계약내용을 변경하여 조직에 기여한 만큼의 임금을 받도록 근로조건을 변경하는 방식

4. 합리적인 고용구조조정정책 시행

(1) 의 의

기업의 고용정책은 수요인력과 공급인력이 일치되도록 적정인력 수준을 유지하는 것을 목표로 한다. 사용자는 조직 각 부문에 수요인력보다 공급인력이 많

121) 박종희, "저성과자에 대한 합리적인 인사관리방안과 관련된 법률상 쟁점 검토"-전략적·체계적 관리방안의 수용가능성 검토를 중심으로-, 고려법학 제75호, 2014.12, 310면.

으면 초과인력으로 인한 비용손실을 막기 위해 인력축소정책을 추진한다. 인력축소는 희망퇴직자 모집, 정리해고 등과 같이 대규모로 추진하거나 재계약거부, 퇴직권고 등과 같이 소규모로 추진하기도 한다. 그러나 퇴출방식에 의한 고용구조조정은 근로자에게 직장상실이라는 고통을 줄 뿐만 아니라, 희망퇴직과 퇴직권고 시에는 근로자의 동의가 전제되어야 하고 정리해고 시에는 긴박한 경영상 위기라는 엄격한 요건이 있어야 하는 등 노동법적 요건이 충족되어야 한다. 일반적으로 고용구조조정과 관련된 직장 내 괴롭힘 문제는 사용자가 노동법적 요건이 충족되지 않은 상태에서 특정 근로자를 강압적인 방법으로 퇴출시키려는 데서 발생된다. 따라서 사용자는 경영실적 악화로 고용구조조정이 필요한 경우에는 우선적으로 근로자를 강제로 내보내지 않고도 인건비를 감소시킬 수 있는 「비퇴출방법에 의한 고용구조조정 방법」을 시도할 필요가 있다. 이후 사용자가 해고회피 노력을 다하였음에도 불구하고 「퇴출방법에 의한 고용구조조정 방법」이 불가피한 경우에는 최대한 근로자의 인격권을 침해하지 않는 방식으로 추진하여야 한다.

(2) 비퇴출방법에 의한 고용구조조정 우선적 실시

비퇴출방법에 의한 고용구조조정은 근로자를 내보내기에 앞서 업무량을 조절하거나 근무제도를 변경함으로써 인건비를 절감시키는 방법으로서 근로자의 인격권이 침해될 여지가 적다. 비퇴출방법에 의한 고용구조조정 방법들은 크게 4가지로 분류할 수 있는 데, 첫째, 근로시간의 조정, 휴일의 증가, 연차휴가 등의 소진, 일시 무급휴업, 임금삭감, 신규채용 중단 등을 통해 인건비를 감소시키는 방법, 둘째, 비정규직 활용, 파견근로자 활용 등을 통해 고용의 유연성을 증가시키는 방법, 셋째, 사업부문을 정리하거나 통합하여 초과인력을 효율적으로 재배치하는 방법, 넷째, 경기가 회복될 때까지 1인의 일을 2인에게 나누어 일시적인 실직사태를 막는 방법 등으로 분류할 수 있다.

〈비퇴출방법에 의한 고용구조조정 방법〉

고용조정 방법	내 용
근로시간의 조정	시간외근로의 삭감, 억제를 통한 인건비 추가지출 통제
휴일의 증가	매출저조로 업무량이 감소함에 따라 휴일을 확대하고 임금을 줄임
연차휴가 등의 소진	비성수기에 연차휴가 사용을 촉진하여 추가적인 법정수당 발생을 피함
일시무급휴업	근로자의 동의를 얻어 무급으로 일정기간 휴직하는 조치
임금삭감	근로자의 동의를 얻어 최저임금 이상에서 삭감하는 조치
신규채용 중단	신규채용을 축소함으로써 자연적으로 인력규모를 조정함
비정규직 활용	단기 계약직, 촉탁사원, 아르바이트, 자유계약자 등 비정규직 인력 활용을 확대하여, 경영악화 시 재계약 정지를 통하여 자연스럽게 고용을 조정함
파견근로자활용	외부인력인 파견근로자를 적절히 활용함으로서 노동법상 사용자 의무에서 비롯된 경제적 부담에서 벗어남
사업부문의 정리 또는 통합	수익성이 낮은 사업부문을 정리하고 통합함으로서 초과인력을 수익성이 좋아 인력이 부족한 사업부문으로 재배치함
일자리 나누기 (Job Sharing)	매출저조로 업무량이 감소함에 따라 한 명의 근로자가 담당하던 일을 둘 이상의 근로자가 나누어 수행하는 근로형태로 변경함

(3) 퇴출방법에 의한 고용구조조정 실시

1) 의 의

퇴출방법에 의한 고용구조조정은 초과인력을 퇴출시킴으로써 인건비를 절감시키는 방법이다. 근로자를 퇴출시킨다는 것은 아무래도 추진과정에서 다소간의 충돌이나 갈등이 발생될 수밖에 없다. 이 과정에서 사용자가 고용조정이 뜻대로 되지 않는다고 하여 강압적인 방식으로 퇴출을 추진한다면 근로자는 더욱 반발하게 되고 직장 내 괴롭힘의 문제도 발생될 수 있다. 따라서 사용자는 퇴출방법에 의한 고용구조조정을 추진하더라도 가능한 근로자의 자발적인 의사를 존중하여 충격을 최소화 할 수 있는 희망퇴직의 방법을 우선적으로 추진하고, 근로자의 자발적인 퇴직의사와 무관하게 진행하는 퇴직권고 또는 정리해고와 같은 방법은 최후의 수단으로 활용되어야 한다.

2) 희망퇴직

희망퇴직이라 함은 추가적인 금전적 혜택 등을 조건으로 자발적인 퇴직희망자를 모집하는 것을 말한다. 현재 기업현장에서 많이 시행하고 있는 일명 '명예퇴직'이라는 것도 자발적인 퇴직희망자를 모집한다는 점에서 희망퇴직과 같은 의미라고 볼 수 있다. 희망퇴직은 어디까지나 근로자가 스스로 퇴직여부를 결정한다는 점에서 인격권 침해의 여지가 가장 적다. 다만 특정 근로자에게 희망퇴직에 응할 것을 강요하는 행위는 직장 내 괴롭힘에 해당될 수 있다. 2015년 12월 국내 대기업 D는 심각한 실적악화로 신입 직원까지 포함한 사무직 근로자 3,000명 전원을 대상으로 한 희망퇴직을 실시하였는데 그 과정에서 인권침해에 해당되는 행위를 하여 사회적으로 큰 비판을 받은 바 있다. D기업은 명목상으로는 희망신청자를 받는다고 해놓고 실제로는 20대 신입사원, 여성근로자, 정규직 전환자 등 퇴직대상자를 선정하여 놓고 이들을 대상으로 매일 오전 8시까지 교육장에 출근시킨 뒤 아무 일도 하지 않은 채 회고록을 쓰거나 명상을 하도록 하다가 오후 5시에 퇴근시키는 등 퇴직을 강요하는 교육을 실시하였다.[122] 한편 사용자는 퇴직희망자를 원활하게 모집하기 위해서는 금전적 혜택 외에도 전직훈련, 창업지원 등과 같은 혜택을 함께 지원할 필요가 있다. 회사의 고용조정계획에 의하여 자발적으로 퇴직을 하는 근로자는 고용보험법상 실업급여의 수급대상이 된다(고용보험법시행규칙 [별표2] 제5호).

3) 퇴직권고

퇴직권고라 함은 연령, 근속연수, 근무능력 등의 면에서 일정기준을 설정하고 그 기준에 해당되는 근로자에게 퇴직을 권고하고 근로자의 동의를 얻어 근로관

122) 한겨레신문 2015.16자, 두산인프라코어, 희망퇴직 거부자에 "매일 회고록 쓰라".

계를 종료시키는 것으로 권고사직이라고도 한다. 퇴직권고는 근로자의 동의를 바탕으로 한다는 점에서는 정리해고보다는 근로자에게 주는 충격은 작다고 볼 수는 있으나, 반대로 근로자가 동의를 하지 않을 경우에는 사용자가 이를 관철시키는 과정에서 인격권 침해가 정리해고보다 더 많이 발생할 수도 있다. 퇴직권고 시에는 대상 근로자와 충분한 대화와 이해를 구하는 것이 중요하고, 금전적 추가지급 등 다양한 혜택이 동반될 필요가 있다. 만약 사용자가 근로자와 충분한 대화와 설득을 하였음에도 불구하고 퇴직합의에 실패하였다면 끝까지 밀어붙이기보다는 적당한 단계에서 이를 포기하는 것이 더 낫다고 할 수 있다. 왜냐하면 근로자 인격권 침해행위는 인원감소라는 긍정적 효과에 비해 근로자와 조직에 더 큰 부정적인 파장을 일으키기 때문이다. 특히 사용자가 사기 또는 강박에 의하여 근로자로부터 사직서를 제출받은 경우에는 해당 근로자는 민법 제110조제1항에 근거하여 사직의 의사표시를 취소할 수 있다. 이 경우 사용자가 근로자의 사직의 의사표시를 받아들이지 않았을 때에는 해고처분을 한 것이 되며, 만약 근로자가 사직의 의사표시를 취소하지 않았다 하더라도 사용자가 사기 또는 강박에 의하여 사직서를 수리하여 근로자를 퇴사시킨 인사처분은 부당해고에 해당된다.

4) 정리해고

정리해고는 계속되는 경영의 악화 등 긴박한 경영상의 이유가 있는 경우에 일정규모 이상의 근로자들을 강제로 해고시키는 것으로, 기업의 생존을 위해 어쩔 수 없이 시행하게 되는 최후의 고용조정 수단이다. 정리해고는 경영상 위기에 봉착하여 근로자에게 추가적인 경제적 혜택 없이 일터를 상실하게 하는 것인 만큼 근로자에게 주는 피해가 매우 크다고 볼 수 있다. 정리해고의 법률상 유효요건으로 근로기준법 제24조에서는 긴박한 경영상 이유, 해고회피 노력과 공정한 대상자 선정, 노동조합 또는 근로자 대표와 성실한 협의, 고용노동부에의 신고 등 엄격한 요건을 요구하고 있다. 그러나 합법적인 요건이 충족되었다 하더라도 사용자가 해고회피 노력 과정에서 부당한 인사권을 행사하거나 정리해고 대상자 선정 협의과정에서 근로자 대표 또는 특정근로자에게 폭언 · 모욕 · 강요 등의 행위를 하는 경우에는 직장 내 괴롭힘 문제가 발생될 수 있다. 따라서 사용자는 정리해고의 합법적인 요건충족 외에도 절차적인 측면에서 정리해고 대상자들의 인격권이 침해되지 않도록 주의를 기울여야 한다.

5. 차별 없는 공정한 인사정책 시행

(1) 차별적 괴롭힘의 의의

1) 차별금지법상 차별

근로기준법 제6조에는 "사용자는 근로자에 대하여 남녀의 성을 이유로 차별적 대우를 하지 못하고, 국적 · 신앙 또는 사회적 신분을 이유로 근로조건에 대한 차별적 처우를 하지 못한다."라고 규정하여 근로관계에 있어서 불합리한 차별을 금지하고 있다. 또한 노동관계법은 개별법을 통해 여러 형태의 차별을 금지하고 있는 바, 남녀고용평등법, 고령자차별금지법, 장애인차별금지법 등에서는 사업주가 성별, 고령자, 장애인이라는 이유로 다른 일반근로자보다 모집 · 채용, 임금, 임금 외의 금품 지급, 교육 · 배치 · 승진, 정년 · 퇴직 · 해고 등 고용 및 근로관계의 전체 영역에서 불리한 처우를 하지 못하도록 규정하고 있고, 비정규직보호법에서는 비정규직 근로자를 동종 정규직 근로자보다 임금, 상여금, 성과금, 복리후생 등에서 불리한 처우를 하는 것을 차별적 처우로써 금지하고 있다. 다만 근로형태, 직급, 업무성적, 직무수행능력 등에 따라 합리적인 차이를 두는 것은 차별에 속하지 아니한다.[123)]

---

123) 대법원 1992.8.14. 선고 92다1995 판결 ; 대법원 1997.7.8. 선고 96다56269 판결 ; 근기 01254-3660, 1991.3.16.

〈현행 차별금지법 주요 내용〉

<table>
<tr><th>구분</th><th>근거법률</th><th>차별금지영역</th><th>차별금지사유</th><th>차별제재방법</th></tr>
<tr><td>정규직</td><td>근로기준법(제6조)</td><td>채용・모집을 제외한 해고까지의 전영역</td><td>성별, 국적, 신앙, 사회적 신분</td><td>벌금</td></tr>
<tr><td>비정규직</td><td>-기간제및단시간근로자보호등에관한법률(제8조)
-파견근로자보호등에관한법률(제21조)</td><td>임금, 상여금, 성과금, 복리후생 등</td><td>기간제근로, 단시간근로, 파견근로</td><td rowspan="2">-과태료
-노동위원회 구제</td></tr>
<tr><td>여성</td><td>남녀고용평등과일가정양립지원에관한법률(제7조 내지 제11조)</td><td rowspan="3">채용・모집을 포함한 해고까지의 전영역</td><td>성별, 모성</td></tr>
<tr><td>고령자</td><td>고용상연령차별금지및고령자고용촉진에관한법률(제4조의4)</td><td>연령</td><td rowspan="2">-과태료
-국가인권위원회 구제</td></tr>
<tr><td>장애인</td><td>장애인차별금지및권리구제등에관한법률(제10조)</td><td>장애인</td></tr>
</table>

2) 차별과 직장 내 괴롭힘의 관계

성별・모성, 연령, 비정규직, 장애인에 대한 차별이 현행 차별금지법상 차별에 속한다고 하여 그것이 곧바로 직장 내 괴롭힘에 해당되는 것은 아니다. 이들에 대한 차별행위가 차별적 괴롭힘에 이르러야 근로기준법 제76조의2의 직장 내 괴롭힘에 해당된다. 이때 차별적 괴롭힘이란 차별이 금지되는 속성(성별, 인종, 장애 등)을 이유로 노동자의 존엄을 침해하거나, 위협적이거나, 비하하거나, 굴욕적인 언사나 행위를 의도적으로 하거나, 그러한 결과를 초래하는 행위 등을 뜻한다.[124] 예컨대 사용자가 여성, 고령자, 비정규직, 장애인, 흡연자, 성수자라는 이유만으로 비인격적인 인사권을 행사하는 경우가 이에 해당된다. 다만 직장 내

124) 구미영 외, "직장 내 성차별적 괴롭힘 실태와 제도개선 방안 연구", 한국여성정책연구원, 2020.12.31. 21면.

괴롭힘 행위는 업무와 관련되어야 하므로 근로계약 체결 전인 모집 및 채용단계에서는 발생되지 아니한다.

(2) 성차별적 괴롭힘과 직장 내 괴롭힘 문제

1) 성차별적 괴롭힘의 의의

“성차별”이란 사업주가 근로자에게 성별, 혼인, 가족 안에서의 지위, 임신 또는 출산 등의 사유로 합리적인 이유 없이 채용 또는 근로의 조건을 다르게 하거나 그 밖의 불리한 조치를 하는 경우(사업주가 채용조건이나 근로조건은 동일하게 적용하더라도 그 조건을 충족할 수 있는 남성 또는 여성이 다른 한 성(性)에 비하여 현저히 적고 그에 따라 특정 성에게 불리한 결과를 초래하며 그 조건이 정당한 것임을 증명할 수 없는 경우를 포함한다)를 말한다(남녀고용평등 제2조제1호). 국가인권위원회가 2019년 3월에 발표한 상시근로자 100인 이하 사업장에 근무하는 임신, 출산 경험이 있는 (또는 배우자가 임신, 출산 경험이 있는) 임금근로자 800명을 대상으로 한「임신, 출산, 육아휴직 차별 실태조사」에서는 육아휴직을 사용한 근로자의 69.8%가 배치 및 승진에서, 71.1%가 보상 및 평가에서 차별을 받은 것으로 조사되었다. 이와 같이 사용자의 성차별이 큰 문제가 되는 것은 그것이 차별행위로만 끝나는 것이 아니라 성차별적 괴롭힘 행위를 동반한다는 점에 있다. 실제 산업현장에서는 성차별 과정에서 직장 내 괴롭힘 행위들이 많이 발생되고 있는 데, 대표적인 사례로(광주지방법원 2012.10.24. 선고 2012나10375 판결) 육아휴직을 마치고 복귀한 여성근로자를 휴직 전과 같은 업무에 복귀시키지 않고 책상을 치워버리거나 스스로 퇴직하도록 하기 위해 직원회의에서 왕따를 시키고 비하하거나 모욕을 주는 행위 등이 이에 속한다. 이와 같은 여성근로자에 대한 직장 내 괴롭힘 행위는 근본적으로 사용자의 성차별적인 인사철학에서 비롯되었다고 볼 수 있다.

2) 성차별적 괴롭힘의 예방

사용자가 성차별적 괴롭힘을 예방하기 위해서는 다양한 인적특성을 가진 근로자들을 조직 내에 모두 포용하고, 이들이 공존한 상태에서의 최적화된 작업시스템을 어떻게 구축할 것인가를 고민하고 이를 인사관리정책에 반영하여야 한다. 예를 들면, 여성근로자의 모성보호에 대한 법 규정을 회사의 인사정책에 모두 반영하고, 인력운영계획 수립 시에는 여성근로자의 임신, 출산, 육아 등으로 인해 발생될 수 있는 업무공백을 사전에 예측하고 대비하여야 한다.

〈현행법상 여성근로자의 모성보호 규정〉

법률	규정
근로기준법	① 출산전후휴가 90일부여(제74조제1항) ② 유산・사산휴가부여(제74조제3항) ③ 임신기간 중 근로시간 단축(제74조제7항) ④ 태아검진시간의 허용(제74조의2) ⑤ 육아시간 부여(제75조) ⑥ 임산부 또는 18세미만자 유해・위험한 사업 종사금지(제65조) ⑦ 야간근로와 휴일근로의 제한(제70조제1항)
남녀고용평등과 일・가정양립지원에 관한 법률	① 배우자출산휴가(제18조의2) ② 난임휴가(제18조의3) ③ 육아휴직(제19조) ④ 육아기 근로시간 단축(제19조의2) ⑤ 가족돌봄휴직(또는 휴가)(제22조의2)

(3) 회사행사 시 선정적 행위 강요와 직장 내 괴롭힘 문제

회사의 판촉활동, 체육활동, 회사창립기념일 등과 같이 회사행사 시 근로자에게 야한 댄스를 강요하거나, 야한 복장을 착용하게 하거나, 고객을 대상으로 지나친 응대행위를 강요하는 등 회사가 근로자에게 수치심을 느낄 수는 있는 행위를 강요하는 것은 직장 내 괴롭힘에 해당될 수 있다. 이는 여성근로자뿐만 아니라 남성근로자에게도 적용된다.

2017년 10월 국내 S대학병원은 사내 체육행사 장기자랑 시 간호사들에게 재단 고위 관계자들과 의사, 간호사 등 동료 수백명 앞에서 가슴부위를 노출한 의상과 짧은 하의를 입고 선정적인 춤을 추도록 한 일이 언론에 보도되면서 사회적인 비판을 받았다(조선일보, 2017.11.11). 앞서 일본에서는 2013년도에 영업부 간부들이 판매경진대회에서 목표 매출액을 달성하지 못한 여성 판매사원에게 코스튬플레이 의상을 착용시켜서 모욕감을 준 일로 소송이 제기되었는데, 수소법원은 영업부 간부들의 코스튬 착용 요구 행위는 사회통념상 정당한 직무행위라고 볼 수 없다고 판결하면서 여성사원들의 위자료 청구를 인정한 바 있다(大阪地裁判決 2013.2.20).

위에서 살펴본 바와 같이, 사용자는 회사의 공식적인 행사와 관련하여 선정적인 행위를 강요하는 것은 해당 근로자의 인격권을 침해하는 직장 내 괴롭힘의 행위에 해당된다는 점을 인식하여야 하고, 이와 같은 행위가 조직 내에서 발생되지 않도록 관리하여야 한다.

(4) 금연정책과 직장 내 괴롭힘 문제

1) 의 의

2010년도 들어 금연을 요구하는 사회적 분위기에 따라 공공기관과 많은 기업들이 사원들을 대상으로 다양한 금연정책을 도입하였다.[125] 그런데 최근 2018년도에 교육업계 B사는 직원들에게 금연서약서를 강요하고 건강검진 항목에 니코틴 검사를 필수로 포함시켜 흡연을 확인하거나 직원의 흡연 여부를 확인하기 위해 소변검사보다 정확한 피검사·모발검사를 강요하고 있다고 언론에 보도되어 문제가 된 바 있다(시장경제신문, 2018.12.9). B사의 사내 공지사항에 따르면

---

125) 2013.4.24. 조선비즈가 30대 재벌(그룹·계열사 포함)의 금연정책을 조사한 결과, 14개 그룹이 흡연자의 금연을 유도하는 정책을 펴고 있다고 한다. 상당수 기업이 금연여부를 인사고과에 반영하고, 일부 기업은 임직원에게 금연서약서를 쓸 것을 요구하고 있고, 일부 기업들은 회사 전체를 금연구역으로 지정하고 있었다고 보고하였다.

흡연자에게는 흡연 당해연도 승격 포인트 2점 감점, 성과급 미지급, 다음해 교육문화 활동비 미지급 및 종합건강검진 대상자 제외, 직책자에게는 금연기간 부여 후 결과에 따라 직책유지 여부 결정 등 다양한 패널티가 부여되고, 추후 회사가 정한 3개월의 금연기간 후 재검에서도 흡연판정이 나면 견책, 시말서 제출 등의 징계를 받게 된다고 기재되어 있었다. 이와 같이 회사의 금연정책이 사원들의 건강보호라는 좋은 취지에서 실시되었음에도 불구하고 일부 기업에서는 흡연자라는 이유만으로 인사상 불이익과 상여금 미지급 등 과도하게 부당한 대우를 하는 경우도 있어 인권침해의 논란이 발생되고 있다.

2) 금연정책의 직장 내 괴롭힘 해당 여부

2012.3.29. 국가인권위원회는 육군 A부대가 '금연부대'를 운영하면서 당초취지와 달리 병사들에게 일률적으로 과도하게 흡연을 금지한 것은 지휘권을 남용해 장병의 인권을 침해한 행위라고 판단하면서, 흡연 여부의 선택 역시 헌법상 자기행동결정권 및 사생활의 자유에서 파생되는 기본권 권리에 해당된다고 하였다. 이와 같이 기업의 금연정책이 흡연자에게 무조건 금연만을 강조하고 불이익을 주는 방향으로만 운영된다면 직장 내 괴롭힘 행위가 될 수 있다. 금연강요는 회식참여 강요, 음주 및 흡연 강요 등과 같은 유형의 직장 내 괴롭힘 행위로 볼 수 있다.

3) 합리적인 금연정책 시행

회사의 금연정책은 어디까지나 사원들의 자발적인 참여를 유도하는 캠페인 형식으로 진행되도록 하여야 한다. 또한 금연을 일방적으로 강요할 것이 아니라 금연클리닉 운영 등을 통해 금연에 이를 수 있는 실질적인 치료법을 제공하는 것이 필요하다. 특히 흡연자들에게 인사상 불이익을 주는 처벌방식으로 금연을 유도하기 보다는 성공자에게 포상을 주는 칭찬방식으로 금연을 유도하는 것이 바람직하다.

제3장

관리자·근로자에 의한 직장 내 괴롭힘의 예방

제1절 예방활동의 개요

1. 예방활동의 방향

관리자・근로자에 의한 직장 내 괴롭힘의 예방활동은 크게 2가지 방향으로 접근할 수 있다. 첫째는 산업안전보건관리의 관점에서 작업현장에서의 괴롭힘 행위를 차단하는데 초점을 두는 접근방법이다. 예컨대 현장예방교육, 신속한 고충처리, 근무환경 개선 등이 이에 속한다. 둘째는 조직문화 개선의 관점에서 구성원 상호간 존중하는 직장문화를 조성함으로써 괴롭힘 행위가 원천적으로 발생되지 않도록 하는 접근방법이다. 예컨대 상호존중의 근무태도 형성, 수평적 의사소통체계 구축, 관리자의 리더십 개선 등이 이에 속한다. 그러나 직장 내 괴롭힘 예방활동은 어느 하나의 접근방법만을 강조할 것이 아니라 산업안전보건 관리 측면과 조직문화 개선 측면을 모두 통합하여 적용하여야 예방효과가 극대화될 수 있다.

2. 예방활동의 내용

직장 내 괴롭힘 예방활동은 신속한 고충처리, 취업규칙 내 규범화, 효과적인 예방교육 등 현장에서의 예방관리 활동에서부터 전사적인 상호존중의 조직문화 조성까지 통합적이고도 전략적으로 이루어져야 한다. 사용자는 우선 사업장 내에 직장 내 괴롭힘 행위가 발생되고 있는지 그 실태를 파악할 필요가 있다. 만약 현재는 직장 내 괴롭힘 행위가 발생되고 있지 않지만 향후 발생될 위험요인이 있는 경우에는 적절한 예방활동을 하여야 한다. 관리자・근로자에 의한 직장 내 괴롭힘의 예방활동은 최고경영자가 전 사원에게 직장 내 괴롭힘 근절의지를 공식적으로 표명하는 것에서부터 시작된다. 다음으로 직장 내 괴롭힘 예방조직을 구축하고 예방규칙을 제정하여 이를 근로자들에게 알리고 잘 준수하도록 한다. 아울러 전사원 예방교육을 주기적으로 실시하고 사업장의 근무환경 및 조직문화도 함께 개선하여 나가야 한다. 마지막으로 사용자는 직장 내 괴롭힘 예방관리가 효과를 내고 있는지에 대한 제도평가를 실시하여 예방정책을 조정하여야 한다.

3. 예방활동의 과정

사업장 내 근로자의 직장 내 괴롭힘 발생 정도를 구분하여 보면, 직장 내 괴롭힘의 위험성만이 존재하는 상황, 피해근로자에게 초기 괴롭힘이 실제 발생한 상황, 피해근로자가 괴롭힘으로 인해 병적상태가 된 상황 등으로 나눌 수 있다. 이 경우 사용자는 직장 내 괴롭힘 발생 상황에 맞게 단계별로 적절한 예방조치를 취하여야 한다.

첫째, 1차적 예방조치로서 사업장 내 직장 내 괴롭힘의 위험성만이 존재하는 상황에서는 직장 내 괴롭힘 예방정책 수립, 최고경영자의 근절의지 표명, 예방교육 실시 등 전 사원을 대상으로 한 일반적인 예방활동에 중점을 둔다.

둘째, 2차적 예방조치로서 직장 내 괴롭힘 금지에 대한 1차적인 예방활동에도 불구하고 특정 근로자에게 초기 수준의 괴롭힘 행위가 발생될 수 있다. 초기 수준의 괴롭힘 발생단계에서는 피해근로자의 작업중지, 행위자 경고조치, 당사자간 중재 등을 통해 고충이 해결될 수 있도록 지원한다. 초기 발생단계에서 고충처리가 중요한 것은 괴롭힘의 피해가 더 이상 확대되지 않도록 차단할 수 있고, 이로 인해 기업의 사후처리 비용도 감소시킬 수 있기 때문이다.

셋째, 3차적 예방조치로서 사용자가 피해근로자에 대한 초기 단계에서의 고충처리에 실패하거나 피해근로자가 이미 심각한 병적상태에서 신고한 경우에는 행위자에 대한 강력한 징계와 재교육, 문제가 된 조직적 환경요인의 개선 등을 통해 2차 피해가 나타나지 않도록 하거나 유사한 사고가 다시 발생되지 않도록 하여야 한다. 필요한 경우에는 징계사례를 전 사원에게 공지하여 근무기강을 바로 세울 필요도 있다. 사용자가 사후조치 활동을 성실히 이행하는 것은 향후 다른 괴롭힘 행위자의 발생을 막는다는 점에서 3차적인 예방활동이라고도 볼 수 있다. 만약 사용자가 3차적인 예방활동을 제대로 이행하지 않는다면 해당 피해근로자가 조직을 떠나게 되거나 또 다른 피해근로자가 발생하게 된다.

이와 같이 사용자의 직장 내 괴롭힘 예방활동은 직장 내 괴롭힘의 발생 정도에 따라 적절한 방법을 강구하여야 한다. 또한 사용자는 건강한 일터 조성이라는 목적을 달성하기 위해서는 직장 내 괴롭힘의 범위를 폭넓게 해석하고 심층적인 예방활동을 할 필요가 있다.

〈직장 내 괴롭힘 발생단계별 예방활동 프로세스〉

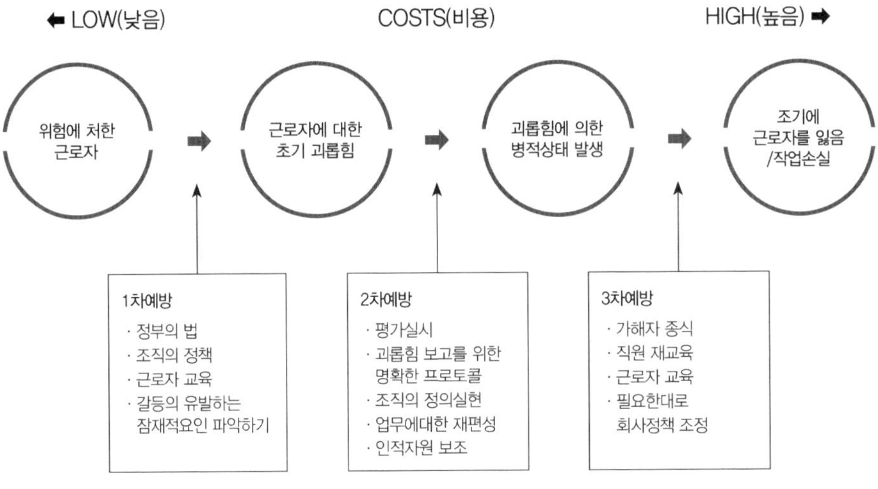

출처 : Khubchandani & Price, 2015.

제2절 최고경영자의 근절의지 선포

1. 의 의

최고경영자가 직장 내 괴롭힘을 절대 용인하지 않을 것이라는 조직적 차원의 정책선언과 그로 인한 근로자들의 인식전환이 예방조치의 첫걸음이다. 이를 위해 최고경영자는 전 사원에게 정책선언문이나 윤리강령 등을 통해 조직 내 직장 내 괴롭힘 근절이 회사의 중요한 과제임을 강하게 전달하여야 한다. 나아가 최고경영자의 직장 내 괴롭힘 근절의지가 담긴 메시지를 작업장 예방수칙의 형태로 구체화하여 각 작업현장 게시판 또는 사내 인트라넷 등에 상시적으로 게시하여 근로자들이 작업과정에서도 그 중요성을 인식할 수 있도록 할 필요가 있다.

2. 정책선언문 작성방법

정책선언문의 내용에는 직장 내 괴롭힘의 방지를 위해 무엇을 주의하여야 할 것인지를 명확하게 밝히도록 한다. 또한 직장 내 괴롭힘의 방지 노력은 경영진, 관리자, 근로자 등 각자가 함께 노력을 하여야 하는 것으로 모든 구성원들의 공통과제임을 강조한다.

〈직장 내 괴롭힘 금지 정책선언문 예시〉

(주)○○○의 건강한 일터를 위한 정책선언문

(주)○○○는 직원들을 존중하고 직원들이 안전하게 근무할 수 있는 환경을 만들기 위하여 노력한다. 회사는 직원들의 인격이 무시되는 어떠한 직장 내 괴롭힘 행위도 용인하지 않음을 선언한다. 회사의 모든 임직원은 다음과 같이 건강한 일터조성을 위하여 노력하여야 한다.

하나. 경영진은 직원의 인권을 침해하는 근무환경이나 요소들이 없는지를 수시로 점검하여 인권이 존중되는 회사를 만들기 위하여 노력한다.

하나. 관리자는 부하직원을 대함에 있어 항상 부하직원을 존중하며, 부하직원이 사내에서 겪는 어려움에 대하여는 지속적인 관심과 지원을 아끼지 않아야 한다.

하나, 직원들은 다른 직원들에게 무례한 행동을 하지 않도록 항상 주의하여야 하며, 다른 직원과의 소통에 있어 상호 존중하는 태도를 갖아야 한다.

3. 작업장 예방수칙 작성방법

직장 내 괴롭힘 작업장 예방수칙의 내용은 작업현장에서의 괴롭힘 행위를 금지한다는 것과 괴롭힘 행위 시 제재를 가한다는 것을 강조한다. 또한 사건발생 시 신속히 대응할 수 있도록 괴롭힘 발생 시 신고절차와 접수담당자를 구체적으로 기재하여야 한다. 작업장 예방수칙은 최고경영자의 근절의지가 쉽게 전달되도록 짧은 문장으로 나열하고, 문장양식은 구어체로 작성하는 것이 작업자의 주의를 환기시키는데 효과적이다.

〈직장 내 괴롭힘 예방수칙 예시〉[126)]

직장 내 괴롭힘 예방수칙

1. 직장 내 괴롭힘은 다른 직원 또는 고객 앞에서 직원을 해치거나, 위협하거나, 모욕하거나, 무시하거나, 창피하게 만드는 행동입니다,
2. 직장 내 괴롭힘은 훈련된 재능 있는 직원을 잃고, 근로자의 사기 및 생산성을 감소시키고, 법적책임을 초래할 수 있습니다.
3. (주)○○○는 모든 직원이 괴롭힘이 없는 작업환경에서 일해야 한다고 믿습니다. 이를 위해 관리감독자는 직원들이 괴롭힘을 당하지 않도록 보장할 것입니다.
4. (주)○○○는 직장 내 괴롭힘을 예방하고 관리하기 위한 고충처리 및 조사절차가 있습니다. 직장 내 괴롭힘에 대한 어떠한 보고도 중요하게 다루고, 신속하고, 공정하고, 비밀을 보장한 상태로 조사하고 다룰 것입니다.
5. (주)○○○는 모든 근로자에게 직장에서 발생한 "괴롭힘"에 대하여 신고할 것을 권합니다. 관리감독자는 고충을 신고하거나 목격한 근로자가 불이익을 당하지 않도록 보장합니다.
6. 동료직원을 괴롭히는 사람에 대해서는 조사 후 징계조치가 취해질 것입니다. 징계에는 상황에 따라 중징계와 부서이동이 포함될 수 있습니다.
7. 우리 회사에서 괴롭힘에 관한 문제를 담당하는 직원은 ○○○팀 ○○○입니다. (내선번호 ○○○○)

(주)○○○ 대표이사 ○○○

126) 김숙영, 「직장 따돌림 예방관리지침」, 한국산업안전보건공단 사업주 가이드 지침(KOSHA GUIDE, H-204-2018), 2018.12, 15면, 일부수정.

제3절 직장 내 괴롭힘 예방조직 구축

1. 의 의

직장 내 괴롭힘 예방활동을 체계적, 지속적으로 수행하기 위해서는 이를 담당할 조직을 구축하여야 한다. 직장 내 괴롭힘 예방 및 처리 담당조직을 어떻게 구성할 것인가는 회사의 규모, 조직특성에 맞게 여러 가지 형태로 구성할 수 있다. 일반적으로 구성되어야 할 예방조직은 전사차원의 직장 내 괴롭힘 예방정책을 수립하기 위한 「정책추진위원회」, 직장 내 괴롭힘 예방정책을 직접 실행할 「실무부서」, 작업현장에서 직장 내 괴롭힘 고충을 처리할 「고충상담원」 등이 있다. 다만 규모가 작은 중소기업은 외부전문기관의 도움을 받아 대표이사 및 관리이사가 정책을 수립하고 인사부서가 예방활동 실무를 전담하도록 할 수도 있다.

〈직장 내 괴롭힘 예방조직 체계도〉

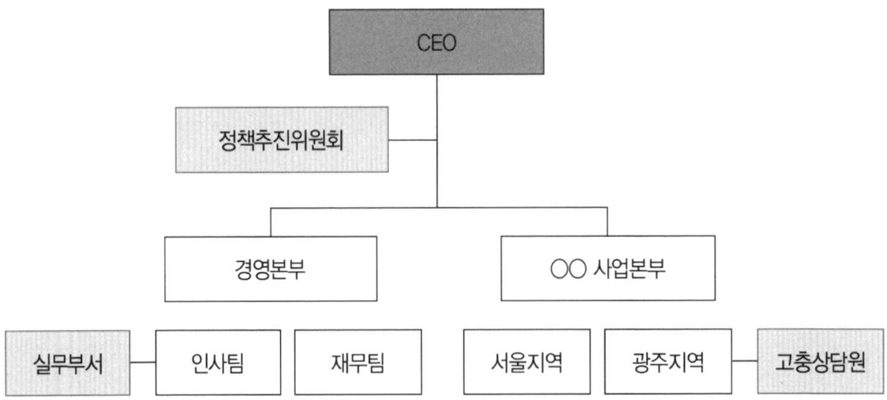

2. 직장 내 괴롭힘 예방조직 구성방법

(1) 정책추진위원회

정책추진위원회는 전사차원의 직장 내 괴롭힘 예방을 위한 정책을 수립하고 추진하기 위해서 둔다. 정책추진위원회의 구성은 최고의사결정권자인 대표이사를 위원장으로 하고 경영담당 임원 외에도 근로자 대표(노동조합이 있는 경우 노동조합 대표)를 참여시켜 근로자의 의사를 반영하는 것이 바람직하다. 정책추진위원회는 사업장에 설치된 노사협의회 또는 산업안전보건위원회가 이를 담당하도록 하는 것도 가능하다.[127)]

(2) 실무부서

실무부서는 보통 인사부서 또는 감사부서가 담당한다. 실무부서는 정책추진위원회가 수립한 직장 내 괴롭힘 예방정책을 구체적으로 실행하는 일을 담당한다. 실무부서는 제반 직장 내 괴롭힘의 예방활동을 단계별로 지속적으로 추진함으로써 예방활동의 중추적인 역할을 수행한다. 사용자는 실무부서 담당자가 직장 내 괴롭힘 예방, 상담 및 조사 등에 대해 전문성을 가질 수 있도록 외부 전문교육기관의 교육을 이수하게 하거나 필요한 경우 외부 전문컨설팅 기관과의 연계 등을 지원할 필요가 있다.

---

127) 노사협의회는 기업의 생산성 향상 및 근로자 복지 또는 고충 등을 논하는 협의체로서 상시근로자 30인 이상 사업장에 의무적으로 설치하여야 하며, 근로자와 사용자를 대표하는 같은 수의 위원으로 구성된다(근로자참여및협력증진에관한법률 제4조, 제6조). 산업안전보건위원회는 사업장의 안전 및 보건에 관한 중요사항을 심의·의결하기 위한 조직으로서 상시근로자 50인 이상 사업장(제조업, 사업종류에 따라 다름)에 의무적으로 설치하여야 하며, 근로자위원과 사용자위원이 같은 수로 구성된다(산업안전보건법 제24조).

(3) 고충상담원

고충상담원은 작업현장에서 직장 내 괴롭힘으로 인한 고충을 호소하는 자에 대하여 도움을 제공하는 자를 말한다. 고충상담원은 작업현장에서 즉시 근로자의 직장 내 괴롭힘 고충을 해결함으로서 고충이 확대되는 것을 예방하는 역할을 수행한다. 사용자는 직원들의 신뢰가 깊은 관리자 중에서 고충상담원을 지정하고 실무부서와 유기적으로 연계하여 작업현장에서 직장 내 괴롭힘 예방활동을 효과적으로 수행할 수 있도록 한다. 고충상담원은 대기업의 경우에는 사업본부별 · 지역별로 설치하고, 중소기업의 경우에는 공장 내에 설치할 수 있다.

제4절 직장 내 괴롭힘 발생실태 및 위험성 평가

1. 의 의

직장 내 괴롭힘 예방을 위해서 사용자는 사업장 내에 직장 내 괴롭힘 발생실태와 위험성 평가를 주기적으로 실시하여야 한다. '위험성 평가'라 함은 사전에 유해요인을 찾아내어 그 위험이 어느 정도인지를 평가하고 그 평가결과에 따라 감소조치를 취하는 것을 말하는데, 이와 같은 위험성 평가가 이루어져야 사전에 적절한 예방대책을 강구할 수 있다. 국제노동기구(ILO) 제190호 협약 제9조(b)에서는 사용자의 직장 내 괴롭힘 예방조치로서 "노동자 및 그들의 대표가 참여하여 위험요소를 파악하고 폭력과 괴롭힘의 위험성을 평가, 그리고 이를 예방하고 관리하기 위해 조치할 것"을 규정하여 위험성 평가의 중요성을 강조하고 있다.

2. 산업안전보건법상 위험성 평가

(1) 위험성 평가의 개념

우리나라 산업안전보건법 제36조에서는 사업주가 산업재해 예방을 위해 의무적으로 위험성 평가를 실시할 것을 규정하고 있다. 사업주의 위험성 평가 실시에 대한 법적근거는 2009.2.6. 산업안전보건법 개정 시 처음 도입되었다.

> **산업안전보건법 제36조 【위험성 평가 실시】** 사업주는 건설물, 기계·기구·설비, 원재료, 가스, 증기, 분진, 근로자의 작업행동 또는 그 밖의 업무로 인한 유해·위험 요인을 찾아내어 부상 및 질병으로 이어질 수 있는 위험성의 크기가 허용 가능한 범위인지를 평가하여야 하고, 그 결과에 따라 이 법과 이 법에 따른 명령에 따른 조치를 하여야 하며, 근로자에 대한 위험 또는 건강장해를 방지하기 위하여 필요한 경우에는 추가적인 조치를 하여야 한다.

다만, 산업안전보건법 제36조의 위험성 평가 규정에는 기계설비 및 화학물질 등으로부터 발생될 사고 또는 질병의 위험성이 언급되어 있을 뿐 직장 내 괴롭힘, 직무스트레스와 같은 정신적 피해의 위험성도 포함되는지에 대해서는 명확히 나타나 있지 않다.[128] 그러나 산업안전보건법 제36조에 규정된 위험성 평가절차 및 방법은 직장 내 괴롭힘 예방을 위한 위험성 평가절차에도 유용하게 적용될 수 있다.[129]

128) 산업안전보건법 제36조의 위험성 평가 대상에 직장 내 괴롭힘을 명문으로 규정하자는 주장이 있다. 박수경, "산업안전보건의 관점에서 본 직장 내 괴롭힘의 정신적 피해에 대한 연구", 사회보장법연구 2020년 제9권 제2호, 153면.

129) 업무상 사고가 아닌 업무상 질병에 해당되는 직무스트레스 등의 유해위험요인에 대한 위험성 평가모델이 개발되어 사업장에 보급될 필요가 있다. 정진우, "위험성평가 해설", (주)중앙경제, 2017.9.22, 252면.

(2) 위험성 평가의 절차

고용노동부는 법 실효성 확보를 위해 2012.9.29.에 "사업장 위험성평가에 관한 지침(고용노동부고시 제2012-104호)"을 제정하여 위험성 평가 방법, 절차, 시기 등을 구체적으로 정하였다. 고용노동부의 사업장 위험성 평가에 관한 지침 제8조에서는 위험성 평가의 절차와 관련하여 총 6단계를 제시하고 있다.

위험성 평가절차를 구체적으로 살펴보면 다음과 같다.

〈고용노동부 지침에 의한 사업장 위험성 평가 절차〉

단계	평가단계	내 용
1단계	평가대상의 선정 등 사전준비단계	위험성 평가의 실시범위와 대상 등을 명확히 한다.
2단계	유해위험요인 파악단계	유해·위험을 일으킬 잠재적 가능성이 있는 것의 고유한 특징이나 속성을 가진 유해·위험요인을 파악한다.
3단계	위험성 추정단계	위험성의 크기를 추정한다. 이때 "위험성 추정"이란 유해·위험요인별로 부상 또는 질병으로 이어질 수 있는 가능성과 중대성의 크기를 각각 추정하여 위험성의 크기를 산출한다.
4단계	위험성 결정단계	유해·위험요인별로 추정한 위험성의 크기가 허용 가능한 범위인지 여부를 판단한다.
5단계	위험성 감소대책 수립 및 실행단계	위험성 결정 결과 허용 불가능한 위험성을 합리적으로 실천가능한 범위에서 가능한 한 낮은 수준으로 감소시키기 위한 대책을 수립하고 실행한다.
6단계	위험성평가 실시 내용 및 결과에 관한 기록단계	사업장에서 위험성평가 활동을 수행한 근거와 그 결과를 문서로 작성하여 보존한다.

3. 직장 내 괴롭힘의 조직적 위험요인 분석

(1) 의 의

직장 내 괴롭힘 위험성 평가를 위해서는 먼저 직장 내 괴롭힘의 위험요인이 무엇인지를 파악하여야 한다. 기존연구들에 따르면 직장 내 괴롭힘의 위험요인은 대체로 개인적 위험요인과 조직적 위험요인이 있고, 그 중에서 개인적 위험요인보다는 조직적 위험요인이 더 큰 영향을 미치는 것으로 나타나고 있다(Einarsen, 2016). 이 경우 개인적 위험요인은 사적영역에 속한 관계로 사용자의 관리대상이 되기 어렵고, 결국 사용자는 직장 내 괴롭힘 위험성 평가를 위해서는 조직적 위험요인 분석에 집중할 수밖에 없다.

(2) 고용노동부가 제시하는 조직적 위험요인 항목

1) 고용노동부의 매뉴얼상 위험요인 항목

고용노동부는 직장 내 괴롭힘 예방・대응매뉴얼(2019)에서 직장 내 괴롭힘 조직적 위험요인으로 조직문화, 직무수행 등 2가지 분야에서 총 6가지 세부 점검항목을 제시하고 있다.[130]

〈고용노동부 매뉴얼상 직장 내 괴롭힘 조직적 위험요인 항목〉

영 역	내 용
조직문화	(1) 조직문화의 경직성에 대한 검토 (2) 조직 내 커뮤니케이션의 원활성에 대한 검토 (3) 부정적 리더십의 확인 –직원의 자율성이 허용되지 않는 경직되고 독재적 스타일인지 –근로자에게 지침을 거의 또는 전혀 제공하지 않는 행위 유무 –책임의 부적절한 비공식적 위임 여부

130) 고용노동부, 앞의 매뉴얼, 31면.

영 역	내 용
조직문화	-부적절한 또는 경멸적인 언어 또는 악의적인 비판과 피드백을 포함하는 학대 및 모욕적인 행동유무 (4) 사업장 내 관계의 부족함 확인 -의사소통의 부족 -낮은 수준의 지원 -소속팀에서의 불화 -권한과 책임의 불명확성
직무수행	(1) 직장 내 스트레스 요인의 존재 -업무에 대한 압박 정도 -업무에 대한 통제 정도 -구조조정이나 중요한 기술적 변화에 따른 조직변화 -고용불안도 -직장 내 행동기준이 되는 구체적인 규율 부족 -부당노동행위 -고객의 부당한 요구의 수용정도 (2) 업무시스템 -충분한 자료제공 여부 -충분한 교육훈련 여부 -업무·작업일정의 적절성 -불합리한 업무명령 또는 시간제약 여부

2) 고용노동부의 특별근로감독 시 조직문화 진단항목

고용노동부는 직장 내 괴롭힘으로 물의를 일으킨 사업장에 대해서는 특별근로감독을 실시하고 있고, 근로감독 시 사고현황 조사와 함께 사업장 지도목적으로 조직문화 진단을 실시하고 있다. 이 경우 조직문화 진단항목은 다음과 같다.[131)]

131) 고용노동부의 직장 내 괴롭힘 조직문화 진단항목은 2016년 한국직업능력개발원에서 직장 내 괴롭힘 실태조사에 사용된 설문지(KICQ) 항목 중 조직적 위험요인 설문항목 12가지를 사용하고 있다.

〈고용노동부 특별근로감독 시 조직문화 진단항목〉

① 상명하복 분위기	② 학연, 지연 불문 평등 대우
③ 공정한 평가체계	④ 명확한 역할분담
⑤ 자율성 인정	⑥ 많은 업무와 성과 요구
⑦ 내부 문제 제기자 배타적 인식	⑧ 자기계발 적극 지원
⑨ 근무환경 투자	⑩ 경영변화로 인한 근무환경 악화
⑪ 문제 제기 소통창구	⑫ 노조 활동 지원

(3) 직장 내 괴롭힘의 조직적 위험요인 분석방법

첫째, 직장 내 괴롭힘 위험성 평가 실행자는 위험성 평가 총괄관리자(대표 또는 안전보건관리책임자)의 지시 하에 사업장 전체의 위험성 평가 운영을 총괄하는 부서(안전보건부서 또는 인사부서)가 담당한다. 이 경우 위험성 평가모델 개발과 평가실시 전체과정에는 근로자 대표를 참석시켜서 신뢰성을 높이도록 하는 것이 바람직하다.

둘째, 직장 내 괴롭힘 위험성 분석도구는 설문조사, 인터뷰 조사 등을 통해 직접적으로 분석할 수 있고, 노사협의회 또는 산업안전보건위원회로부터의 정보수집, 조직・업무편성표, 고충처리 상담일지 등의 자료를 수집하여 간접적으로도 분석할 수 있다. 본서 〈부록〉 2에는 2016년도에 한국직업능력개발원이 국내에서의 직장 내 괴롭힘 실태분석 연구에서 사용한 「직장인 근무환경 설문조사서(KICQ)」를 첨부하였다.[132] KICQ 설문지의 문항구성은 직장 내 괴롭힘 발생실태와 조직적 위험요인 수준을 동시에 분석할 수 있도록 설계되어 있다.

셋째, 직장 내 괴롭힘 발생실태와 조직적 위험요인에 대한 분석정보가 수집되면 안전보건총괄부서 관계자, 안전보건전문가, 현장관리자, 작업수행자 등이 모

132) 서유정・이지은, "국내 직장괴롭힘의 실태분석 및 대응방안연구", 한국직업능력개발원, 2016년 9월.

여 각 위험요인 요소별로 위험성 정도를 평가하고 이후에는 평가결과를 바탕으로 위험요인 감소대책을 세운다.

제5절 직장 내 괴롭힘 예방규칙 제정

1. 취업규칙 내 규정화

(1) 의 의

사업장 내 취업규칙은 모든 근로자에게 공통적으로 적용되는 근로조건과 규율사항을 정한 사내 규범으로서 직장질서 유지에 중요한 역할을 한다. 우리나라는 상시근로자 10인 이상의 사업장은 취업규칙을 작성하여 고용노동부에 신고하도록 의무화함으로써 행정관청의 지도감독이 가능하도록 하고 있다(근로기준법 제93조). 이와 같은 이유 때문에 2019.1.15. 직장 내 금지법 도입 시 “직장 내 괴롭힘의 예방 및 발생 시 조치에 관한 사항”을 취업규칙 필수기재 사항에 포함시킴으로서 각 사업장이 자체적으로 직장 내 괴롭힘 예방 및 대응체제를 갖추도록 하면서 동시에 고용노동부가 취업규칙 점검을 통해 예방활동을 유도할 수 있도록 하고 있다.

이에 따라 법 시행일인 2019.7.16. 이후 설립된 상시근로자 10인 이상 신규사업장은 취업규칙 작성 시 직장 내 괴롭힘의 예방 및 발생 시 조치에 관한 사항을 기재하여 관할 지방노동관서에 신고하여야 하며, 이미 취업규칙을 신고하여 시행중인 사업장은 직장 내 괴롭힘의 예방 및 발생 시 조치에 관한 사항을 추가하여 관할 지방노동관서에 변경신고를 하여야 한다. 직장 내 괴롭힘에 대한 필수기재 사항이 규정된 취업규칙을 신고하지 않거나 변경신고를 하지 않는 경우에는 500만원 이하의 과태료가 부과된다.

(2) 취업규칙 작성방법

1) 작성절차

일반적으로 취업규칙을 신규 제정하거나 변경 시에는 사업 또는 사업장에 근로자의 과반수로 조직된 노동조합이 있는 경우에는 그 노동조합, 근로자의 과반수로 조직된 노동조합이 없는 경우에는 근로자의 과반수의 의견을 들어야 하고, 불이익하게 변경하는 경우에는 과반수의 동의를 얻어야 한다(근로기준법 제94조). 이 경우 직장 내 괴롭힘 예방과 발생 시 조치 사항을 추가하는 것은 불이익한 변경이 아니므로 근로자 과반수의 의견만을 들어도 족하다. 그러나 직장 내 괴롭힘 행위자에 대한 사내 징계규정을 신설하거나 강화하는 경우에는 제재사항이 추가되는 것이므로 근로조건의 불이익한 변경에 해당되어 근로자 과반수의 동의를 얻어야 한다. 다만 개정 인사규정이 포괄적 · 추상적으로 규정되어 있던 개정 전 인사규정의 징계사유와 징계종류를 세목화하여 상세히 규정한 것에 불과한 경우에는 불이익하게 변경되는 것으로 볼 수 없어 근로자 과반수의 동의를 얻을 필요는 없다(대법원 1999.6.22. 선고 98두6647 판결).

2) 작성내용

직장 내 괴롭힘의 예방 및 조치에 관한 사항에 대해서는 법에 구체적으로 규정된 바가 없어 사업장이 자체적으로 정한 예방 및 조치사항들을 그대로 규정하면 된다. 일반적인 규정내용을 살펴보면, 먼저 근로기준법 제76조의2에 규정된 내용을 기초로 하여 직장 내 괴롭힘의 정의, 금지되는 직장 내 괴롭힘 행위유형을 규정한다. 다음으로 직장 내 괴롭힘의 예방활동에 대하여 규정한다. 예컨대, 직장 내 괴롭힘 예방조직체계, 직장 내 괴롭힘 예방교육, 직장 내 괴롭힘 실태조사 및 위험성 평가 실시, 괴롭힘 행위 발생 시 근로자의 작업중지권, 고객 등에 의한 폭언·성희롱 예방활동 등을 규정할 수 있다. 마지막으로 근로기준법 제76조의3에 규정된 내용을 반영하여 직장 내 괴롭힘 발생 시 조치에 관한 사항을 규정한다. 예컨대, 직장 내 괴롭힘 사고 발생 시 신고 및 조사절차, 피해근로자에 대한 적절한 보호조치, 행위자에 대한 징계 등 조치, 비밀유지의무, 피해근로자 불이익 처우 금지 등을 규정한다. 고용노동부가 소규모 사업장을 대상으로 배포한 직장 내 괴롭힘 관련 취업규칙 표준안을 살펴보면 다음과 같다.

〈직장 내 괴롭힘 관련 취업규칙 표준안〉

제○장 직장 내 괴롭힘의 금지

제○조 【직장 내 괴롭힘 행위의 금지】 ① 직장 내 괴롭힘 행위란 임원, 사원이 직장에서의 지위 또는 관계 등의 우위를 이용하여 업무상 적정범위를 넘어 다른 사원 등에게 신체적, 정신적 고통을 주거나 근무환경을 악화시키는 행위를 말한다.

② 누구든지 직장 내 괴롭힘 행위를 하여서는 아니 된다.

제○조 【금지되는 직장 내 괴롭힘 행위】 회사에서 금지되는 직장 내 괴롭힘 행위는 다음 각 호와 같다.

1. 신체에 대하여 폭행하거나 협박하는 행위
2. 지속·반복적인 욕설이나 폭언
3. 다른 직원들 앞에서 또는 온라인상에서 모욕감을 주거나 개인사에 대한 소문을 퍼뜨리는 등 명예를 훼손하는 행위
4. 합리적 이유 없이 반복적으로 개인 심부름 등 사적인 용무를 지시하는 행위
5. 합리적 이유 없이 업무능력이나 성과를 인정하지 않거나 조롱하는 행위
6. 집단적으로 따돌리거나, 정당한 이유 없이 업무와 관련된 중요한 정보 또는 의사결정 과정에서 배제하거나 무시하는 행위
7. 정당한 이유 없이 상당기간 동안 근로계약서 등에 명시되어 있는 업무와 무관한 일을 지시하거나 근로계약서 등에 명시되어 있는 업무와 무관한 허드렛일만 시키는 행위
8. 정당한 이유 없이 상당기간 동안 일을 거의 주지 않는 행위
9. 그밖에 업무의 적정범위를 넘어 직원에게 신체적·정신적 고통을 주거나 근무환경을 악화시키는 행위

제○조 【직장 내 괴롭힘 예방교육】 ① 회사는 직장 내 괴롭힘 예방을 위한 교육(이하 "직장 내 괴롭힘 예방교육"이라 한다)을 1년에 1회 이상 실시한다.
② 직장 내 괴롭힘 예방교육 시간은 1시간 이상으로 한다.
③ 직장 내 괴롭힘 예방교육의 내용은 다음 각 호와 같다.
1. 직장 내 괴롭힘 행위의 정의
2. 금지되는 직장 내 괴롭힘 행위
3. 직장 내 괴롭힘 상담절차
4. 직장 내 괴롭힘 사건처리절차
5. 직장 내 괴롭힘 피해자 보호를 위한 조치
6. 직장 내 괴롭힘 행위자에 대한 조치
7. 그밖에 직장 내 괴롭힘 예방을 위한 내용
④ 회사는 직장 내 괴롭힘 예방교육의 주요 내용을 항시 게시하거나 사원들이 열람할 수 있도록 조치한다.

제○조 【직장 내 괴롭힘 예방·대응 조직】 회사 내 인사부서에 직장 내 괴롭힘의 예방·대응 업무를 총괄하여 담당하는 직원(이하 "예방·대응 담당자"라 한다)을 1명 이상 둔다.

제○조 【사건의 접수】 ① 누구든지 직장 내 괴롭힘 발생 사실을 알게 된 경우 그 사실을 예방·대응 담당자에게 신고할 수 있다.
② 예방·대응 담당자는 제1항에 따른 신고가 있는 경우 또는 그 밖의 방법으로 직장 내 괴롭힘 발생 사실을 인지한 경우 사건을 접수한다.

제○조 【사건의 조사】 ① 회사는 직장 내 괴롭힘 신고를 접수하거나 직장 내 괴롭힘 발생 사실을 인지한 경우에는 지체 없이 그 사실 확인을 위한 조사를 실시한다.
② 조사는 예방·대응 담당자가 담당한다.
③ 조사가 종료되면 사업주에게 보고한다.
④ 조사를 하는 경우 행위자에 대한 조치와 관련한 피해자의 의견을 들어야 한다.
⑤ 조사자 등 조사과정에 참여한 사람은 조사과정에서 알게 된 비밀을 피해자 의사에 반하여 다른 사람에게 누설하여서는 아니 된다. 다만, 조사와 관련된 내용을 사업주에게 보고하거나 관계 기관의 요청에 따라 필요한 정보를 제공하는 경우는 제외한다.

제○조 【조사기간 중 피해자 보호】 회사는 정식 조사기간 동안 피해자가 요청하는 경우에는 근무장소의 변경, 유급휴가 명령 등 피해자의 요청을 고려하여 적절한 조치를 한다. 이 경우 피해자의 의사에 반하는 조치를 하여서는 아니된다.

제○조 【직장 내 괴롭힘 사실의 확인 및 조치】 사업주는 직장 내 괴롭힘이 인정된 경우 지체없이 행위자에 대하여 징계, 근무장소의 변경 등 필요한 조치를 한다.

제○조 【직장 내 괴롭힘 피해자의 보호】 ① 회사는 직장 내 괴롭힘이 인정된 경우 피해자가 요청하면 근무장소의 변경, 배치전환, 유급휴가의 명령 등 적절한 조치를 한다.
② 회사는 신고인 및 피해자에게 해고나 그 밖의 불리한 처우를 하여서는 아니 된다.

(3) 고용노동부의 취업규칙 심사기준

고용노동부에 신고된 취업규칙은 근로감독관이 그 내용을 심사하여 직장 내 괴롭힘 예방 및 발생 시 조치가 구체적・체계적으로 갖추어졌는지 확인한다. 확인결과, 법정 필수기재사항이 누락되었거나 법령 또는 단체협약에 저촉되는 사항이 있는 경우에는 변경명령을 내리게 되고, 필수기재사항은 아니나 지도사항에 대해서는 개선지도를 하게 된다. 근로감독관 집무규정(2021.10.25.) [별표3]의 위반사항 조치기준에 따르면, 취업규칙 변경명령을 총 2회 내렸음에도 불구하고 기한 내에 시정되지 않는 경우에는 보고를 촉구하고 이에 불응하는 경우에는 근로기준법 위반으로 입건된다. 고용노동부가 2019.7.23.에 제시한 직장 내 괴롭힘 관련 취업규칙 심사기준은 다음과 같다.

〈고용노동부 직장 내 괴롭힘 관련 취업규칙 심사요령〉

심사 항목	중점착안사항	심사기준 및 지도방향	조치 기준
1. 직장 내 괴롭힘의 금지			
가. 정의 및 금지	직장 내 괴롭힘 정의 및 금지 규정 여부	○ 직장 내 괴롭힘의 정의와 이를 금지하는 규정은 필수적으로 기재할 필요 〈확인 사항〉 • 직장 내 괴롭힘의 정의와 금지를 규정하였는지 여부	(필수 기재내용 미규정시) 변경명령
나. 직장 내 괴롭힘의 구체적 행위 유형	직장 내 괴롭힘 구체적 행위 유형규정 여부	○ 법상 필수기재 사항은 아니나, 구체적 행위 유형을 규정함으로서 사업장 내 구성원에게 직장 내 괴롭힘으로 금지되는 범위를 명확히 할 필요 〈확인 사항〉 • 직장 내 괴롭힘의 구체적인 행위 유형을 규정하였는지 여부	개선지도
다. 예방에 관한 사항	직장 내 괴롭힘 예방을 위한 구체적인 활동규정 여부	○ 예방 교육, 예방・대응 조직(담당자) 지속적 운영, 사업장 내 캠페인 등 홍보실시, 최고경영자 정책선언 등 예방활동의 내용과 방식은 필수 기재 –효과적인 직장 내 괴롭힘 예방을 위해서 예방교육을 추천하며, 그 외 활동을 규정하는 것도 가능 ○ 법 개정 취지를 위해서 일회적인 행사성 예방활동이 아닌 지속적, 반복적 예방활동을 규정할 필요 –예방활동의 실시 시기나 주기 등 명확히 규정 〈확인 사항〉 • 직장 내 괴롭힘 예방활동의 내용과 방식을 규정하였는지 여부 • 예방활동 실시의 시기나 주기가 명확히 규정되어 있는지 여부	(필수 기재내용 미규정시) 변경명령
라. 발생시 조치에 관한 사항	발생 시 사용자의 조치사항 규정 여부	○ 근로기준법 제76조의3에 따라 괴롭힘 발생 사실을 알게 된 경우 사용자에게 신고, 신고를 접수하거나 인지한 경우 사용자의 조사 의무, 가해자 및 피해근로자에 대한 조치 의무, 피해근로자등에 대한 불리한 처우 금지 의무 등의 내용 및 처리절차는 필수 기재	(필수 기재내용 미규정시) 변경명령

심사 항목	중점착안사항	심사기준 및 지도방향	조치 기준
		–사건의 접수, 조사방법 등 구체적 절차와 담당자(부서)를 규정하는 것이 바람직하나, 사업장 상황에 따라 탄력적으로 규정 가능 –직장 내 성희롱에 관한 조치절차 등 기존의 고충처리시스템을 활용하는 것도 가능 〈확인 사항〉 • 직장 내 괴롭힘에 대하여 신고 접수부서(또는 담당자) 등 신고에 관한 사항을 규정하였는지 여부 • 직장 내 괴롭힘 조사에 관한 사항을 규정하였는지 여부 • 직장 내 괴롭힘이 확인된 경우 행위자 조치에 관한 사항을 규정하였는지 여부 • 직장 내 괴롭힘 피해근로자등 조치에 관한 사항을 규정하였는지 여부	
2. 징 계			
징계사유	직장 내 괴롭힘 징계 사유 명시 여부	○ 근로기준법 제76조의3제5항에 따라 행위자에 대한 징계 등 조치 의무가 있으므로, 징계사유를 명확히 하는 측면에서 징계사유에 명시할 필요 〈확인 사항〉 • 직장 내 괴롭힘 가해행위가 징계사유에 포함되어 있는지 여부	개선지도

※ 징계사유에 직장 내 괴롭힘을 징계사유로 추가하는 것은 근로기준법 제93조제11호에 따른 필수기재사항은 아니므로 징계사유가 추가되지 않은 것은 변경명령 대상이 아님. 다만 징계사유를 명확히 하는 측면에서 징계사유에 명시하도록 개선지도는 가능

2. 별도의 「직장 내 괴롭힘 예방규칙」 제정

직장 내 괴롭힘 예방 및 대응에 대한 규정을 취업규칙 내에 두지 않고 별도의 예방규칙을 제정하여도 무방하다. 예컨대 취업규칙 제○○조 “직장 내 괴롭힘 예방과 조치에 관한 사항은 당사 「직장 내 괴롭힘 예방규칙」에 정한 바에 따른

다.”라고 규정한 후 별도의 세부규칙을 만들어 운영할 수 있다. 이 경우 별도의 예방규칙은 취업규칙에 부속된 규정에 속하므로 근로기준법 제93조의 취업규칙 필수기재 의무사항을 이행한 것으로 볼 수 있다. 본서 〈부록〉 3에는 직장 내 괴롭힘 예방관리 규정안을 첨부하였다. 한편 직장 내 성희롱에 관한 예방규칙을 이미 시행하고 있는 사업장인 경우에는 이를 직장 내 괴롭힘 예방규칙에 포함시켜 통합적으로 운영하는 것도 가능하다.

제6절 직장 내 괴롭힘 예방교육 실시

1. 의 의

직장 내 괴롭힘 예방활동 중에서 가장 보편적이고 효과적인 방법은 직장 내 괴롭힘 예방교육이다. 유사한 제도로 직장 내 성희롱 예방교육의 경우를 살펴보면, 성희롱 예방교육은 1999.2.8. 남녀고용평등법 개정 시에 의무화된 이후 20년 이상 시행되어 왔고, 그 결과 직장인들의 직장 내 성희롱에 대한 인식을 변화시키고 관련 사고를 감소시키는데 큰 기여를 하였다. 여성가족부가 전국 공공기관(770개) 및 민간사업체(1,760개)를 대상으로 조사한 ‘2021년 성희롱 실태조사’에서도 성희롱 예방교육의 효과에 대해 84.3%가 효과가 있었다고 응답하였다.

그러나 직장 내 괴롭힘 예방교육에 대해서는 아직까지 법적으로는 의무화되어 있지 않고 고용노동부 매뉴얼의 표준취업규칙 또는 예방관리규정(안)에서 1년에 1회 이상 실시할 것을 권고하고 있을 뿐이다. 다만 2021.11.19.에 산업안전보건법시행규칙 제26조제1항 [별표5] 개정을 통해 「근로자 정기교육」, 「관리감독자 정기교육」, 「채용 시 교육 및 작업내용 변경 시 교육」 등 각각의 교육 시에 ‘직장 내 괴롭힘 예방 및 고객의 폭언 등으로 인한 건강장해 예방 및 관리에 관한 사항'을 교육내용에 포함하도록 규정하였다. 그러나 산업안전보건교육에서의 예방교육은 직장 내 괴롭힘에 대한 직접적인 교육이 아니라 다양한 교육내용 중의 일부에 불과하므로 그 예방교육의 효과가 얼마나 있을지는 의문이다. 산업안전보건교육의무 미이행 시에는 500만원 이하의 과태료가 부과된다.

〈산업안전보건「근로자 정기교육 시」교육내용〉

(시행규칙 제26조제1항 [별표5], 2021.1.19. 개정)

- 산업안전 및 사고 예방에 관한 사항
- 산업안전 및 직업병 예방에 관한 사항
- 건강증진 및 질병 예방에 관한 사항
- 유해·유험 작업환경 관리에 관한 사항
- 산업안전보건법령 및 산업재해보상보험 제도에 관한 사항
- 직장 내 괴롭힘, 고객의 폭언 등으로 인한 건강장해 예방 및 관리에 관한 사항

2. 예방교육의 내용

직장 내 괴롭힘 예방교육의 내용은 일반적으로 직장 내 괴롭힘의 개념과 유형, 직장 내 괴롭힘 관련 법령, 직장 내 괴롭힘 발생 시 신고절차, 직장 내 괴롭힘 행위자에 대한 징계, 피해근로자 보호조치에 관한 사항, 직장 내 괴롭힘에 대한 회사정책 등을 포함하는 것이 적절하다.

〈직장 내 괴롭힘 예방교육 내용〉

교육대상	일반교육 내용	특별교육 내용
관리자	-직장 내 괴롭힘의 개념과 유형 -직장 내 괴롭힘 관련 법령 -직장 내 괴롭힘 발생 시 신고절차 -피해근로자 보호조치에 관한 사항 -직장 내 괴롭힘 행위자에 대한 징계 -직장 내 괴롭힘에 대한 회사정책	-경영진/관리자 역할의 중요성 -바람직한 리더십 유형
일반근로자		-상호존중의 직장예절
고객응대 근로자		-상황별 고객대응 매뉴얼 -폭언, 성희롱 등으로 인한 건강장해 발생 시 조치

아울러 이와 같은 일반교육 외에 교육대상별로 특별교육 내용을 추가하여 예방교육의 효과를 높일 필요가 있다. 예컨대 관리자에 대해서는 바람직한 리더십 교육을, 일반근로자에게는 상호존중의 직장예절 교육을, 고객응대근로자에 대해서는 상황별 고객대응 매뉴얼 교육 등을 포함시킬 수 있다.

3. 예방교육의 방법

일반적으로 직장 내 괴롭힘 예방교육의 시기, 방법 등은 다음과 같다.

첫째, 교육시기는 매년 1회 이상 실시하는 것이 바람직하며, 직장 내 성희롱 교육 등 다른 법정 의무교육과 병행하여 실시하여도 무방하다.

둘째, 교육강사는 사내 강사이든 외부 강사이든 모두 가능하다. 이 경우 사내 강사는 한국고용노동교육원, 한국공인노무사회 등과 같은 전문교육기관에서 직장 내 괴롭힘 사내강사 과정을 이수한 자이거나, 외부 강사인 경우에는 공인노무사, 변호사, 관련분야 박사학위취득자 등과 같이 전문자격을 갖춘 자에게 교육을 위탁하여 양질의 교육이 될 수 있도록 한다.

셋째, 교육방식은 강의, 워크샵 등과 같이 전 사원을 한 곳에 집합하여 대면방식으로 진행하는 것이 가장 효과적이다. 다만 업무형편상 집합교육이 어려운 경우에는 온라인 강의 등 비대면 방식으로 진행할 수도 있다. 이 경우 인터넷 등 통신교육방법에 의한 경우에는 단위별 진도체크 확인을 가능하게 하거나 교육내용에 대한 테스트 등을 통해 피교육생에게 교육내용이 제대로 전달되었는지 여부를 확인할 수 있는 시스템이 작동되어야 정상적인 교육이 이루어진 것으로 볼 수 있다.

넷째, 교육종료 후에는 예방교육의 주요내용을 근로자들이 잘 볼 수 있는 작업장소에 상시적으로 게시할 필요가 있다. 또한 교육내용을 간략히 적은 리플렛이나 포스터를 작성하여 근로자들에게 직접 배포하는 것도 좋은 방법이 된다.

제7절 근무환경의 개선과 상호존중의 조직문화 구축

1. 조직적 요인과 직장 내 괴롭힘 발생과의 관계

모든 기업은 사용자가 구축한 다양한 수준의 근무환경이 있고, 또한 조직 구성원들에 의하여 집단적으로 만들어진 조직문화가 존재한다. 직장 내 괴롭힘에 대한 선행연구에 의하면 조직 내 근무환경과 조직문화는 직장 내 괴롭힘 발생과 매우 밀접한 관계가 있는 것으로 나타나고 있다.

첫째, 직장에서의 역할갈등, 역할모호성, 업무과다, 자율성 결여, 조직 공정성 부재, 열악한 근무환경 및 관리체계, 관리자의 파괴적이고 독재적인 리더십 행사 등은 직장 내 괴롭힘 발생을 유발하는 요인으로 나타나고 있다.

둘째, 직원 간에 소통이 원만하게 이루어지지 않는 조직문화, 직무수행 지침이 비일관적이고 모호한 조직문화, 경쟁적이고 갈등관리가 부재한 조직문화 등은 직장 내 괴롭힘을 유발하는 조직문화의 특성으로 보고되고 있다.

〈직장 내 괴롭힘 발생에 영향을 미치는 조직적 요인〉

구분	내 용	연구자
근무환경	• 역할갈등 및 역할모호성 존재 • 직무 자율성 결여, 조직의 공정성 부재	-Ariza-Montes 외(2014) -Bowling & Beehr(2006) -최항석 · 박혜상(2010)
	• 과도한 업무량과 긴 근무시간 부과 • 의사결정 참여 및 업무관련 피드백 부족	-Notelaers 외(2010)
	• 열악한 근무환경과 관리체계 부재 • 고용형태 차별, 성과평가 존재	-Agervold(2009) -Hauge 외(2007) -송민수 · 김정우 (2017)

구분	내 용	연구자
관리자 리더십	• 학대적인 감독자	–Tepper(2000)
	• 파괴적이고 독재적인 리더십	–Mathisen 외(2011) –Hauge 외(2007)
조직문화	• 경쟁적인 조직분위기	–Vartia(1996) –Einarsen(1994)
	• 의사소통과 협동이 부족한 조직문화	–Keashly & Jagatic(2000) –Hoel & Cooper(2000)
	• 갈등관리 부재, 자유방임적인 조직문화	–Hauge 외(2007)
	• 긴장되고 위계적이고 권위적인 조직문화	–Coyne 외(2003) –Bjorkqvist(1994)

2. 근무환경의 개선내용

(1) 직무명확화와 직무자율성 확대

조직구성원들의 직무와 역할은 직무분석을 통해 명확히 분류되고 정의되어야 한다. 조직구성원이 담당할 직무와 역할이 명확히 구분되면 역할갈등이 감소되고 이는 직장 내 괴롭힘 행위 감소에도 영향을 미친다(최항석·박혜상, 2010). 또한 직무명확화는 상사가 부하직원에게 지시할 수 있는 업무범위를 명확히 구분해줌으로써 부당한 업무지시를 감소시킨다.

다음으로 조직구성원이 담당하는 직무의 자율성 확대도 직장 내 괴롭힘 감소에 중요한 역할을 하는데(Zapf, 1999), 이는 직무자율성이 상사에 대한 업무지시 의존도를 낮추기 때문으로 해석될 수 있다. 따라서 조직구성원의 업무의 책임범위와 의사결정재량권을 확장시켜주는 직무충실화(Job Enrichment) 작업도 필요하다.

(2) 근로기준법에 부합되는 근무제도 운영

근로기준법은 사용자가 반드시 지켜야 할 최소한의 근로조건을 정한 것으로서, 상급자가 부하사원에게 업무지휘를 함에 있어 그것이 적정수준 이내인지에 대한 판단기준을 제시한다. 첫째, 사용자는 근무시간 및 휴일제도를 법적기준에 부합되도록 설계하고 운영하여야 한다. 무엇보다도 장시간 근무가 발생되지 않도록 시간외근로를 엄격히 통제하고, 법적으로 보장된 휴일과 연차휴가 등을 자유롭게 사용하도록 허용한다. 장시간 근로는 직장 내 괴롭힘 증가와 상관관계가 있다(Notelaters, 2010 ; 송민우 · 김정우, 2017). 특히 모성보호와 관련된 휴가제도를 적극 허용하여 성차별적 괴롭힘 문제가 발생되지 않도록 하여야 한다. 둘째, 취업규칙을 비롯한 여러 형태의 사규를 제정하여 근무절차를 체계화 · 문서화하여 잘 정돈되도록 하여야 한다. 불안정한 근무환경은 직장 내 괴롭힘을 증가시키기 때문이다(Agervold, 2009). 셋째, 고용의 불안성은 직장 내 괴롭힘 발생에 영향을 미치므로 징계 · 퇴직관리에 있어 부당한 징계 또는 해고처분이 되지 않도록 법적기준을 잘 준수하고, 심각한 사규위반 행위가 없는 한 고용안정성이 최대한 보장되도록 한다.

(3) 공정한 승진제도와 성과평가제도 운영

조직에서의 채용, 훈련, 보상과 처벌에서의 차별적인 잘못된 의사결정은 그 경험자에게는 심각한 스트레스를 일으키며, 직장 내 괴롭힘의 가해자 또는 피해자를 양산시킬 수 있다(Bowling & Beehr, 2006). 또한 승진 및 성과평가제도가 공정하게 운영되지 않으면 구성원들은 승진과 보상을 획득하기 위해 서로 갈등을 일으키거나 조직정치에 몰입하게 된다. 따라서 인사제도 중 특히 승진 및 성과평가에 있어 평가절차를 객관화합리화하여 조직공정성을 최대한 높여야 한다. 공정한 인사 및 성과평가방법의 구축을 위해서는 중요행위평가 기법, 다면평가 기법, 평가자 훈련, 평과결과 피드백, 평가센터 운영 등 다양한 방법들을 검토하여 도입할 필요가 있다. 또한 조직 내에서 과업과 무관한 비공식조직들이 조직의 높은 위치를 선점하기 위해 다른 구성원을 공격하거나 따돌리는 행위를 하지 않는지를 잘 체크하여 이를 근절할 필요도 있다.

(4) 관리자의 리더십 개선

직장 내 괴롭힘 행위라고 보기는 어렵지만 부하사원에게 상당한 스트레스와 괴로움을 주는 행위 중의 하나가 상사의 무례함이다. 상사의 무례함이란 직장생활에서 통용되는 규범을 해칠 정도로 타인에 대한 배려, 존중, 예의에 벗어난 언행으로서 이는 교묘하고 은밀한 학대에 해당되는 행위이다. 이른바 독성적 리더십(Toxic Leadership)을 행사하는 관리자는 부도덕한 행동(태만, 부정, 비윤리 등)으로 구성원들에게 직접적으로 피해를 준다(Limpman-Blumen, 2005a). 또한 독성적 리더는 비인격적이고 파괴적인 행동으로 인해 직장 내 괴롭힘, 성희롱 등을 발생시킬 수 있고, 조직 내에 괴롭힘의 문화가 묵인되거나 만연되는 경우에는 파괴적인 조직문화가 생성될 수 있다(Ramsay et al, 2010). 한편 관리자가 팀원들의 업무수행에 대해 전혀 관심을 가지지 않는 자유방임적 리더십도 문제이다. 관리자의 자유방임적 리더십은 부서 내 구성원들 사이에 발생되는 다양한 형태의 갈등에 무관심하고 이를 묵과함으로서 직장 내 괴롭힘의 발생을 방치하게 만든다(Hauge et all., 2007). 따라서 사용자는 상급관리자들이 부하사원들을 대상으로 한 부정적 리더십을 감소시키고 긍정적인 리더십을 발휘할 수 있도록 관리자의 리더십 개선에 관심을 기울여야 한다.

3. 상호존중의 조직문화 구축

(1) 의 의

최근 국내에서는 공공기관을 중심으로 상호존중의 조직문화 만들기 캠페인 활동이 증가하고 있는 추세이다.[133] 이는 조직 내 갑질, 직장 내 괴롭힘이 사회적 문제가 됨에 따라 이를 예방하기 위해 공공기관이 선도적인 역할을 하는 것이다. 상호존중의 조직문화란 모든 구성원이 업무수행과정에서 자유롭고 수평적인 의사소통을 바탕으로 서로 존중하고 배려하며 협력하는 행동양식이 조성된 조직을 말한다. 일반적으로 상호존중의 조직문화는 소속된 근로자들의 행동을 긍정적인 방향으로 유도하므로 직장 내 괴롭힘이 감소될 수 있다(Parzefall & Salin, 2010). 국내기업을 대상으로 한 연구결과에서도 신뢰·존중·공정성에 기반한 조직문화가 직장 내 집단따돌림을 감소시키는 효과가 있으며, 이는 반따돌림 대처보다도 더 큰 영향을 미치는 것으로 나타나고 있다(유계숙, 2015). 또한 상호존중의 조직문화 조성은 사업장의 작업현장뿐만 아니라 조직전체를 대상으로 하기 때문에 직장 내 괴롭힘 예방효과가 매우 크다고 볼 수 있다.

(2) 상호존중의 조직문화 구축방법

조직문화의 변화는 조직개발(Organization Development)의 관점에서 개인단위, 집단단위, 조직단위로 나누어 체계적이고 전략적인 방법으로 이루어져야 한다. 성공적인 조직문화의 변화를 위해서는 첫째, 조직변화 분위기 조성이 필요하다. 이 과정에서는 최고경영자의 의지와 조직구성원의 공감과 협력이 중요하다. 둘째, 상호존중의 조직문화로 변화될 수 있는 실질적인 개입활동이 필요하다. 예컨대 상호간 존칭어 사용을 장려하는 것, 상하 간 직위호칭이나 책상배치를 수평화 시키는 것, 상하 간 솔직하고 열린 소통체계를 구축하는 것, 경청·칭찬·배려 등의 직장예절 교육을 통해 개인의 태도변화를 일으키는 것, 관리자의 민주적·참여적인 리더십을 개발하는 것, 부서 내 팀웍을 개선하는 것 등이 대표적인 방법들이다. 한편 이와 같은 활동에는 조직·인사와 관련된 정책 및 체

133) 2022년도를 기준으로 도입사례를 살펴보면, 공공조직으로는 대전시, 의정부시, 제주개발공사, 한국수자원공사, 세종시교육청 등이 상호존중 조직문화 조성 캠페인을 진행하였으며, 일반기업으로는 삼성전자 반도체부문이 새로운 대표이사의 주도로 현장간담회를 진행하는 등 임직원 소통채널을 확대하고, 상호 존중하는 수평적인 조직문화 구축을 위해 직급과 사번 표시를 없애고 임직원 모두 존댓말을 사용하도록 권장하는 정책을 시행하였다.

계들도 상호존중의 조직문화가 지지되는 방향으로 변화시켜야 한다. 셋째, 변화된 조직문화를 계속 유지하는 관리활동이 필요하다. 예컨대, 적합한 보상체계와 선발기법이 개발될 필요가 있다. 새로운 조직문화에 적극적으로 협력한 사원에게 보상이 주어지면 그 행위는 강화된다(Kotter & Cohen, 2002). 또한 폭력적이고 공격적인 성향을 가졌거나 직장 내 괴롭힘 이력을 가진 자를 채용과정에서 통과시키지 않으면 기존의 조직문화가 보호될 뿐만 아니라 노동시장에서도 직장 내 괴롭힘에 대한 구직자의 인식을 개선시킬 수 있다.

제8절 작업현장에서의 직장 내 괴롭힘 예방활동 강화

1. 의 의

우리나라 산업안전보건법은 산업재해 예방을 위하여 안전보건관리체제, 안전보건교육, 유해・위험 방지 조치, 도급 시 산업재해 예방, 유해・위험 기계에 대한 조치, 유해・위험 물질에 대한 조치 등 작업현장에서 다양한 안전보건상 예방조치들을 규정하고 있고, 이와 같은 예방조치들은 대체로 제조업, 건설업에서의 물적시설 또는 작업도구에 의한 업무상 사고의 예방에 많은 초점을 두고 있다. 그러나 산업안전보건법상 산재예방조치들에는 직장 내 괴롭힘 예방에도 유효하게 적용될 수 있는 제도들이 있다. 가장 주목할 만한 제도는 관리감독자의 안전보건관리활동(제16조)과 급박한 위험발생 시 근로자의 작업중지권 행사(제52조)이다. 관리감독자의 안전보건예방활동은 관리감독자가 직장 내 괴롭힘 위험요인을 작업현장에서 직접적으로 신속하게 제거할 수 있다는 점에서, 근로자의 작업중지권 행사는 피해근로자가 위험상황을 신속히 벗어나 피해가 확대되지 않도록 할 수 있다는 점에서 직장 내 괴롭힘 예방활동에도 적극적으로 활용할 필요가 있다.

2. 작업현장에서의 고충처리활동 강화

(1) 의 의

직장 내 괴롭힘 사건들은 행위자가 처음부터 피해자를 괴롭히겠다는 목적에서 출발하기보다는 처음에는 인간관계적 갈등이나 업무적 갈등이 촉발되어 점차 괴롭힘의 양상으로 발전하는 경우도 많다. 또한 괴롭힘 행위 수준도 처음에는 매우 경미한 수준에서 그쳤으나 기존의 감정이 악화되거나 다른 갈등이 더해져서 심각한 수준으로 발전하기도 한다. 이와 같이 직장 내 괴롭힘은 여러 단계를 거쳐 점점 악화되어가는 모습을 보이므로 피해근로자가 조직구성원들에게 고충의 신호를 보내기 시작하는 초기단계가 중요하다. 예컨대 피해근로자가 행위자에게 직접적으로 이의제기를 하거나 행위자의 상급자 또는 주변 동료에게 괴롭힘과 관련된 고충을 호소하는 경우가 있다. 이 경우 관리감독자나 고충상담원이 피해근로자의 고충을 감지하거나 도움을 요청받았을 때 적극적으로 나서서 고충을 해결해 주게 되면 해당 문제는 더 이상 확대되지 않고 짧은 시간 내에 소멸될 수 있다. 이와 같이 관리감독자 또는 고충상담원에 의한 고충처리활동은 피해근로자로의 직장 내 괴롭힘의 문제를 초기에 신속히 제거하거나 확대되는 것을 예방할 수 있다는 점에서 매우 중요하다.

(2) 관리감독자에 의한 고충처리

관리감독자(또는 부서장)는 현장(또는 부서)에서 업무수행 중에 근로자 상호간 폭행 · 폭언 등 괴롭힘 행위의 예비적 동작을 직접 목격하거나 근로자로부터 업무적 갈등상황에 대한 고충을 접수한 경우에 행위자에게 주의를 주거나 당사자 간 업무적 갈등을 조정해줌으로서 직장 내 괴롭힘의 발생 또는 확산을 막을 수 있다. 이 경우 직장 내 괴롭힘의 행위자가 부서장일 경우에는 그 위의 상급자(본부장 또는 관리이사)가 관리감독자의 위치에 서게 된다. 관리감독자에 의한 예방활동이 효과적으로 이루어지도록 하기 위해서는 「관리감독자의 직장 내 괴롭힘 예방활동 매뉴얼」을 마련하여 효과적으로 대응할 수 있도록 지원하는 것도 좋은 방법이 될 수 있다.

〈관리감독자의 직장 내 괴롭힘 예방활동 매뉴얼 예시〉

관리감독자의 「직장 내 괴롭힘 예방활동」 매뉴얼

1. 목 적

본 매뉴얼은 관리감독자가 작업현장에서 업무수행 중에 발생되는 근로자 상호간 제반 업무적 갈등상황을 적절하게 관리함으로써 직장 내 괴롭힘 사고의 발생을 사전에 차단될 수 있도록 상황별 행동요령을 제시함을 목적으로 한다.

2. 관리감독자의 정의

관리감독자는 부서의 장을 말하며, 부서의 장이 괴롭힘 행위자인 경우에는 그 위의 상급자가 이에 해당된다.

3. 상황별 대처요령

(1) 소속사원이 인권침해성 행위를 한 것을 인지한 경우

- 1단계 : 소속사원이 부하사원에게 폭언, 모욕, 따돌림 등 인권침해성 행위를 한 것을 목격한 경우, 즉시 행위자의 행위를 중단시키고 행위자에게 주의를 준다.
- 2단계 : 상기 행위자의 행위가 재차 반복한 것을 목격한 경우, 강력한 경고를 주고 그럼에도 불구하고 또 다시 재차 반복되는 등 경미한 수준을 초과하였다고 판단되는 경우에는 피해근로자의 의견을 들어 인사팀에 신고조치 한다.

(2) 소속사원이 인권침해성 행위로 인한 고충을 호소하는 경우

- 1단계 : 소속사원이 직접 고충을 호소한 경우에는 지체 없이 당사자와 면담을 실시하고 사실관계를 파악한다.

- 2단계 : 고충의 내용이 인간관계적 갈등인지, 직장예절에 벗어난 행위인지, 업무적 갈등인지, 일반적인 괴롭힘 행위인지 등을 구분하고, 그에 따른 적절한 지도, 주의, 중재, 신고조치 등의 관리활동을 한다.
  i) 단순한 인간관계적 갈등이 원인인 경우에는 요청에 따라 서로 화해할 수 있도록 도움을 준다.
  ii) 상급자의 직장예절에 벗어난 행위가 원인인 경우에는 행위자에게 주의를 주고, 동시에 바람직한 직장예절 교육을 실시한다.
  iii) 상호간의 업무적 갈등이 원인인 경우에는 직무내용 또는 직무권한을 조정하여 갈등요인을 제거한다.
  iv) 일반적인 괴롭힘 행위에 해당된다고 판단되는 경우에는 피해근로자의 의견을 들어 인사팀에 신고조치 한다.

4. 고충처리 시 주의사항

(1) 고충을 호소한 사원을 대상으로 문제 제기한 것에 대해 질책을 하거나, 업무상 불이익을 주는 등 2차적인 가해를 주지 않도록 한다.

(2) 고충을 호소한 사원의 고충내용을 어떤 형태로든 타인에게 누설하지 않는다.

(3) 고충상담원에 의한 고충처리

1) 의 의

사용자는 직장 내 괴롭힘의 피해근로자가 소속 부서 내에서 관리감독자에 의한 고충해결이 어려운 경우를 대비하여 별도의 고충처리제도를 운영할 필요가 있다.[134] 고충처리제도는 회사가 위촉한 고충상담원이 인사부서와 연계하에 현

134) 일본의 경우에도 작업현장에서 상담을 통한 고충처리를 사업주의 직장 내 괴롭힘 예방조치 중 하나로서 강조하고 있다. 일본의 후생노동성은 「파워 해러스먼트 방지지침(2020.1.15.)」에서, 직장 내 괴롭힘 방지를 위해 사업주가 조치할 사항 4가지 사항을 정하고 있는데 그 중 하나가 '상담에 필요한 체제를 정비할 것'을 포함하고 있다. 이에 대한 구체적인 조치로서 ① 상담창구를 미리 정해 근로자에게 주지할 것, ② 상담창구 담당자가 상담시 내용이나 상황에 따라 적절히 대응할 것과 피해근로자가 위축되지 않도록 적절히 대응할 것 등을 규정하고 있다. 이 경우 상담창구를 미리 정하고 있다고

장 조직단위에서 제반 고충사항이 해결될 수 있도록 지원하는 역할을 수행한다. 고충상담실은 각 사업본부 내에 별도의 사무실 공간을 마련하여 설치하는 것이 바람직하나, 여의치 않는 경우에는 각 사업본부 지원실 내 또는 공장 사무실 내에 설치하여도 무방하다. 고충상담실의 이용은 직접방문 이외에도 전화통신, 이메일, 사내 인트라넷 등 온라인으로도 신청이 가능하도록 한다. 고충상담원은 직장 내 괴롭힘 판단능력, 직장 내 괴롭힘 피해자 구제와 관련된 제반 지식, 그리고 상담기술을 가진 자를 배치한다.

2) 고충처리 절차 및 방법

고충상담원에 의한 고충처리 절차는 대체로 고충의 접수, 비밀유지 고지 및 고충내용 확인, 해결방법 탐색, 고충해결 및 사후확인 등 총 4단계를 거쳐 이루어진다. 고충처리 절차에 대해 구체적으로 살펴보면 다음과 같다.

〈고충상담원에 의한 직장 내 괴롭힘 고충처리 절차〉

고충의 접수	▶	비밀유지 고지 고충내용 확인	▶	해결방법 탐색	▶	고충해결 사후확인

첫째, 고충상담 신청대상은 제한을 두지 않으며, 당사자뿐만 아니라 제3자도 신청이 가능하도록 하고, 이를 사전에 공지한다.

둘째, 고충상담원은 고충내용을 청취하기에 앞서 상담자에게 상담내용이 비

인정되는 예로, ㉠ 상담에 대응하는 담당자 미리 지정, ㉡ 상담에 대응하는 제도마련, ㉢ 상담기관을 외부기관에 위탁하는 것 등을 제시하고 있다. 또한 상담창구의 담당자가 적절히 대응할 수 있도록 하고 있다고 인정되는 예는, ㉠ 상담창구의 담당자가 상담을 받은 경우, 그 내용이나 상황에 따라 상담창구의 담당자와 인사부문이 제휴를 도모할 수 있는 구조로 하는 것, ㉡ 상담창구의 담당자가 상담을 받은 경우, 사전에 작성한 유의점 등을 기재한 매뉴얼에 근거하여 대응하는 것, ㉢ 상담창구 담당자에 대해 상담을 받은 경우의 대응에 대한 연수를 실시할 것 등을 제시하고 있다.

밀로 지켜진다는 것과 불이익이 가해지지 않는다는 점을 사전에 안내하여 상담자가 심리적으로 안정될 수 있도록 한다. 고충상담원이 고충내용을 파악 하는 단계에서는 상담자의 말을 최대한 경청하고 공감하는 자세를 가져야 한다. 또한 질문은 개방형으로 하여 직장 내 괴롭힘 상황을 폭넓게 파악하도록 한다. 예컨대, "어떤 일이 있었나요?", "그로 인하여 직장생활에 어떤 어려움을 겪고 있나요?", "어떻게 해결되기를 원하시나요?" 등과 같이 질문한다.

셋째, 고충상담원은 상담자에게 다양한 해결방안들을 제시한 후 상담자가 스스로 판단하여 선택할 수 있도록 한다. 이 경우 고충상담원은 상담자에게 사건처리 방향을 강요하거나 종용하여서는 아니 된다. 만약 상담자가 직장 내 괴롭힘에 대한 정식조사 및 조치를 원하는 경우에는 인사부서에 공식적으로 접수할 수 있도록 안내한다.

넷째, 고충상담원은 상담완료 이후에도 합의에 따른 행위자의 이행여부, 정식신고 시 회사의 조사 및 조치여부 등 진행상황을 확인한다. 상담내용은 반드시 고충상담일지에 기록하되, 고충상담일지가 외부에 반출되지 않도록 철저하게 관리한다. 다만 상담자가 회사에 정식신고 시에는 고충상담일지의 내용을 인사부서로 이송할 수 있다. 본서 〈부록〉 1에는 직장 내 괴롭힘 등 고충상담일지 예시안을 첨부하였다.

3. 근로자의 작업중지제도 도입

(1) 의 의

작업 중에 상급자에 의한 폭행, 폭언, 성희롱 등의 예비적 행위가 있거나 기발생된 행위가 계속되는 경우에 상대적으로 지위가 낮은 근로자가 사고를 면하기 위해서는 작업을 중지하고 대피하는 것 외에는 달리 다른 방법이 없다. 이와 관련하여 산업안전보건법 제52조제1항에서는 근로자는 산업재해가 발생할 급박한 위험이 있는 경우에는 작업을 중지하고 대피할 수 있도록 근로자의 작업중지권을 규정하고 있다. 다만 동 규정은 시설, 기계, 유해물질 등에 의한 급박하고 중대한 산업재해 예방을 위한 사전적 조치로 볼 수 있어 그것이 업무상 질병을 초래하는 직장 내 괴롭힘 사고에도 적용될 수 있을 것인가에 대해서는 해석이 불분명하다.[135] 그러나 산업안전보건법상 산업재해의 범위에는 그 밖의 업무로 인한 업무상 질병을 포함하고 있고(법 제2조제1호), 특히 작업현장에서 폭력, 폭언 등과 같이 직장 내 괴롭힘 발생 위험성이 사전징후로서 나타날 수 있는 괴롭힘 유형도 적지 않다는 점에서 노동정책적으로 긍정적인 해석이 필요하다. 고용노동부는 근로자가 고객에 의한 폭력・폭행・성희롱 등 위험한 상황으로 예측되는 경우에는 산업안전보건법 제52조의 근로자의 작업중지권을 근거로 단계를 거치지 않고 즉시 현장에서 벗어날 수 있다고 해석하고 있다.[136]

(2) 근로자 작업중지제도 운영방법

사용자는 산업안전보건법상 근로자의 작업중지권이 직장 내 괴롭힘의 경우에도 적용되는지 여부를 떠나 이를 취업규칙 등에 규정하여 사내제도로서 도입할 수 있다. 이 경우 사용자는 직장 내 괴롭힘에 대한 근로자의 작업중지권한이 회사에서 공식적으로 허용되고 있음을 알려주어 피해근로자가 긴급한 상황에 봉착하였을 때 이를 적극 행사할 수 있도록 할 필요가 있다. 다만 피해근로자는 작업을 중지하고 현장을 벗어날 수 있다고 하더라도 사업장 밖으로 무단이탈은 하지 않도록 한계를 설정하고, 급박한 위험이 수습된 이후에는 근무현장에 다시 복귀할 수 있도록 한다.

---

135) 산업안전보건법 제52조제1항의 근로자 작업중지권은 직장 내 괴롭힘으로 신체적 상해 또는 우울증이 발생할 것이 확실하게 판단된 경우에는 이를 적용할 수 있다는 의견이 있다(양승엽, 박수경, 2018, 2020). 반면 직장 내 괴롭힘은 급박한 위험에 노출되기 보다는 잠재적 및 상태적인 위험으로 작용할 가능성이 크다는 점에서 이를 부정하는 견해도 있다(이수연, 2019).

136) 고용노동부, "고객응대근로자 건강보호 가이드라인", 2020년, 59면.

〈회사규정 내 근로자의 작업중지제도 규정 예시〉

제○○조 【근로자의 작업중지권】 ① 근로자는 직장 내 괴롭힘 행위가 발생하거나 발생할 급박한 위험이 있는 경우에는 작업을 중지하고 그 현장을 대피할 수 있다. 다만 사업장 밖으로 무단이탈하여서는 아니 된다. ② 전 1항에 따라 작업을 중지하고 현장을 대피한 근로자는 지체 없이 그 사실을 부서의 장에게 보고한다. 부서의 장이 괴롭힘 행위자인 경우에는 그 상급자에게 보고한다. 이 경우 보고를 받은 부서의 장(또는 그 상급자)은 직장 내 괴롭힘이 발생되지 않도록 적절한 예방조치를 하여야 한다. ③ 피해근로자는 긴급대피 상황이 수습된 직후에는 작업현장에 다시 복귀하여 근무에 임하여야 한다. ④ 피해근로자가 정당하게 작업을 중지한 시간에 대해서는 유급처리하며, 작업을 중지한 이유로 어떠한 부당한 인사처분을 받지 아니한다.

(3) 근로자의 작업중지권 행사 시 급여처리 등

근로자가 산업안전보건법 제52조제1항 또는 민법 제536조제1항의 동시이행의 항변권 등을 근거로 작업중지권을 행사한 경우 급여처리와 인사상 제재여부가 문제된다.

첫째, 급여처리와 관련하여, 근로자의 작업중지의 사유가 사용자의 귀책사유로 인한 경우에는 근로기준법 제46조의 평균임금 70%의 휴업수당이 지급되어야 하고, 사용자의 귀책사유가 고의·과실에 의한 경우에는 민법 제538조제1항의 채권자귀책사유로 인한 이행불능에 해당되어 임금전액이 지급되어야 한다.[137]

둘째, 인사상 제재여부와 관련하여, 근로자의 정당한 작업거절은 그 원인이 사용자에게 있으므로 근로자가 작업거절을 한 행위에 대해 책임을 물을 수 없다. 현행 산업안전보건법 제52조제4항에서도 "사업주는 산업재해가 발생할 급

137) 정진우, "작업거절(중지·대피)", 대한산업보건협회 월간 산업보건 2015년 10월호, 39면.

박한 위험이 있다고 근로자가 믿을 만한 합리적인 이유가 있을 때에는 작업을 중지하고 대피한 근로자에 대하여 해고나 그 밖에 불리한 처우를 해서는 아니 된다."라고 명문으로 규정하고 있다.

제4장

고객 등에 의한 폭언 및 괴롭힘 예방

제1절 고객 등에 의한 괴롭힘 예방활동 개요

1. 의 의

국내에서는 2010년대 초부터 항공사, 백화점, 콜센터, 경비원 등 고객을 주로 상대하며 업무를 수행하는 근로자들이 이른바 고객의 갑질로 인해 신체적·정신적 피해를 입은 사건들이 언론에 보도되면서 고객응대근로자를 보호하여야 할 필요성이 제기되었다. 이후 2016.3.29.에 금융관련법 개정을 통해 금융기관에 종사하는 고객응대 직원에 대해 고객의 폭언이나 성희롱, 폭행으로부터 사업주의 보호조치 의무가 도입되었고, 2018.10.18.에는 산업안전보건법 개정을 통해 일반사업장에 종사하는 고객응대근로자에 대해 고객의 폭언 등으로부터 사업주의 보호조치 의무가 도입되었다. 한편 2019.1.15.에 도입된 근로기준법 제76조2의 직장 내 괴롭힘은 그 행위자를 사용자 또는 소속 근로자로 한정하고 있어 고객 등에 의해 발생되는 괴롭힘은 이에 포함하지 않고 있다.[138]

〈고객의 폭언 및 괴롭힘 주요사건〉

발생시기	사 건 내 용
2013년 4월	대기업 임원이 기내 라면서비스에 대한 불만으로 승무원에게 폭언 및 폭행을 한 사건
2014년 10월	아파트경비원이 주민의 심한 욕설과 질책을 견디지 못하고 자살한 사건

138) 그러나 국제노동기구(ILO) 제190호 협약에서는 제3자에 대해서도 직장 내 괴롭힘 대상자에 포함시키고 있다. 영국에서는 사용자가 제3자에 의한 괴롭힘 행위를 하지 못하도록 방지하기 위하여 합리적인 실행 가능했을 조치를 취하지 않으면 사용자는 해당 근로자를 괴롭히는 것으로 간주하고 있다(평등법 제40조(2)).

발생시기	사 건 내 용
2015년 10월	백화점 귀금속 매장에서 무상수리 여부를 놓고 고객이 매장 직원을 무릎 꿇게 하고 사과를 강요한 사건
2017년 1월	통신사 콜센터 해지방어팀에서 근무하던 현장실습 고등학생이 고객의 폭언 등으로 자살한 사건

2. 예방활동의 필요성

우리나라의 산업구조가 서비스업 중심으로 변화함에 따라 고객응대근로에 종사하는 근로자는 2019년 기준으로 약 703만명으로 전체 임금노동자의 35.1% 차지할 만큼 그 비중이 적지 않아[139] 이들에 대한 작업장에서의 인권침해 문제는 간과할 수 없는 상황이다. 사업장 내 고객을 직접 대면하는 근로자 또는 고객응대근로자가 고객 등 제3자로부터 폭언 및 괴롭힘을 당하게 되면 피해근로자에게 심각한 신체적·정신적 손상을 일으킬 뿐만 아니라 피해근로자의 노동생산성 저하 또는 이직률 증가로 이어져 회사 경영에도 타격을 입힌다. 따라서 사업주는 산업안전보건법과 남녀고용평등법에 규정된 고객의 폭언, 성희롱, 폭력 등의 괴롭힘에 대한 예방조치들을 잘 이행하여야 할 뿐만 아니라, 필요한 경우 다른 예방조치들도 추가하여 그 효과성을 높여야 한다. 사업주가 고객응대근로자의 보호조치를 게을리하여 신체적·정신적 피해가 발생된 경우에는 근로계약상 근로자보호의무 불이행에 대한 손해배상책임을 지게 된다.

139) 2019년 통계청 자료 ; 여성가족부 '2019 통계로 보는 여성의 삶'에서 감정노동자 추정비율.

제2절 고객응대근로자등 보호관련 법규

1. 관련규정

산업안전보건법 제41조에는 '고객의 폭언 등으로 인한 건강장해 예방조치'와 '제3자의 폭언 등으로 인한 건강장해 발생 등에 대한 조치'가 규정되어 있고, 남녀고용평등법 제14조의2에는 '고객 등에 의한 성희롱 방지'가 규정되어 있으며, 은행법 제54조의4 및 기타 금융관련법에는 '고객응대직원에 대한 보호조치 의무'가 규정되어 있다.

1. 산업안전보건법

(1) 산업안전보건법

제41조 【고객의 폭언 등으로 인한 건강장해 예방조치 등】 ① 사업주는 주로 고객을 직접 대면하거나 「정보통신망 이용촉진 및 정보보호 등에 관한 법률」 제2조제1항제1호에 따른 정보통신망을 통하여 상대하면서 상품을 판매하거나 서비스를 제공하는 업무에 종사하는 고객응대근로자에 대하여 고객의 폭언, 폭행, 그 밖에 적정범위를 벗어난 신체적 · 정신적 고통을 유발하는 행위(이하 이 조에서 "폭언등"이라 한다)로 인한 건강장해를 예방하기 위하여 고용노동부령으로 정하는 바에 따라 필요한 조치를 하여야 한다.
② 사업주는 업무와 관련하여 고객 등 제3자의 폭언등으로 근로자에게 건강장해가 발생하거나 발생할 현저한 우려가 있는 경우에는 업무의 일시적 중단 또는 전환 등 대통령령령으로 정하는 필요한 조치를 하여야 한다.
③ 근로자는 사업주에게 제2항에 따른 조치를 요구할 수 있고, 사업주는 근로자의 요구를 이유로 해고 또는 그 밖의 불리한 처우를 해서는 아니 된다.

(2) 산업안전보건법시행령

제41조 【제3자의 폭언 등으로 인한 건강장해 발생 등에 대한 조치】 법 제41조

제2항에서 "업무의 일시적 중단 또는 전환 등 대통령령으로 정하는 필요한 조치"란 다음 각 호의 조치 중 필요한 조치를 말한다.
1. 업무의 일시적 중단 또는 전환
2. 「근로기준법」 제54조제1항에 따른 휴게시간의 연장
3. 법 제41조제2항에 따른 폭언 등으로 인한 건강장해 관련 치료 및 상담 지원
4. 관할 수사기관 또는 법원에 증거물·증거서류를 제출하는 등 법 제41조제2항에 따른 폭언 등으로 인한 고소, 고발 또는 손해배상 청구 등을 하는 데 필요한 지원

(3) 산업안전보건법시행규칙

제41조 【고객의 폭언 등으로 인한 건강장해 예방조치】 사업주는 법 제41조제1항에 따라 건강장해를 예방하기 위하여 다음 각 호의 조치를 해야 한다.
1. 법 제41조제1항에 따른 폭언 등을 하지 않도록 요청하는 문구 게시 또는 음성 안내
2. 고객과의 문제 상황 발생 시 대처방법 등을 포함하는 고객응대업무 매뉴얼 마련
3. 제2호에 따른 고객응대업무 매뉴얼의 내용 및 건강장해 예방 관련 교육 실시
4. 그 밖에 법 제41조제1항에 따른 고객응대근로자의 건강장해 예방을 위하여 필요한 조치

2. 남녀고용평등 및 일·가정양립지원에 관한법률

제14조의2 【고객 등에 의한 성희롱 방지】 ① 사업주는 고객 등 업무와 밀접한 관련이 있는 사람이 업무수행 과정에서 성적인 언동 등을 통하여 근로자에게 성적 굴욕감 또는 혐오감 등을 느끼게 하여 해당 근로자가 그로 인한 고충 해소를 요청할 경우 근무 장소 변경, 배치전환, 유급휴가의 명령 등 적절한 조치를 하여야 한다.
② 사업주는 근로자가 제1항에 따른 피해를 주장하거나 고객 등으로부터의 성적 요구 등에 따르지 아니하였다는 것을 이유로 해고나 그 밖의 불이익한 조치를 하여서는 아니 된다.

3. 금융관련법 : 은행법

제52조의4 【고객응대직원에 대한 보호 조치 의무】 ① 은행은 이 법에 따른 업무를 운영할 때 고객을 직접 응대하는 직원을 고객의 폭언이나 성희롱, 폭

행 등으로부터 보호하기 위하여 다음 각 호의 조치를 하여야 한다.

1. 직원이 요청하는 경우 해당 고객으로부터의 분리 및 업무담당자 교체
2. 직원에 대한 치료 및 상담 지원
3. 고객을 직접 응대하는 직원을 위한 상시적 고충처리 기구 마련. 다만, 「근로자참여 및 협력증진에 관한 법률」 제26조에 따라 고충처리위원을 두는 경우에는 고객을 직접 응대하는 직원을 위한 고충처리위원의 선임 또는 위촉
4. 그 밖에 직원의 보호를 위하여 필요한 법적 조치 등 대통령령으로 정하는 조치

② 직원은 은행에 대하여 제1항 각 호의 조치를 요구할 수 있다.

③ 은행은 제2항에 따른 직원의 요구를 이유로 직원에게 불이익을 주어서는 아니 된다.

※ 은행법 이외에도 보험업법(제85조의4), 자본시장과 금융투자업에 관한 법률(제63조의2), 상호저축은행법(제18조의7), 여신전문금융업법(제50조의12) 등 금융관련법에서도 각각 고객응대직원에 대한 보호조치의무 규정이 도입되어 있다.

2. 적용범위

산업안전보건법에 규정된 사업주의 고객에 의한 폭언 및 괴롭힘 예방과 건강보호조치 의무는 상시근로자 1인 이상 사업장에서 고객을 직접 대면하는 자 또는 정보통신망을 이용한 고객응대근로자에게 적용된다. 이 경우 고객을 직접 대면하는 자라 함은 경비원, 수리기사, 외부영업사원 등과 같이 고객을 직접 상대하여 근무를 수행하는 근로자를 말하며, 정보통신망을 이용한 고객응대근로자라 함은 통신판매원, 콜센터 상담원 등과 같이 전화 또는 인터넷을 이용하여 상품을 판매하거나 서비스를 제공하는 업무에 종사하는 근로자를 말한다. 적용대상 근로자는 고용형태를 불문하고 정규직, 계약직, 일용직 등이 모두 포함되며, 근로자파견법에 의한 파견근로자도 사용사업주가 파견사업주와 함께 보호의무를 부담하므로 이에 포함된다.

제3절 고객의 폭언 등으로 인한 건강장해 예방조치

1. 의 의

사업주는 고객의 폭언 등으로 인한 건강장해를 예방하기 위하여 사전 금지문구게시 및 음성안내, 고객응대업무 매뉴얼 마련, 예방교육 실시 등의 조치를 취하여야 한다(산업안전보건법시행규칙 제41조제1항). 다만 동 규정 위반에 대한 벌칙조항은 없다. 사업주는 사업장의 규모와 특성을 고려하여 자체적으로 고객응대근로자의 건강장해 예방조치를 추가할 수 있다. 예컨대 고객응대근로자 보호에 대한 경영방침 수립과 최고경영자의 근절의지 표명, 고객응대근로자 현황과 감정노동수준 파악, 고객응대근로자 보호에 관련 직장문화 조성, 고객응대근로자의 고충건의제도 활용, 고객응대근로자 휴게시설 설치 등의 예방조치들이 있다.

2. 폭언 등을 하지 않도록 요청하는 문구게시 또는 음성 안내

(1) 의 의

사업주는 고객에게 폭언 등을 하지 않도록 요청하는 문구를 게시하거나 음성안내를 하여야 한다. 이는 고객이 부당한 요구를 하는 경우 이를 통제할 수 있음을 사전에 알려 무리한 요구를 하지 않도록 하기 위함이다. 문구게시 또는 음성안내의 내용에는 고객응대 근로자에게 폭언 등을 하지 말 것, 폭언 등을 행할 시 처벌받을 수 있다는 것, 기타 근로자 보호에 협조를 요청하는 것 등을 포함하여야 한다. 이와 관련하여 고용노동부는 사업주의 예방의무 이행을 지원하기 위해 폭언 등의 차단용 안내문구 및 전화연결음 표준안을 자체 홈페이지와 한국산업안전보건공단 홈페이지에 게시하여 사업장에서 이를 활용하도록 지원하고 있다.

<고객의 폭언 등 금지에 대한 안내문구 예시>

폭언은 마음의 흉기! 따뜻한 말 한마디는 마음의 온기!	당신의 말과 행동, 누군가의 눈물을 흘리게 할 수 있습니다.
갑과 을이 없는 사회 우리가 바라는 미래입니다.	타인의 감정을 배려하는 당신! 진정한 고객입니다.

<고객의 폭언 등 금지에 대한 음성안내 예시>

2018년 10월 18일부터 산업안전보건법에 고객응대근로자 보호조치가 시행됩니다. 고객응대근로자에게 폭언 등을 하지 말아주세요. 고객님의 말 한마디가 고객응대 상담원을 아프게 할 수 있습니다. 우리 상담원을 가족이라 생각해 주시면 감사하겠습니다.

(2) 직업군별 안내방법

일반적으로 간접대면 직업군에게는 음성안내를, 직접대면 직업군에게는 문구게시를 활용함이 적절하다. 또한 간접대면+직접대면 직업군에게는 음성안내와 문구게시를 혼용하는 것이 적절하다. 고객응대 직업군 중 직접대면 근무자는 매장 판매원(백화점 직원 등), 돌봄서비스 근무자(요양보호사 등) 등이 이에 속하고, 간접대면 근무자는 콜센터 판매원, 상담원 등이 이에 속하며, 간접대면+직접대면 근무자는 주민센터 직원과 같은 공공서비스 근무자가 이에 속한다.

3. 고객응대업무 매뉴얼 마련

(1) 의 의

사업주는 고객과의 문제상황 발생 시 대처방법 등을 포함하는 고객응대업무 매뉴얼을 마련하여 해당 업무 종사자에게 교육을 시켜야 한다. 사업주에게 고객응대업무 매뉴얼을 마련하도록 하는 것은 고객응대근로자가 문제행동 고객에게 어떻게 대응할 것인지 그 원칙과 기준을 미리 정해 놓음으로써 사고발생 시 이에 신속히 대처하여 근로자를 보호하기 위함이다. 여기서 문제행동 고객이라 함은 성희롱, 폭언·폭행, 공포심·불안 유발, 욕설, 협박, 위계행위, 허위 불만제기 등을 통해 업무를 방해하는 고객 또는 업무와 무관한 장난 전화 등을 일삼으며 기업의 이미지는 물론 다른 소비자의 건전한 소비행위에도 나쁜 영향을 미치는 고객 등을 말한다. 문제행동 고객은 법률적으로 문제가 되는 행위를 하는 자를 의미하므로 업무처리에 대한 불만제기와 같이 법률적으로 문제에 해당되지 않는 행위를 하는 자와는 구분된다.

〈문제행동 여부에 따른 고객유형 구분〉

구분	법률적으로 문제가 되는 유형	법률적으로 문제에 해당되지 않는 유형
정의	고객의 행위가 법률상 범죄에 해당되는 유형으로 해당 법률에 의거하여 고소를 통해 법적 조치 가능	고객의 행위가 즉시 법률상 범죄에 해당되지 않지만 업무수행을 방해하거나 악성민원으로 전환될 가능성이 높은 경우
유형	① 성희롱 ② 폭행, 폭언(욕설·협박·모욕) ③ 공포심·불안감 유발 ④ 허위 불만제기 등 업무방해 ⑤ 장난전화	① 업무처리에 대한 불만 제기 ② 개인적인 사생활이나 생활고 하소연 ③ 자기주장이나 동일 내용을 고질적으로 반복하여 문제 제기 ④ 이치에 맞지 않는 억지 주장 ⑤ 상담에 대한 불만으로 무리한 요구

(2) 고객응대업무 매뉴얼의 작성방법

고객응대업무 매뉴얼의 내용에는 고객과의 문제상황 발생 시 대응조직과 역할, 상황별 대처방법 및 절차, 고객응대근로자 건강보호를 위한 사후조치, 근로자 불이익 금지 및 보호원칙 등이 포함되어야 한다. 작성된 고객응대업무 매뉴얼은 근로자에게 주지시켜 문제발생 시 신속하게 대처할 수 있도록 교육을 하고, 가상훈련 등을 통하여 행동요령이 몸에 습득되도록 훈련을 시킬 필요가 있다. 고용노동부는 감정노동 종사자 건강보호 핸드북에서 「고객응대업무 매뉴얼

예시」를 다음과 같이 제시하고 있다.[140)]

〈고객응대업무매뉴얼 작성 예시〉

(주)○○○ 고객응대업무 매뉴얼

1. 문제상황 대응 조직

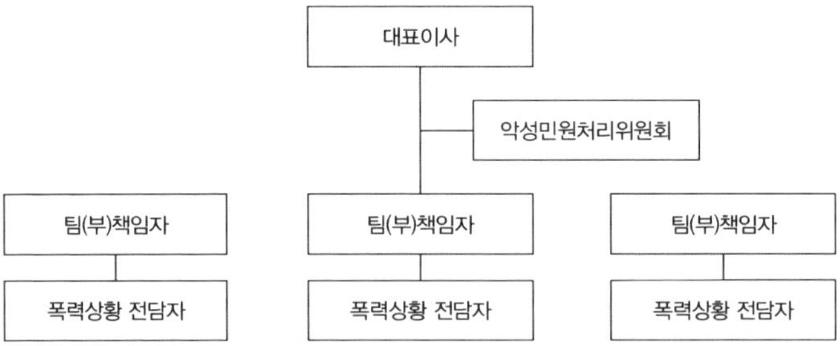

(1) 팀(부)별 부서장을 문제상황에 대한 1차 책임자로 지정한다.
(2) 각 팀(부)별로 폭력 상황 전담자를 둔다.

2. 고객응대 문제 상황 역할

(1) 담당자 : 1차 상황 판단, 보고 여부 결정
(2) 폭력상황 전담자 : 각 팀(부)별 1인 이상 지정하여 상황 발생 시 대응
(3) 각 팀(부)별 책임자 : 상황별 대응 및 본사 보고
(4) 악성민원 처리위원회 : 본사에 대표이사 주재로 위원회를 구성하고 악성민원 사법처리 여부 판단

3. 단계별 안내 멘트(H카드 콜센터)

(1) 1단계
예) 회원님, 원활한 상담을 위해 조금만 감정을 자제해 주시길 부탁드립니다. 제가 회원님의 상황을 듣고 빠르게 도와드리겠습니다.
(2) 2단계
예) 회원님, 욕설을 자제해 주십시오. 상담내용은 녹음되고 있으며, 계속해서

140) 고용노동부, 「감정노동 종사자 건강보호 핸드북」, 2017.10, 50면~51면 일부수정.

욕설을 하시면 상담이 중단될 수 있습니다.

(3) 3단계

예) (ARS음성으로) 회원님의 계속된 욕설사용으로 인해 통화를 종료합니다. 전화 등을 이용하여 상대방에게 불안감 등을 조성하는 행위는 정보통신망 이용촉진 및 정보보호 등에 관한 법률 제74조제1항제3호에 해당되며, 법에 의해 처벌될 수 있습니다.

※ 대면 업무인 경우는 1단계는 위와 동일하며, 2단계에서는 "현재 상황은 녹화되고 있으며, 계속해서 욕설을 하시면 업무를 중지하고 경비를 부를 수 있습니다.", 3단계에서는 "규정에 따라 경비(또는 전담부서)를 부르겠습니다." 라고 하고 몸을 피하도록 함.

4. 근로자 보호원칙

(1) 이 매뉴얼에 따라 고객응대를 중지하여 발생한 민원을 인사평가에 반영하지 않음

(2) 폭언·폭력 고객 응대 후 30분간 휴식시간 보장

(3) 폭언·폭력으로 고객응대 중지 후 해당 고객과의 재접촉 금지

(4) 문제유발 고객에 대한 근로자의 사과와 회사차원의 보상 금지

5. 상황별 대처 요령

(1) 민원인 대응 시 감정적인 표현이나 논쟁은 삼가함

(2) 팀(부) 책임자는 사원의 상태를 판단하여 휴식부여 또는 근무조정 등 조치, 상황의 경중을 신속하게 판단하여 대응 후 최종 결과에 대해 보고서 작성

(3) 대면/비대면 업무별로 구분하여 대응하고, 법적 책임을 물을 수 있는 폭행, 폭언/성희롱 등의 상황과 법적으로 책임을 묻기 어려운 무리한 요구 등으로 구분하여 대응방안 마련

6. 첨 부

(1) 대면 업무

① 무리한 요구 등 대응방법(순서도)

② 폭언/성희롱 대응방법(순서도)

③ 폭행 대응방법(순서도)

(2) 비대면 업무

① 무리한 요구 등 대응방법(순서도)

② 폭언/성희롱 대응방법(순서도)

4. 고객응대업무 매뉴얼의 내용 및 건강장해 예방관련 교육실시

사업주는 고객응대업무 매뉴얼의 내용 및 건강장해 예방 관련 교육을 주기적으로 실시하여야 한다. 구체적인 교육방법 등은 다음과 같다.

첫째, 교육내용은 고객응대업무 매뉴얼의 내용 및 활용방법, 고객응대업무 건강장해 예방 등의 내용을 필수로 포함시키고, 추가적으로 폭력 예방 및 대처, 직무스트레스 관리와 정신건강증진 등의 내용을 포함시킨다. 한편 너무 지나친 저자세 대응이나 고객의 의식을 왜곡시키는 친절위주의 서비스, 부당한 환불 및 보상정책 등의 교육은 지양하도록 한다. 이와 관련하여 서울남부지방법원(2013.6.21. 선고 2012가단25092판결)는 "피고회사는 고객의 무리한 요구나 폭언에 대하여 근로자를 보호하기 위하여 적극적인 조치를 취하지 않은 채 일방적으로 사과를 지시함으로써 근로자인 원고로 하여금 무력감, 인격적인 모멸감을 주었고, 이는 사용자로서 당연히 부담하는 보호의무 내지 배려의무를 위반한 것이다."라고 판시하여 회사의 손해배상책임을 인정한 바 있다.

둘째, 교육대상은 고객응대근로자와 해당 부서 관리자 등을 필수대상으로 하되, 필요시 고객응대근로자와 동일 공간에서 근무하는 다른 근로자들도 포함시킨다.

셋째, 교육시간은 별도의 교육시간을 마련하는 것이 바람직하나, 산업안전보건 교육시간에 함께 진행하여도 무방하다.

5. 그 밖에 고객응대근로자의 건강장해 예방을 위하여 필요한 조치

(1) 고객응대근로자의 감정노동 상태 진단

사업주가 고객응대근로자의 건강장해 예방을 위해 어떠한 조치가 필요한가를 알기 위해서는 먼저 고객응대근로자 업무수행 실태와 감정노동 경험 정도 등을 파악하여야 한다. 이와 관련하여 고용노동부가 '고객응대근로자 건강보호 가이드라인'에서는 고객응대근로자의 업무수행 실태 파악, 고객응대업무별 감정노동 경험 정도 파악, 고객응대근로자의 감정노동 수준 평가 등의 예시를 두고 있고.고객응대근로자 감정노동 수준 평가표는 본서 〈부록〉 4에서 소개하였다.[141]

〈고객응대근로자의 업무수행 실태 파악 예시〉

업무유형	부서	고객응대업무 내용	고용형태	인원	1인당 1일업무량 (3개월 평균)
대면업무	C/S	상담	간접고용	3명	30명(콜)/일
비대면업무	통신판매	판매권유 (아웃바운드)	비정규직	100명	150명(콜)/일
돌봄업무	사회복지	독거노인 방문/돌봄	정규직	5명	2명(콜)/일
공공서비스	주민복지	민원처리	정규직	8명	50명(콜)/일
				명	(콜)/일
				명	(콜)/일

〈고객응대업무별 감정노동 경험 정도 파악 예시〉

부 서	고객응대 업무	직 무		연간 감정노동 경험 횟수		
		대분류	세분류	물리적 폭행	폭 언	무리한 요구
C/S 센터	콜센터	가입 안내	상품소개	–	10	25
			개인정보 요구	–	15	–
		해지 방어	추가혜택 안내	–	50	76
			해지요건 부적정 안내 (가입자 본인 아님 등)	–	143	87

141) 고용노동부, 「고객응대근로자 건강보호 가이드라인」, 2020년, 89~94면.

(2) 고객응대근로자의 정서노동 측면에서의 보호

조직의 구성원은 고객폭력으로 인해 자기 효능감, 낙관주의, 자긍심, 목표추구, 사회적 지지 등 주요자원의 감소로 나타나고, 이로 인해 개인의 행복감은 낮아지고 소진가능성은 증대되는 것으로 보고되고 있다(Hobfoll, 2001). 따라서 사용자는 고객응대근로자를 포함한 구성원이 고객폭력에 대하여 정서노동 수행의 기반이 되는 자원을 확보하고, 공정성을 지각할 수 있도록 다양한 노력을 기울여야 한다.[142] 예컨대 앞서 살펴본 고객응대매뉴얼 마련이나 불량고객에 대해 특별훈련을 받는 내부 전문가에게 업무를 이전하거나 전문성이 있는 외부업체에 업무도급(아웃소싱)을 주는 방법도 고려해 볼 수 있다.

제4절 고객응대근로자 건강장해 발생 시 조치

1. 의 의

사업주는 업무와 관련하여 제3자의 폭언 등으로 근로자에게 건강장해가 발생하거나 발생할 현저한 우려가 있는 경우에는 업무의 일시적 중단 또는 전환, 「근로기준법」 제54조제1항에 따른 휴게시간의 연장, 건강장해 관련 치료 및 상담 지원 등의 조치를 취하여야 한다(산업안전보건법시행령 제41조제2항). 근로자는 사업주에게 이와 같은 보호조치를 요구할 수 있고, 사업주는 근로자의 요구를 이유로 해고 또는 그 밖의 불리한 처우를 해서는 아니 된다(동법 제41조제3항). 사업주가 보호조치를 하지 않을 경우에는 위반 횟수에 따라 최대 1천만원

142) 이동명, 「정서노동과 행복」, 무역경영사, 2020.4.30, 253면.

까지 과태료가 부과된다(동법 제175조). 또한 사업주가 고객응대근로자의 보호조치 요구를 이유로 불리한 처우를 할 경우 1년 이하의 징역이나 1천만원 이하의 벌금이 부과된다(동법 제170조).

2. 업무의 일시적 중단 또는 전환

(1) 의 의

고객응대근로자는 고객의 폭력, 성희롱 등 위험한 상황이 예측되는 경우에는 산업안전보건법 제52조의 작업중지권에 의거하여 단계를 거치지 않고 즉시 현장에서 벗어날 수 있다.[143] 사업주는 고객의 폭언, 폭행 등으로 인한 문제 발생 시 피해근로자의 신체적. 심리적 안정을 도모하기 위해 해당 고객으로부터 분리되도록 업무를 일시적으로 중단시켜야 한다. 또한 사업주는 근로자에게 건강장해가 발생하여 동일업무를 수행하는 과정에서 신체적·정신적 건강상태가 악화될 가능성이 있는 경우에는 업무장소의 변경 또는 업무전환을 고려하여야 한다.

(2) 문제행동 고객에 대한 일반적 대응절차

1) 대면인 경우 문제행동 고객에 대한 대응절차

고객응대근로자는 문제행동 고객과 대면인 상황에서 문제행동 고객이 폭언, 난동, 성희롱, 폭력 등을 행사하였을 때 총 4단계로 나누어 대응할 수 있다. 1단계는 문제행위를 중단할 것을 요청하고, 문제행위가 문제해결에 도움이 되지 않음을 설득한다. 2단계는 문제행위가 지속되는 경우에는 녹음을 하겠다는 사전고지와 법규위반 행위임을 공지하고 녹음을 실시한다. 3단계는 문제행위 중지를 3회 이상 안내함에도 문제행위가 중단되지 않는 경우에는 상담을 종료하고 현장을 벗어난다. 이후 발생상황을 관리자에게 보고하고 필요시 경찰에 협조요

---

143) 고용노동부 “앞의 가이드라인” 2020년, 59면.

청을 한다. 마지막으로 문제행위가 심각한 피해를 가져온 경우에는 회사차원의 법적조치 여부를 검토한다.

〈문제행동 고객에 대한 대응절차(대면)

상황발생	1단계	2단계	3단계	4단계
폭언, 난동 성희롱, 폭력	자제요청 및 즉시경고	녹음 사전공지	신속제지 상담종료 관리자 보고 경찰 협조요청	법적조치 검토

출처 : 고용노동부, 고객응대근로자 건강보호 가이드 라인, 2020년, 55면.

2) 비대면인 경우 문제행동 고객에 대한 대응절차

고객응대근로자는 문제행동 고객과 정보통신망을 이용한 비대면인 상황에서 문제고객이 폭언, 성희롱, 폭력, 난동 등을 행사하였을 때 총 4단계로 나누어 대응할 수 있다. 1단계는 문제행위를 중단할 것을 요청하고, 문제행위가 문제해결에 도움이 되지 않음을 설득한다. 2단계는 문제행위가 지속되는 경우에는 녹음을 하겠다는 사전고지와 법규위반 행위임을 공지하고 녹음을 실시한다. 3단계는 문제행위 중지를 3회 이상 안내함에도 문제행위가 중단되지 않는 경우에는 통화가 불가능함을 설명하고 통화를 종료한다. 마지막으로 소속부서장에게 이 사실을 보고하고, 소속부서장의 판단 하에 악성민원인으로 등록한다. 또한 문제행위가 심각한 피해를 가져 온 경우에는 회사차원의 법적조치 여부를 검토한다.

〈문제행동 고객에 대한 대응절차(비대면)〉

상황발생	1단계	2단계	3단계	4단계
폭언, 난동 성희롱, 폭력	자제요청 및 즉시경고	녹 음	통화종료 관리자 보고	문제고객 등록 법적조치 검토

출처 : 고용노동부, 고객응대근로자 건강보호 가이드라인, 2020년, 57면.

(3) 문제행동 고객에 대한 녹음·녹화 시 유의사항

문제행동 고객에 대한 대응절차에서 녹음·녹화 시에는 고객에게 사전고지를 한 후에 휴대전화 등을 활용하여 불법행위를 녹화하도록 한다. 사전고지가 없는 경우에는 개인정보보호법 위반 등으로 민사소송에 휘말릴 수 있기 때문에 사전에 "지금부터 대화 내용을 녹음하겠습니다."라는 말을 안내하거나, 문제행위를 촬영하고자 하는 경우에는 CCTV 앞으로 유도할 필요가 있다. 통신비밀보호법 제3조제1항 및 제16조제1항제1호에는 누구든지 공개되지 아니한 타인간의 대화를 녹음 또는 청취하거나 그로서 얻게 된 대화의 내용을 공개하거나 누설할 경우 1년 이상 10년 이하의 징역과 5년 이하의 자격정지에 처하도록 되어 있다. 다만 대화에 참여한 자가 녹음하는 것은 타인의 대화를 녹음한 것이 아니므로 위법이 아니다.[144] 그러나 녹음된 자료에 개인정보가 포함되어 있는 경우 이를 제3자에게 유출하는 것은 개인정보보호법 위반으로 불법행위에 속한다.

3. 근로기준법 제54조제1항에 따른 휴게시간의 연장

고객의 폭언, 폭행 등으로 인해 고객응대근로자에게 건강장해가 발생하거나 발생할 우려가 있는 경우에는 피해근로자가 휴식을 충분히 취할 수 있도록 법정 휴게시간을 연장해주는 것이 필요하다. 근로기준법 제54조제1항에 의한 법정 휴게시간은 근로자의 근로시간이 4시간인 경우에는 30분 이상, 8시간인 경우에는 1시간 이상의 휴게시간을 근로시간 도중에 주도록 하고 있다. 그러나 근로자가 고객으로부터 심한 욕설이나 폭행, 성적피해를 당한 경우에는 평소보다 신체적·정신적 피해가 더욱 악화되므로 원상회복을 위해서는 법정 휴게시간보다는 더 많은 휴게시간이 필요하다. 그리고 휴게시설은 폭언, 폭행 등이 일어난 장소와 분리된 곳이어야 심리적 안정감을 빨리 회복할 수 있다.

---

144) 대법원 2014.5.16. 선고 2013도16404 판결.

4. 폭언 등으로 인한 건강장해 관련 치료 및 상담 지원

고객의 폭언, 폭행 등으로 인해 고객응대근로자에게 건강장해가 발생하거나 발생할 우려가 있는 경우에는 근로자가 신속하게 상담 및 치료를 받을 수 있도록 지원하여야 한다.

현재 근로자에게 심리상담 및 치료를 지원하는 기관으로는 안전보건공단 근로자건강센터, 근로복지공단 근로복지넷, 서울시 감정노동종사자 권리보호센터, 직업적 트라우마 전문상담센터, 각 지역 정신건강복지센터 등이 있다.

또한 산업재해보상보험법 제37조에서는 고객의 폭언 등으로 인한 업무상 정신적 스트레스가 원인이 되어 발생한 질병은 업무상 재해로 인정하고 있는 바, 사업주는 해당 근로자가 고객의 폭언 등으로 인한 업무상 재해에 대한 요양급여를 신청하고자 하는 경우에는 관련자료를 제공하는 등 필요한 지원을 하여야 한다.

5. 폭언 등으로 인한 고소, 고발 또는 손해배상 청구 시 필요한 지원

고객응대근로자는 문제행동 고객으로부터 신체적·정신적 손상을 입은 경우에는 경찰 또는 검찰에 형사처벌을 구하거나 법원에 민사상 손해배상을 청구할 수 있다.

사업주는 피해근로자가 고객의 폭언, 폭행 등과 관련하여 고소·고발·손해배상 청구 시 문제고객에 대한 녹음, CCTV 등의 증거자료를 관할 수사기관 또는 법원에 제출하는 등 적극적인 행정적, 절차적 지원을 하여야 한다.

〈문제행동 고객에 대한 형사처벌 내용〉

유 형	내 용	처벌기준
1. 성희롱	성적 수치심이나 혐오감을 유발하는 발언을 하는 경우(문자상담 포함) ① 성적인 말과 수치심을 유발하는 질문(성적 단어 검색 요구 등)을 하는 경우 ② 친근감을 표시하며 사적인 만남을 유도하거나 연락처를 요구하는 경우	성폭력범죄의 처벌 등에 관한 특례법 제13조(통신매체를 이용한 음란행위) ☞ 2년 이하의 징역 또는 500만원 이하의 벌금
2. 폭행, 폭언 (욕설, 협박, 모욕)	폭행, 상해 또는 욕설, 협박, 모욕적인 발언을 하는 경우 ① 폭행/상해를 가하는 행위 ② 폭언(욕설, 협박, 모욕)을 하는 경우	–형법 제260조제1항(폭행) ☞ 2년 이하의 징역, 500만원 이하의 벌금 –형법 제257조(상해) ☞ 7년 이하의 징역, 10년 이하의 자격정지 또는 1천만원 이하의 벌금
3. 공포심 · 불안감 유발	공포심이나 불안감을 유발하는 음향 · 화상 또는 영상을 반복적으로 상대방에게 도달하게 하는 경우	정보통신망 이용촉진 및 정보보호 등에 관한 법률 제44조의7제1항제3호 ☞ 1년 이하의 징역 또는 1천만원 이하의 벌금
4. 허위불만 제기 등 업무방해	허위의 사실을 유포하거나 기타 위계 또는 위력으로써 업무를 방해하는 경우	형법 제314조제1항(업무방해) ☞ 5년 이하의 징역 또는 1천500만원 이하의 벌금
5. 장난전화 등	업무와 무관한 장난전화를 하는 경우(문자상담 포함) 또는 못된 장난 등으로 업무를 방해한 경우	경범죄처벌법시행령 제2조(범칙금의 납부통고 등) ☞ 장난전화 : 8만원 업무방해 : 16만원

부 록

1. 직장 내 괴롭힘 등 고충상담일지
2. 직장 내 괴롭힘 실태 및 위험성 평가 설문지
3. 직장 내 괴롭힘 예방관리규정(안)
4. 고객응대근로자 감정노동 수준 평가표

1. 직장 내 괴롭힘 등 고충상담일지

<table>
<tr><th colspan="6">직장 내 괴롭힘 등 고충상담일지</th></tr>
<tr><td>상담일시</td><td>20 . . .</td><td>상담장소</td><td></td><td>고충상담원</td><td></td></tr>
<tr><td rowspan="3">신 청 인</td><td>성 명</td><td colspan="4"></td></tr>
<tr><td>소속/직급</td><td colspan="4"></td></tr>
<tr><td>담당업무</td><td colspan="4"></td></tr>
<tr><td rowspan="3">피신청인</td><td>성 명</td><td colspan="4"></td></tr>
<tr><td>소속/직급</td><td colspan="4"></td></tr>
<tr><td>담당업무</td><td colspan="4"></td></tr>
<tr><td>고충유형</td><td colspan="5">□ 직장 내 괴롭힘 □ 직장 내 성희롱
□ 기 타 ( )</td></tr>
<tr><td>상담내용</td><td colspan="5">1. 고충사항

2. 증빙목록</td></tr>
<tr><td>신청인의
문제해결방식</td><td colspan="5">□ 조정·중재를 통한 당사자간 원만한 합의
□ 회사차원의 정식조사를 통한 해결
□ 기타 ( )</td></tr>
<tr><td>신청인의
요구사항</td><td colspan="5"></td></tr>
</table>

2. 직장 내 괴롭힘 실태 및 위험성 평가 설문지[145)]

1. 귀하는 지난 1달 동안 어떤 기분으로 지내셨습니까? 다음과 같은 기분이 얼마나 자주 드셨는지 자신의 상황과 가장 가까운 곳에 동그라미를 쳐주세요.

구 분		항상 그랬다		때때로 그랬다		그런적 없다
1	신경이 예민했던 때가 얼마나 됩니까?	⑤	④	③	②	①
2	희망이 없다고 느꼈던 때가 얼마나 됩니까?	⑤	④	③	②	①
3	안절부절 하거나 조바심을 냈던 때가 얼마나 됩니까?	⑤	④	③	②	①
4	너무 우울해서 뭘 해도 기분이 좋아지지 않았던 때가 얼마나 됩니까?	⑤	④	③	②	①
5	모든 게 다 힘겹다는 생각이 들었던 때가 얼마나 됩니까?	⑤	④	③	②	①
6	내가 쓸모없는 존재란 생각이 들었던 때가 얼마나 됩니까?	⑤	④	③	②	①

2. 귀하께서 근무하시는 회사의 근무환경이 어떠합니까?

구 분		전혀 그렇지 않다			그저 그렇다			매우 그렇다
1	우리 회사는 상사의 지시에 반드시 복종해야 하는 상명하복 분위기가 강하다.	①	②	③	④	⑤	⑥	⑦
2	우리 회사는 인맥/학연/지연 등과 관련 없이 모두를 평등하게 대우한다.	①	②	③	④	⑤	⑥	⑦
3	우리 회사는 일을 많이 하고 열심히 하는 사람이 평가를 잘 받는 공정한 평가체계를 갖고 있다.	①	②	③	④	⑤	⑥	⑦
4	우리 회사는 명확한 업무분담과 역할분담이 이뤄지고 있다.	①	②	③	④	⑤	⑥	⑦

145) 직장인 근무환경 설문조사표, 한국직업능력개발원(2016, 서유정 · 이지은).

구 분		전혀 그렇지 않다			그저 그렇다			매우 그렇다
5	우리 회사는 직원의 자율성을 인정해준다	①	②	③	④	⑤	⑥	⑦
6	우리 회사는 직원에게 많은 업무와 성과를 요구한다.	①	②	③	④	⑤	⑥	⑦
7	우리 회사는 회사 내부의 문제(예 : 성희롱, 비리 등)에 대해 문제제기를 하는 사람을 골칫거리로 본다.	①	②	③	④	⑤	⑥	⑦
8	우리 회사는 직원의 자기계발과 성장을 적극 지원하고 있다.	①	②	③	④	⑤	⑥	⑦
9	우리 회사는 근무 중 직원이 편안하고 효율적으로 일할 수 있도록 환경 개선에 많은 투자를 하고 있다.	①	②	③	④	⑤	⑥	⑦
10	우리 회사는 최근 경영 관련한 변화로 직원들의 근무환경이 악화되었다(예 : 구조조정, 합병 등)	①	②	③	④	⑤	⑥	⑦
11	우리 회사 내에는 어려움을 토로하거나, 문제제기를 할 수 있는 소통창구가 잘 마련되어 있다.	①	②	③	④	⑤	⑥	⑦
12	우리 회사에서는 근로자를 보호하기 위한 노조의 활동이 잘 지원되고 있다.	①	②	③	④	⑤	⑥	⑦

3. 최근 6개월 동안 직장생활에서 다음 상황을 얼마나 자주 경험하셨습니까?

※ 근무경력이 6개월 미만이면 근무기간을 기준으로 응답해주세요.

직장에서 발생할 수 있는 상황		전혀 없음	6개월 1~2회	월1회 정도	주1회 정도	매일
1	나의 업무능력이나 성과를 인정하지 않거나 조롱했다.	①	②	③	④	⑤
2	훈련, 승진, 보상, 일상적인 대우 등에서 차별을 했다.	①	②	③	④	⑤
3	나에게 힘들고 모두가 꺼리는 업무를 주었다.	①	②	③	④	⑤
4	허드렛일만 시키거나 일을 거의 주지 않았다.	①	②	③	④	⑤
5	업무와 관련된 중요한 정보나 의사결정 과정에서 나를 제외했다.	①	②	③	④	⑤
6	내 성과를 가로채거나 성과달성을 방해했다.	①	②	③	④	⑤

직장에서 발생할 수 있는 상황		전혀 없음	6개월 1~2회	월1회 정도	주1회 정도	매일
7	나에게 휴가나 병가, 각종 복지혜택 등을 쓰지 못하도록 압력을 주었다.	①	②	③	④	⑤
8	일하거나 휴식하는 모습을 지나치게 감시했다(예 : CCTV를 통한 감시).	①	②	③	④	⑤
9	사고위험이 있는 작업을 할 때, 나에게 주의사항이나 안전장비를 전달해주지 않았다.	①	②	③	④	⑤
10	나에게 상사의 관혼상제나 개인적인 일상생활과 관련된 일을 하도록 했다(예 : 개인심부름 등)	①	②	③	④	⑤
11	나에게 부서이동 또는 퇴사를 강요했다.	①	②	③	④	⑤
12	누군가 사소한 일에 트집을 잡거나 시비를 걸었다.	①	②	③	④	⑤
13	누군가 내 개인사에 대한 뒷담화나 소문을 퍼뜨렸다.	①	②	③	④	⑤
14	나에게 신체적인 위협이나 폭력을 가했다(예 : 물건던지기, 주먹질 등)	①	②	③	④	⑤
15	성적 수치심을 느끼게 하는 말 또는 행동을 나에게 했다(이메일, 전화, 성적농담, 성추행 등)	①	②	③	④	⑤
16	나에게 욕설이나 위협적인 말을 했다.	①	②	③	④	⑤
17	나를 부적절하게 의심하거나 누명을 씌었다.	①	②	③	④	⑤
18	누군가 내 물건을 허락 없이 가져가거나 망가뜨렸다.	①	②	③	④	⑤
19	다른 사람들 앞에서(또는 온라인상에서) 나에게 모욕감을 주는 언행을 하였다.	①	②	③	④	⑤
20	내 의사와 상관없이 음주/흡연을 강요했다.	①	②	③	④	⑤
21	내 의사와 관계없이 회식참여를 강요했다.	①	②	③	④	⑤
22	나를 업무 외의 대화나 친목모임에서 제외했다.	①	②	③	④	⑤
23	나의 정당한 건의사항이나 의견을 무시했다.	①	②	③	④	⑤
24	나의 의사와 관계없이 불필요한 추가근무(야근, 주말출근 등)를 강요했다.	①	②	③	④	⑤
25	나에게 부당한 징계를 주었다(반성문, 처벌 등)	①	②	③	④	⑤

3. 직장 내 괴롭힘 예방관리규정(안)

제1조 【목적】 회사는 직장 내에서 괴롭힘 행위를 예방하여 직원들이 안전하게 근로할 수 있도록 이 규정을 시행한다.

제2조 【적용범위】 이 규정은 임·직원과 협력사 직원 및 특수형태근로종사자로서 회사와 계약을 맺고 있는 자(이하 "직원"이라 한다)에 대하여 적용한다.

〈참고〉 직장 내 괴롭힘 예방관리규정(안)은 그 적용범위를 협력사 직원으로 통칭되는 파견근로자 또는 하청근로자까지도 포함시켜 직장 내 금지 규정이 사내에서 근무하는 전체근무자가 적용될 수 있도록 권고하고 있다. 다만 법률상 직장 내 괴롭힘 금지의 주체는 직접적인 근로계약관계가 있는 임·직원에게만 국한되므로 사업주가 사업장 현황에 맞게 적용범위를 정할 수 있다.

제3조 【회사의 책무】 회사는 직장 내 괴롭힘을 예방하고 직장 내 괴롭힘이 발생하였을 때 적절히 대응할 수 있도록 정책을 수립·시행하여야 한다.

제4조 【직장 내 괴롭힘 행위의 금지】 ① 직장 내 괴롭힘 행위란 임·직원이 직장에서의 지위 또는 관계 등의 우위를 이용하여 업무상 적정범위를 넘어 다른 직원에게 신체적·정신적 고통을 주거나 근무환경을 악화시키는 행위를 말한다.
② 누구든지 직장 내 괴롭힘 행위를 하여서는 아니 된다.

제5조 【금지되는 직장 내 괴롭힘 행위】 회사에서 금지되는 직장 내 괴롭힘 행위는 다음 각 호와 같다.

1. 신체에 대하여 폭행하거나 협박하는 행위
2. 지속·반복적인 욕설이나 폭언
3. 다른 직원들 앞에서 또는 온라인상에서 모욕감을 주거나 개인사에 대한 소문을 퍼뜨리는 등 명예를 훼손하는 행위
4. 합리적 이유 없이 반복적으로 개인 심부름 등 사적인 용무를 지시하는 행위
5. 합리적 이유 없이 업무능력이나 성과를 인정하지 않거나 조롱하는 행위
6. 집단적으로 따돌리거나, 정당한 이유 없이 업무와 관련된 중요한 정보 또는 의사결정 과정에서 배제하거나 무시하는 행위
7. 정당한 이유 없이 상당기간 동안 근로계약서 등에 명시되어 있는 업무와 무관한 일을 지시하거나 근로계약서 등에 명시되어 있는 업무와 무관한 허드렛일만 시키는 행위

8. 정당한 이유 없이 상당기간 동안 일을 거의 주지 않는 행위
9. 그밖에 업무의 적정범위를 넘어 직원에게 신체적・정신적 고통을 주거나 근무환경을 악화시키는 행위

〈참고〉 직장 내 괴롭힘 예방관리규정(안) 제5조에서는 직장 내 괴롭힘으로 볼 수 있는 대표적인 행위 중심으로 대표적인 예시를 규정하였다. 이와 별도로 각 사업장에서 필요한 다른 금지행위가 있다면 이를 추가할 수 있다.

제6조【직장 내 괴롭힘 예방・대응 조직】 회사 내 인사부서에 직장 내 괴롭힘의 예방・대응 업무를 총괄하여 담당하는 직원(이하 "예방・대응 업무담당자"라 한다)을 1명 이상 둔다.

제7조【직장 내 괴롭힘 상담원】 ① 회사는 제8조제2호에 따른 상담업무를 담당하는 직원(이하 "상담원"이라 한다)을 둔다. 이 경우 직장 내 성희롱 사건에 관한 업무를 담당하는 고충상담원이 있는 경우 그를 상담원으로 할 수 있다.
② 상담원은 성을 고려하여 남성과 여성을 고루 배치하며, 직원들 사이에 신망이 높은 직원 중에서 선임한다.
③ 상담원은 직장 내 괴롭힘 사건에 관한 상담을 하면서 알게 된 내용을 누설하여서는 아니 된다. 다만, 사건의 처리를 위하여 결재권자 및 사업주에게 보고하는 경우는 그러하지 아니하다.
④ 상담원의 임기는 2년으로 하며, 연임할 수 있다.

제8조【직장 내 괴롭힘 위험성 평가】 ① 회사는 직장 내 괴롭힘 발생의 위험요인을 찾아내어 부상 또는 질병으로 이어질 수 있는 위험성의 크기가 허용가능한 범위인지를 평가하고, 그 결과에 따라 근로자에 대한 위험 또는 건강장해를 방지하기 위한 조치를 취한다.
② 전 1항의 위험성 평가과정에는 근로자 대표를 참석시켜야 하며, 그 평가결과를 근로자대표에게 통보한다.
③ 직장 내 괴롭힘 위험성 평가시기는 매 2년마다 1회 이상 실시하기로 한다.

〈참고〉 직장 내 괴롭힘 위험성 평가는 국제노동기구 및 고용노동부도 매우 강조하는 중요한 예방활동중 하나이다. 직장 내 괴롭힘 예방관리규정(안) 제8조는 사업주가 직장 내 괴롭힘의 위험성 평가를 실시할 것을 의무화 하고, 그 절차 및 시기 등을 구체적으로 정한 규정안이다.

제9조【직장 내 괴롭힘 예방교육】 ① 회사는 직장 내 괴롭힘 예방을 위한 교

육(이하 "직장 내 괴롭힘 예방교육"이라 한다)을 1년에 1회 이상 실시한다.
② 직장 내 괴롭힘 예방교육은 1시간으로 한다.
③ 직장 내 괴롭힘 예방교육의 내용은 다음 각 호와 같다.
1. 직장 내 괴롭힘 행위의 정의
2. 금지되는 직장 내 괴롭힘 행위
3. 직장 내 괴롭힘 상담절차
4. 직장 내 괴롭힘 사건처리절차
5. 직장 내 괴롭힘 피해자 보호를 위한 조치
6. 직장 내 괴롭힘 행위자에 대한 조치
7. 그밖에 직장 내 괴롭힘 예방을 위한 내용
④ 회사는 직장 내 괴롭힘 예방교육의 주요 내용을 직원들이 쉽게 확인할 수 있도록 조치한다.

제10조 【근로자의 작업중지권】 ① 근로자는 직장 내 괴롭힘 행위가 발생하거나 발생할 급박한 위험이 있는 경우에는 작업을 중지하고 그 현장을 대피할 수 있다.
② 전 1항에 따라 작업을 중지하고 현장을 대피한 근로자는 지체없이 그 사실을 부서의 장에게 보고한다. 부서의 장이 괴롭힘 행위자인 경우에는 그 상급자에게 보고한다.
③ 근로자가 전 1항에 따라 작업중지한 시간에 대해서는 유급처리 되며, 작업을 중지한 이유로 인하여 어떠한 부당한 인사처분을 받지 아니한다.

〈참고〉 산업안전보건법 제52조제1항의 근로자의 작업중지권은 근로자가 작업현장에서 발생될 위험성이 높은 괴롭힘 행위로부터 자신을 신속히 보호할 수 있는 안전보건조치이다. 직장 내 괴롭힘 예방관리규정(안) 제10조는 사업주가 직장 내 괴롭힘의 위험성에 대한 근로자의 작업중지권을 공식적으로 허용하고 피해근로자가 적극적으로 이를 활용할 수 있도록 한 규정이다.

제11조 【직장 내 괴롭힘 발생 시 처리절차】 회사는 직장 내 괴롭힘 사건을 처리하기 위하여 다음 각 호의 절차에 따른다.
1. 사건의 접수
2. 상담을 통한 피해자의 의사 확인
3. 피해자의 의사에 기초한 당사자 간 해결 또는 정식 조사의 실시
4. 정식 조사의 결과를 토대로 한 직장 내 괴롭힘의 확인

5. 행위자에 대한 징계 조치, 피해자 보호조치 등의 결정

제12조 【사건의 접수】 ① 누구든지 직장 내 괴롭힘 발생 사실을 알게 된 경우 그 사실을 예방·대응 담당자에게 신고할 수 있다.
② 예방·대응 담당자는 제1항에 따른 신고가 있는 경우 또는 그 밖의 방법으로 직장 내 괴롭힘 발생 사실을 인지한 경우 사건을 접수한다.

제13조 【상 담】 ① 제9조에 따라 사건이 접수된 경우 상담원은 지체 없이 신고인을 대면하여 상담한다.
② 신고인이 피해자가 아닌 제3자인 경우 상담원은 신고인을 먼저 상담한 후 피해자를 상담한다.
③ 상담원은 피해자에게 직장 내 괴롭힘에 관한 구제방법 및 회사 내 처리절차에 대하여 충분히 설명하고, 피해자가 사건의 해결을 위하여 선택하는 처리방향에 대하여 청취한다.
④ 상담원은 상담이 종료하면 그 결과를 예방·대응 담당자에게 보고하여야 한다.
⑤ 상담원은 상담 시 신고인 또는 피해자 등에게도 상담 내용에 대한 비밀유지 의무가 있음을 고지하여야 한다.

제14조 【당사자 간 해결】 ① 상담원은 피해자가 직장 내 괴롭힘 피해를 입었다고 판단하고, 피해자가 그 행위의 중단을 위하여 행위자와 분리되기만을 요구하는 경우, 그 내용을 예방·대응 담당자를 통하여 사업주에게 보고하여 상응하는 조치가 취해질 수 있도록 한다.
② 상담원은 피해자가 행위자의 괴롭힘 행위 중단 및 사과 등 직접적인 합의를 원하는 경우에는 피해 사실에 대하여 피해자와 피해자가 추천한 참고인 등에 관한 조사를 실시하고, 그 결과 직장 내 괴롭힘이 확인되면 피해자의 요구안을 정리하여 행위자에게 전달하여 합의를 진행한다.
③ 제2항에 따른 합의가 이루어진 경우에는 모든 관련 서류는 비공개처리하고 사건을 종결한다.
④ 제2항에 따른 합의가 이루어지지 않은 경우에는 상담원은 피해자를 다시 상담한 후 정식 조사의사 등을 확인하여 그에 따라 조치한다.

제15조 【정식 조사】 ① 회사는 피해자가 직장 내 괴롭힘에 관하여 정식 조사를 요구하는 경우 지체 없이 제14조에 따라 조사위원회를 구성하고, 조사위원회가 구성되면 즉시 조사에 착수한다.

② 조사위원회는 조사가 개시된 날부터 20일 이내에 완료하여야 한다. 다만 특별한 사정이 있는 경우 10일의 범위에서 조사 기간을 연장할 수 있다.
③ 피해자 및 행위자에 대하여 조사하는 경우 2명 이내의 조사위원이 참여하여야 한다. 이 경우 외부 전문가가 위원으로 선임되어 있으면 그 위원이 참여하도록 노력하여야 한다.
④ 조사위원회는 조사가 종료되면 조사보고서를 작성하여 사업주에게 보고하고 인사위원회로 보고서를 이관한다.
⑤ 조사위원회는 제4항에 따른 조사보고서 작성 시 행위자에 대한 조치와 관련한 피해자의 의견을 듣고 그 내용을 기재하여야 한다.
⑥ 조사위원회와 조사를 받은 사람들은 비밀유지 서약을 하여야 하며, 조사 내용 및 조사과정에서 알게 된 사실을 다른 사람에게 누설하여서는 아니 된다.
⑦ 상담원은 직장 내 괴롭힘 조사 진행상황을 피해자에게 서면, 온라인, 전화 등의 방법을 통해 알려주어야 한다.

제16조 【조사위원회】 ① 직장 내 괴롭힘 사건의 공정하고 전문적인 조사를 위하여 조사위원회를 구성한다.
② 조사위원회는 노동조합에서 추천하는 사람 또는 노사협의회 근로자위원을 포함하여 5명 이내로 구성한다. 이 경우 조사의 전문성을 위하여 외부 전문가를 위원으로 선임할 수 있다.
③ 조사위원회 위원장은 위원 중에서 대표이사가 임명하는 사람으로 한다.
④ 제2항 및 제3항에도 불구하고 대표자가 행위자로 신고된 경우에는 회사의 감사가 조사위원회를 구성한다. 이 경우 감사는 회사의 비용으로 외부 전문가를 위원으로 선임할 수 있다.

〈참고〉 조사의 공정성을 위해 직장 내 괴롭힘의 조사주체를 조사위원회로 규정하였다. 그러나 사업장 규모가 작은 경우 조사위원회 구성을 생략하고 인사부서가 조사를 행하도록 할 수 있다. 또한 주식회사의 대표이사가 행위자인 경우에는 조사의 공정성을 위하여 감사가 조사를 실시하는 주체로 규정할 수 있다.

제17조 【조사기간 중 피해자 보호】 회사는 제13조에 따른 정식조사기간 동안 피해자가 요청하는 경우에는 근무장소의 변경, 유급휴가 명령 등 피해자의 요청을 고려하여 적절한 조치를 한다.

제18조 【직장 내 괴롭힘 사실의 확인 및 조치】 ① 제13조제4항에 따라 조사위원회의 조사보고서가 이관되면 취업규칙 제○조에 따른 인사위원회 위원장은

지체없이 인사위원회를 소집한다.
② 인사위원회는 조사위원회의 조사보고서를 토대로 직장 내 괴롭힘 인정 여부, 직장 내 괴롭힘 인정 시 행위자에 대한 징계 양정에 관한 사항을 의결한다.
③ 대표이사가 행위자로 신고된 경우 감사는 지체 없이 이사회 소집을 청구하고 소집된 이사회에 출석하여 조사 결과에 따라 직장 내 괴롭힘 인정 여부, 직장 내 괴롭힘 인정 시 대표이사에 대한 징계 등 조치에 관한 내용을 보고한다.
④ 이사회는 감사의 보고를 받으면 대표이사에 대한 조치를 의결한다. 다만, 인사위원회에서 통지한 대표이사에 대한 조치가 주주총회의 의결사항인 경우 지체 없이 임시총회를 소집한다.

〈참고〉 주식회사의 대표이사가 행위자인 경우 사내 인사위원회에서 징계 등 조치를 결정하여 집행할 수는 없다. 따라서 위 제3항 및 제4항의 규정은 상법의 주식회사 부분의 규정을 참고하여 사업장 상황에 맞게 규정한 예시이다.

제19조【사건의 종결】 ① 회사는 인사위원회의 의결 결과를 당사자에게 서면으로 통지하고 사건을 종결한다. 다만, 대표이사가 행위자인 경우에는 그러하지 아니하다.
② 인사위원회에서 직장 내 괴롭힘으로 인정하지 않은 경우 상담원은 피해자를 다시 상담하여 피해자의 고충을 해소할 수 있는 방법을 찾도록 노력하여야 한다.

〈참고〉 직장 내 괴롭힘 심의를 위해 '심의위원회'를 구성할 경우에는 아래와 같이 규정을 만들 수 있음.

제○○조【심의위원회의 설치 및 구성】 ① 직장 내 괴롭힘 사안의 처리를 심의하기 위하여 심의위원회를 구성한다.
② 위원회는 위원장을 포함한 6명의 위원으로 구성한다.
③ 위원장은 사업주가 지명하는 자로 한다.
④ 위원은 남성 또는 여성의 비율이 전체위원의 10분의 6을 초과하여서는 아니 되며, 위원 중 2명 이상을 외부 전문가들로 위촉한다.
⑤ 위원회의 개최 등 위원회의 사무를 처리하기 위하여 간사 1인을 두되, 간사는 상담원으로 한다.

제○○조【심의위원회의 회의】 ① 심의위원회의 회의는 필요에 따라 위원장이 소집한다.
② 위원회 위원 중 인정할 만한 상당한 이유가 있는 경우 피해자는 특정위원을 기피신청하거나, 해당위원이 회피할 수 있다.

③ 위원회는 다음 각 호에 관하여 심의한다.
1. 직장 내 괴롭힘 행위의 판단
2. 피해자에 대한 보호 조치
3. 행위자에 대한 징계 등 적절한 조치에 대한 권고
4. 그 밖에 직장 내 괴롭힘 행위의 재발 방지에 관한 사항
④ 위원회의 심의는 재적위원 과반수 찬성으로 의결한다.
⑤ 위원회는 심의결과를 사업주에게 보고 후, 당사자에게 서면으로 통보하여야 한다.

제20조 【직장 내 괴롭힘 피해자의 보호】 ① 회사는 제18조에 따라 직장 내 괴롭힘이 인정된 경우 피해자가 요청하면 근무장소의 변경, 배치전환, 유급휴가의 명령 등 적절한 조치를 한다.
② 회사는 피해자의 피해복구를 위해 심리상담 등 필요한 지원을 한다.
③ 회사는 사건이 종결된 때부터 2년 간 반기별로 해당 사건의 행위자에 의한 직장 내 괴롭힘 재발 여부, 피해자에 대한 불이익 처우 등이 발생하지 않는지 모니터링하고 피해자를 지원한다.

제21조 【징 계】 ① 회사는 직장 내 괴롭힘 행위자에 대하여는 취업규칙 제00조에 따른 징계사유 등에 따르되, 무관용 원칙에 따라 징계 등이 이루어지도록 한다.
② 회사는 직장 내 괴롭힘 사건을 은폐하거나 피해자, 신고자 또는 사건 관련 진술자 등에게 신고 등을 이유로 또 다른 직장 내 괴롭힘 행위를 한 경우 관련자를 엄중 징계한다.

제22조 【재발방지조치 등】 ① 회사는 사건이 종결하면 직장 내 괴롭힘 행위의 재발 방지를 위하여 필요한 대책을 수립・시행한다.
② 회사는 직장 내 괴롭힘 행위의 재발 방지를 위하여 필요하다고 인정되는 경우 직장 내 괴롭힘 행위자에 대하여 상담 또는 교육 등을 실시하거나 받을 것을 명할 수 있다.

4. 고객응대근로자 감정노동 수준 평가표[146)]

다음의 설문은 귀하의 감정노동의 수준을 평가하기 위하여 만들어진 것입니다. 현재의 업무수행 상황을 토대로 아래의 설문에 대한 귀하의 생각과 가장 가까운 곳에 √ 표 하여 주시기 바랍니다.

영 역	설 문 문 항	전혀 그렇지 않다	약간 그렇지 않다	약간 그렇다	매우 그렇다
감정 조절의 요구 및 규제	1. 고객에게 부정적인 감정을 표현하지 않으려고 의식적으로 노력한다.	1	2	3	4
	2. 고객을 대할 때 회사의 요구대로 감정 표현을 할 수밖에 없다.	1	2	3	4
	3. 업무상 고객을 대하는 과정에서 나의 솔직한 감정을 숨긴다.	1	2	3	4
	4. 일상적인 업무수행을 위해서는 감정을 조절하려는 노력이 필요하다.	1	2	3	4
	5. 고객을 대할 때 느끼는 나의 감정과 내가 실제 표현하는 감정은 다르다.	1	2	3	4
고객 응대의 과부하 및 갈등	6. 공격적이거나 까다로운 고객을 상대해야 한다.	1	2	3	4
	7. 나의 능력이나 권한 밖의 일을 요구하는 고객을 상대해야 한다.	1	2	3	4
	8. 고객의 부당하거나 막무가내의 요구로 업무수행의 어려움이 있다.	1	2	3	4
감정 부조화 및 손상	9. 고객을 응대할 때 자존심이 상한다.	1	2	3	4
	10. 고객에게 감정을 숨기고 표현하지 못할 때 나는 감정이 상한다.	1	2	3	4
	11. 고객을 응대할 때 힘들었던 감정이 남아 있다.	1	2	3	4

146) 고용노동부, 고객응대근로자 건강보호 가이드라인, 2020년, 91면.

영 역	설 문 문 항	전혀 그렇지 않다	약간 그렇지 않다	약간 그렇다	매우 그렇다
감정 부조화 및 손상	12. 퇴근 후에도 고객을 응대할 때 힘들었던 감정이 남아 있다.	1	2	3	4
	13. 고객을 대하는 과정에서 마음의 상처를 받는다.	1	2	3	4
	14. 몸이 피곤해도 고객들에게 최선을 다해야 하므로 감정적으로 힘들다.	1	2	3	4
조직의 감시 및 모니터링	15. 직장이 요구하는 대로 고객에게 잘 응대하는지 감시를 당한다(CCTV 등).	1	2	3	4
	16. 고객의 평가가 업무성과평가나 인사고과에 영향을 준다.	1	2	3	4
	17. 고객 응대에 문제가 발생했을 때, 나의 잘못이 아닌데도 직장으로부터 부당한 처우를 받는다.	1	2	3	4
조직의 지지 및 보호체계	18. 고객 응대 과정에 문제가 발생 시 직장에서 적절한 조치가 이루어진다.	1	2	3	4
	19. 고객 응대 과정에서 발생한 문제를 해결하고 도와주는 직장 내의 공식적인 제도와 절차가 있다.	1	2	3	4
	20. 직장은 고객 응대 과정에서 입은 마음의 상처를 위로받게 해준다.	1	2	3	4
	21. 상사는 고객 응대 과정에서 발생한 문제를 해결하기 위해 도와준다.	1	2	3	4
	22. 동료는 고객 응대 과정에서 발생한 문제를 해결하기 위해 도와준다.	1	2	3	4
	23. 직장 내에 고객 응대에 관한 행동지침이나 매뉴얼(설명서, 안내서)이 마련되어 있다.	1	2	3	4
	24. 고객의 요구를 해결해 줄 수 있는 권한이나 자율성이 나에게 주어져 있다.	1	2	3	4

참고문헌

1. 국내문헌

[단행본]

김근주 · 이경희, 「직장 내 괴롭힘 실태와 제도적 규율방안」, 한국노동연구원 정책연구 2017-03, 2017.12.30.

김숙영, 「직장 따돌림 예방관리지침」, 한국산업안전보건공단 사업주 가이드지침(H-204-2018), 2018.12.

김영재 · 김재구 · 이동명, 「조직행동론」(제3판), 무역경영사, 2014.3.10.

김철수, 「헌법학신론」(제21판), 박영사, 2013.2.20.

고용노동부, 「직장 내 괴롭힘 판단 및 예방 · 대응 매뉴얼」, 2019.2.

__________, 「직장 내 괴롭힘으로 인한 건강장해 예방매뉴얼」, 2020.

__________, 「직장 내 성희롱 예방 · 대응 매뉴얼」, 2020.2.

__________, 「고객응대근로자 건강보호 가이드라인」, 2020.

__________, 「감정노동 종사자 건강보호 핸드북」, 2017.10.

__________, 「근로감독관 실무 지침서 체불사건 업무처리 요령」, 2016.

__________, 「사업장 위험성평가에 관한 지침」, 고시 제2020-53호, 2020.1.14

근로기준정책과-498, 「직장 내 괴롭힘 신고사건 처리지침」 2022.2.15.

근로기준정책과-2859, 「노동관계법 위반사건 처리지침」, 2010.12.23.

근로감독기획과 044-202-7541, 「근로감독관집무규정」, 2021.10.25.

근로복지공단, 「정신질병 업무관련성 조사 지침」, 내부지침 제2021-05호, 2021.1.13.

구미영 · 천재영 · 서유정 · 정슬기, 「여성근로자에 대한 직장 내 괴롭힘의 실태와 보호방안」, 한국여성정책연구원 연구보고서-28, 2015.10.30.

______, 「직장 내 성차별적 괴롭힘 실태와 제도개선 방안 연구」, 한국여성정책연구원 2020 연구보고서-17, 2020.12.31.

류문호 · 안성호 · 류도향, 「인권이 없는 직장」, (주)스리체어스, 2018.6.26.

박지순 · 서윤희 · 이승현 · 장승현, 「근로자에 대한 가학적 인사관리 등 관련 사례분석 및 입법례 연구」(고용노동부 연구용역보고서), (사)노동법이론실무학회, 2014.

백은미 · 최은숙 · 양선희 · 이윤정 · 이지선 · 문지현 · 조수현, 「직장 내 괴롭힘으로 인한 건강영향 예방대책 개발-조치기준, 지도 및 지원방안 마련 중심으로」, 산업안전보건연구원 위탁연구보고서, 2019.10.31.

박태곤, 「수사서류 작성과 요령 실무총서」, 법문북스, 2021.2.10.

백형구, 「형사소송법」(제4판), 박영사, 2007.8.

마이클 아모트, 「산업 및 조직심리학」(제8판), 박세영 · 김정남 · 박형인 등 번역, 센게이지러닝코리아(주), 2017.2.27.

문강분, "이것도 직장 내 괴롭힘 인가요?"(개정증보판), 가디언, 2022.1.30.

민형기 · 박점규 · 심준형 · 신지영 · 호영진, 「사례와 통계를 통해 본 갑질금지법 시행 2년 5개월」, 직장갑질119 직장갑질보고서-2021년 4호, 2021.12.30.

서상호, 「작업장 내 '약자 괴롭힘(Bullying) 방지를 위한 지침」, 한국산업안전보건공단 사업주 가이드 지침 (G-74-2011), 2011.12.

서유정, 「내 일생을 흔드는 학교 괴롭힘, 내 가정도 흔드는 직장 내 괴롭힘」, (주)피와이메이트, 2022.1.14.

______ · 김수진 · 김지은, 「직장따돌림의 실태조사와 방지방안 연구 ; 제조업을 중심으로」, 한국직업능력개발원 기본연구 2014-29, 2014.9.30.

______ · 김지은, 「국내 직장 괴롭힘의 실태분석 및 대응방안 연구」, 한국직업능력개발원 기본연구 2016-38, 2016.9.29.

서울특별시(노동민생정책과), 「서울시 직장 내 괴롭힘 사건처리 매뉴얼」, 2019.7.

이동명, 「정서노동과 행복」, 무역경영사, 2020.4.30.

이시윤, 「신민사소송법」(제15판), 박영사, 2021.3.15.

이은영, 「채권각론」, (제5판), 박영사, 2007.8.30.

이학종 · 박현준, 「조직행동론」(제5판), 법문사, 2011.8.10.

정진우, 「산업안전보건법론」(개정5판), (주)중앙경제, 2022.9.1.

______, 「위험성평가 해설」(개정3판), (주)중앙경제, 2017.9.22.

조선주 · 박선영 · 김영숙 · 김난주 · 이동선 · 권도연 · 황현숙, 「임신, 출산, 육아휴직차별실태조사」, 국가인권위원회 연구용역자료, 2018.12.

지원림, 「민법강의」(제17판), 홍문사, 2020.

행정안전부 · 고용노동부, 「개인정보보호 가이드라인-인사 · 노무편-」, 2012.8.
커밍스 · 월리, 「조직개발과 변화」 제8판, 김민수 · 김재구 · 이동명 등 번역, 톰슨코리아(주), 2007.3.
홍성수 · 구미영 · 김정혜 · 김동현 · 박주영 · 엄진령 · 조경배 · 주형민 · 문유진, 「직장내 괴롭힘 실태조사」, 국가인권위원회 2017 연구용역보고서, 2017.11.17.
한국안전보건공단, 「직장 내 괴롭힘으로 인한 건강장해예방 매뉴얼」, 2020. 12.24.
하갑래, 「근로기준법」(제35판), (주)중앙경제사, 2022.5.25.
현창종, 「근로기준법 실무」(개정증보 제7판), (주)중앙경제사, 2014.9.16.

[논 문]

박경규 · 최항석, "직장 내 집단따돌림의 선행요인 결과에 관한 연구 : 직장 내 따돌림의 매개효과 검증을 중심으로", 「경상논총」, 제25권 제4호, 43~70면, 2017.12.
박종희, "저성과자에 대한 합리적인 인사관리방안과 관련된 법률상 쟁점 검토-전략적 · 체계적 관리방안의 수용가능성 검토를 중심으로-", 고려법학 제75호, 2014.12.
박수경, "직장 내 괴롭힘의 ILO협약과 권고에 관한 연구", 「노동법 논총」 제47권, 한국비교노동법학회, 2019.12.
______, "직장 내 괴롭힘에 대한 근로자 보호방안-직장 내 괴롭힘의 법적쟁점과 개선방안", 「사회법연구」 제38호, 한국사회법학회, 2019.8.23.
______, "산업안전보건의 관점에서 본 직장 내 괴롭힘의 정신적 피해에 대한 연구", 사회보장법연구 2020년 제9권 제2호.
신권철, "직장 내 괴롭힘의 법적 개념과 요건", 한국노동법학회 노동법학 제69호, 2019.3.10.
서유정, "직장에서의 따돌림 실태", KRIVET Issue Brief, 한국직업능력개발원, 2013. 1.30.
손 혁, "과업특성과 임금공정성지각이 경영자신뢰도에 미치는 영향", 고려대 석사논문, 2009.7.16.
송민수 · 김정우, "근로환경 특성이 직장 내 괴롭힘에 미치는 영향", 「분쟁 해결 연구」, 제15권 제2호, 37-71면, 2017.

양승엽·박수경, “직장괴롭힘과 경영·인사관리의 한계 : 노동인격에 대한 존중”, 한국고용노사관계학회 산업관계연구 제28권 제2호, 2018.6.

윤우일, “업무인사권을 악용한 직장 내 괴롭힘에 대한 구제수단”, 아주법학 제15권 제3호, 2021.11.22.

이아영·이상민·주미옥, “인사관리 특성이 직장 내 괴롭힘에 미치는 영향 : 근로자 발언기구의 조절효과를 중심으로”, 산업관계연구 제30권 제1호, 75~110면, 2020.3.

이상곤·이승길, “직장 내 괴롭힘의 법적 쟁점과 개선방안”, 한국사회법학회 사회법연구 제39호, 221-273면, 2019.12.20.

______, “직장 내 괴롭힘 법제의 개선방안 연구”, 아주대학교 법학박사학위논문, 2020.8.

이수연, “직장 내 괴롭힘에 대한 법적 쟁점 분석을 통한 대응방안 모색”, 「산업관계연구」 제29권 제2호, 한국고용노사관계학회, 2019.

이준희, “근로기준법상 직장 내 괴롭힘 금지 규정 시행 1년에 대한 평가와 개선방안”, 「고려법학」 (제98호), 고려대 법학연구원, 2020.

이재현, “직장 내 괴롭힘 대응·조치 체계 구축과 조직문화의 개선-2021.10.14.시행 개정법을 중심으로-”, 노동법이론실무학회, 노동법포럼 제34호, 2021.11.7.

유계숙, “직장 내 집단따돌림에 영향을 미치는 조직문화와 반 따돌림대처의 효과 : 의료·교육·서비스업 종사자를 중심으로”, 보건사회연구 35[4], 245~277면. 2015.

윤혜신, “저성과자 관리의 전략적 운영 프레임과 개선과제”, 임금연구20(1), 4~21면, 2012.

최홍기·박수경, “직장 내 괴롭힘 금지제도의 운영실태와 개선과제”, 「사회법연구」 (제42호), 221~273면, 2020.

[기 타]

김태호, (토론자료), “직장 내 괴롭힘이 조직행태에 미치는 영향”, 고용노동부·한국노동법학회 주최 직장 내 괴롭힘 금지제도 1주년 토론회, 2020.7.15.

권 혁, (토론자료), “직장 내 괴롭힘 관련 규율체계에 관한 노동법적 검토”, 고용노동부·한국노동법학회 주최 직장 내 괴롭힘 금지제도 1주년 토론회, 2020.7.15.

고용노동부 보도자료(2019.7.18.), “직장 내 괴롭힘 금지법 현장 안착추진”, 근로기준정책과.

고용노동부 보도자료(2019.7.18.), “직장 내 괴롭힘 제도 관련 주요 질의 응답”, 근로기준정책과.

고용노동부 보도자료(2022.5.18.), “고용상 성차별 등 시정제도”, 여성고용정책과.

국가인권위원회 홈페이지(https : //case.humanrights.go.kr) > 진정제도 안내 > 자주 묻는 질문 8번 항목.

국제노동기구·로이드재단 · 갤럽 공동조사결과 보도자료(2022.12.5.), 「직장에서의 폭력과 괴롭힘 경험 : 첫 번째 세계적 조사」 보고서.

문강분, “직장 내 괴롭힘 방지법은 노동인권헌장… 예방체계도 구축해야, 월간 노동법률, 2020년 7월호.

박은정, “근로자의 업무능력 결여, 근무성적 부진 등을 이유로 하는 해고의 정당성”, 월간 노동법률 2021년 4월호.

서울지방고용노동청 서울관악지청 (근로개선지도 1과-13686. 시행일 : 2021.8.4.) 직장 내 괴롭힘 개선지도 통보서.

이세리, (토론자료), “현행 직장 내 괴롭힘 금지제도의 쟁점과 개선방안-성립요건과 사후조치 규정을 중심으로-”, 한국고용노동연구원 주체 직장 내 괴롭힘 금지제도의 쟁점과 과제 토론회. 2022.6.29.

여성가족부 보도자료(2022.6.7.) “2021년 성희롱 실태조사 결과 발표”, 권익증진과.

정진우, “작업거절(중지 · 대피)”, 대한산업보건협회 월간 산업보건-2015년 10월호.

정종철, “직장 내 괴롭힘 처리에 있어 유의할 점”, 월간 노동법률, 2021년 9월호.

최홍기, (토론자료), “현 직장 내 괴롭힘 사례분석과 법적 쟁점”, 한국고용노동연구원주체 직장 내 괴롭힘 금지제도의 쟁점과 과제 토론회. 2022.6.29.

전국사무금융서비스노동조합, “전략적 성과관리? 전략적 괴롭힘! : 사무금융노동자 직장 내 괴롭힘 실태조사 보고서”, 2015.11.25.

한국여성정책연구원, 「임신, 출산, 육아휴직 차별 실태조사」, 국가인권위원회 연구용역보고서, 2018.12.

시장경제신문, 2018.12.09.자, “비상교육 ‘금연갑질’논란…인사불이익 검사비용도 떠넘겨”.

조선비즈, 2013.4.24.자, “담배 피우면 루저…30대그룹 중 14곳 금연 강요 내지 장려가 30대 재벌”.

중앙일보, 2022.5.3.자, “해군수사단 간부 극단 선택…국방부, ‘상관 압박’수사 착수”.
한국일보, 2021.6.2.자 “우울증 고통 겪는데 시말서로 징계 끝…공공기관 직장 내 괴롭힘 조치 ‘황당’”.
_______, 2022.6.6.자 8면, “머리는 폼이냐” 직장 내 괴롭힘 10건 중 3건은 ‘언어폭력’.
_______, 2021.616.자, “‘파이프 100개 옮겨라’ 갑질에 여성 일용직근로자 극단선택”.
한겨레, 2015.16자, “두산인프라코어, 희망퇴직 거부자에 “매일 회고록 쓰라”.
_____, 2018.04.04.자 A13면, “푹 자고 일하고 싶어…” 웹디자이너의 마지막 소원.
_____, 2022.2.28.자, “직장 괴롭힘 조사만 두 달, 서면만 100쪽 썼는데… 이젠 지쳤어요”.

2. 외국문헌

Agervold, M. and Mikkelsen, E. G.(2004), Relationships between bullying, psychosocial work environment and individual stress reactions, Work& Stress, 18(4), 336~351.
Ariza-Montes, J. A., Muniz R, N. M., Leal-Rodríguez, A. L., & Leal-Millán, A. G. (2014). Workplace bullying among managers: A multifactorial perspective and understanding. International Journal of Environmental Research and Public Health, 11(3), 2657-2682.
Bartlett, J. E., & Bartlett, M. E. (2011). Workplace bullying : An integrative literature review. Advances in Developing Human Resources, 13(1), 69~84.
Baron, R.A. ; neuman, J.H.(1996), Workplace violence and workplace aggression : Evidence of their relative frequency and potential causes, Aggressive Behavior. 22 : 161~173.
Boudrias, V., Trépanier, S. G., & Salin, D. (2021). A systematic review of research on the longitudinal consequences of workplace bullying and the mechanisms involved. Aggression and violent behavior, 56, 101508.
Bowling, N.A. and Beehr, T. A. (2006), “Workplace harassment from the victim's perspective : A theoretical model and meta-analysis,” Journal of Applied Psychology, Vol.91, No.5, p.998.

Cassidy, T., McLaughlin, M., & McDowell, E.(2014). Bullying and health at work : The mediating roles of psychological capital and social support, Work& Stress, 28(3), 255~269.

Dupré, K. E., & Barling, J. (2006). Predicting and preventing supervisory workplace aggression. Journal of occupational health psychology, 11(1), 13.

Duncan Chappell and Vittorio Di Martino. Geneva(2000). 「Violence at Work (2nd ed.)」 International Labour Office : Geneva.

Einarsen, S., Raknes, B. R. I., & Matthiesen, S. B. (1994). Bullying and harassment at work and their relationships to work environment quality : An exploratory study. European journal of work and organizational psychology, 4(4), 381~401.

Einarsen, S. (2000). Harassment and bullying at work: A review of the Scandinavian approach. Aggression and violent behavior, 5(4), 379~401.

Einarsen, S. V., Hoel, H., Zapf, D., & Cooper, C. L.(2020). The concept of bullying and harassment at work: The European tradition. In *Bullying and harassment in the workplace* (pp.3~53). CRC press.

Hamre, K. V., Fauske, M. R., Reknes, I., Nielsen, M. B., Gjerstad, J., & Einarsen, S. V. (2021). Preventing and neutralizing the escalation of workplace bullying : The role of conflict management climate. International Journal of Bullying Prevention, 1~11.

Hauge, L., Skogstad, A., & Einarsen, S. (2007). Relationships between stressful work environments and bullying : Results of a large representative study. Work & stress, 21(3), 220~242.

Hoel, H., & Cooper, C. L. (2000). Destructive conflict and bullying at work. Manchester : Manchester School of Management, UMIST.

Hershcovis, M. Sandy ; Barling, Julian(2010), Towards a multi-focl approach to workplace aggression : A meta-analytic review of outcomes from different perpetrators, Journal of Organizational Behavior.

Jagdish Khubchandani, James H. Price(2015). Workplace Harassment and Morbidity Among US Adults : Results from the National Health Interview Survey J Community Health 40 : 555-563 DOI 10.1007/s10900-014-9971-2.

Lipman-Blumen, J. (2005). Toxic leadership : When grand illusions masquerade as noble visions. Leader to Leader, 2005(36), 29~36.

Neall, A. M., & Tuckey, M. R. (2014). A methodological review of research on the antecedents and consequences of workplace harassment. Journal of Occupational and Organizational Psychology, 87(2), 225~257.

Notelaers, G., De Witte, H., & Einarsen, S. (2010). A job characteristics approach to explain workplace bullying. European Journal of Work and Organizational Psychology, 19(4), 487~504.

Ramsay, S., Troth, A., & Branch, S. (2011). Work-place bullying: A group processes framework. Journal of Occupational and Organizational Psychology, 84(4), 799~816.

Seigne, E., Coyne, I., Randall, P., and Parker, J.(2007) personality traits of bullies as a contributory factor in workplace bullying. An exploratory study, International Journal of Organization Theory & Behavior, 10, 118~132.

Stale Einarsen(2005), The nature, causes and consequences of bullying at work : The Norweigian experience. PITES 7-3 2005.

Tambur, m., & Vadi, M.92012). Workplace bullying and organizational culture in a post transitional country. International Journal of Manpower, 33(7), pp.754~768.

Tepper, B. J.(2000), Consequences of Abusive Supervision, Academy of Management Journal, 43(2), 170~190.

Vartia, M. A. (1996). The sources of bullying-psychological work environment and organizational climate. *European journal of work and organizational psychology,* 5(2), 203~214.

Vartia, M. A. (2001). Consequences of workplace bullying with respect to the well-being of its targets and the observers of bullying. Scandinavian journal of work, enviro nment & health, 63~69.

Von Bergen, C. W., Zavaletta, J. A., & Soper, B. (2006). Legal remedies for work-place bullying: Grabbing the bully by the horns. Employee Relations Law Journal, 32(3), 14~40.

Zapf, D., & Osterwalder, P. (1998). Organisational causes of workplace harassment. Department of psychology, JW Goethe-Universit Frankfurt.

Zapf, D., & Gross, C. (2001). Conflict escalation and coping with workplace bullying : A replication and extension. European journal of work and organizational psychology, 10(4), 497~522.

저자소개

▶ 손 혁

〈주요 약력〉

- 제6회 공인노무사 합격(1997.12.11.)
- 광장노무법인 대표(현)
- (주)하이닉스반도체 CAO인사팀 근무(전)
- 한국공인노무사회 이사(전)
- 중소기업중앙회 고충처리위원(현)
- 노사발전재단 일터혁신 수행 컨설턴트(전)
- 한국직업능력개발원 역량개발 연구위원(전)
- 중소기업청 비즈니스지원단 위원, 서울지방노동위원회 국선노무사(전)
- 한국능률협회, 한국표준협회 노동법·노무관리 강사(전)
- 고려대 경영학 석사, 서울시립대 경영학 박사과정(현)

〈저서 관련 개선 및 제언〉

- 저자 이메일 : sohnhyuk@naver.com